Andreas Langer
Sebastian Körber

Schulleben
und Schulkultur

Oldenbourg

Oldenbourg PRAXIS Bibliothek 256

Bibliografische Information der Deutschen Nationalbibliothek
Die Deutsche Nationalbibliothek verzeichnet diese Publikation in der Deutschen
Nationalbibliografie; detaillierte bibliografische Daten sind im Internet
über <http://dnb.d-nb.de> abrufbar.

Das Papier ist aus chlorfrei gebleichtem Zellstoff hergestellt, ist säurefrei und recyclingfähig.

© 2008 Oldenbourg Schulbuchverlag GmbH, München
www.oldenbourg-bsv.de

Das Werk und seine Teile sind urheberrechtlich geschützt. Jede Nutzung in anderen als den
gesetzlich zugelassenen Fällen bedarf der vorherigen schriftlichen Einwilligung des Verlages.
Hinweis zu § 52 a UrhG: Weder das Werk noch seine Teile dürfen ohne eine solche Einwilligung eingescannt und in ein Netzwerk eingestellt werden. Dies gilt auch für Intranets von
Schulen und sonstigen Bildungseinrichtungen.

Der Verlag übernimmt für die Inhalte, die Sicherheit und die Gebührenfreiheit der in diesem
Band genannten externen Links keine Verantwortung. Der Verlag schließt seine Haftung für
Schäden aller Art aus. Ebenso kann der Verlag keine Gewähr für Veränderungen eines Internetlinks übernehmen.

Trotz entsprechender Bemühungen ist es nicht in allen Fällen gelungen, den Rechteinhaber
einiger Quellen ausfindig zu machen. Gegen Nachweis der Rechte zahlt der Verlag für die
Abdruckerlaubnis die gesetzlich geschuldete Vergütung.

1. Auflage 2008

Druck 11 10 09 08
Die letzte Zahl bezeichnet das Jahr des Drucks.

Umschlagkonzept: Mendell & Oberer, München
Umschlaggestaltung und -illustration: Lutz Siebert-Wendt, München
Lektorat: Antje Glimmann, Rheda-Wiedenbrück
Zeichnungen: Uta Fischer, München; S. 204 + 205: Kristina Klotz, München
Herstellung und Satz: Thomas Krauß, fidus Publikations-Service GmbH, Augsburg
Druck und Bindung: Schneider Druck GmbH, Rothenburg ob der Tauber

ISBN 978-3-486-**00736**-7
ISBN 978-3-637-**00736**-9 (ab. 1.1.2009)

Inhaltsverzeichnis

Vorwort 5

1. Schulleben 6

1.1 Schulleben – Was ist das? 6
1.2 Geschichte des Schullebens 6
1.3 Merkmale eines pädagogisch wertvollen Schullebens 7

2. Unterricht 9

2.1 Rituale 9
2.2 Schulleben im Unterricht 20
    2.2.1 Entwurf einer Unterrichtsstunde 21
    2.2.2 Offener Unterricht 27
    2.2.3 Fächerübergreifender Unterricht 44
2.3 Spiele im Unterricht 55
2.4 Arbeitsgemeinschaften 63
2.5 Interkulturelle Erziehung 65

3. Corporate Identity 72

3.1 Äußeres Erscheinungsbild 72
    3.1.1 Schulname 73
    3.1.2 Schuluniform 74
    3.1.3 Schullogo 76
3.2 Der Förderverein 78
3.3 Mediale Präsentation 81
    3.3.1 Schuljahrbuch 81
    3.3.2 Schulhomepage 84
    3.3.3 Schülerzeitung 89

4. Sozialer Bereich 94

4.1 Soziales Lernen in der Schule 94
    4.1.1 Patenschaften 96
    4.1.2 Streitschlichter 99
4.2 Soziale Projekte in der Gemeinde 104
4.3 Soziale Projekte in der ganzen Welt 107

5. Musischer Bereich ... 112

5.1 Musikerziehung – Beispiel Theater- und Musicalaufführungen ... 112
5.2 Sporterziehung – Beispiel Sportfest ... 126
5.3 Kunsterziehung – Beispiel Kunstprojekte ... 133

6. Gestaltung ... 139

6.1 Klassenzimmer ... 139
6.2 Schulhaus ... 151
6.3 Schulhof ... 153
6.4 Umwelt ... 159

7. Events ... 165

7.1 Innerhalb des räumlichen Schulbereichs ... 165
    7.1.1 Lesenacht ... 165
    7.1.2 Feste und Feiern (Planung eines Sommerfestes;
    Beispiele für verschiedene Feste: Märchenfest,
    Fasching, Piratenparty) ... 174
7.2 Außerhalb des räumlichen Schulbereichs ... 209
    7.2.1 Exkursionen und Wanderungen ... 209
    7.2.2 Schullandheim ... 217
7.3 Wettbewerbe ... 226

8. Zusammenarbeit ... 235

8.1 Zusammenarbeit mit den Eltern ... 235
8.2 Zusammenarbeit mit der Kindertagesstätte ... 240
8.3 Zusammenarbeit in der Gemeinde ... 244

Literatur ... 246

Bildquellenverzeichnis ... 248

Vorwort

Kinder und Jugendliche verbringen einen großen Teil ihrer Zeit in der Schule. In einzelnen Bundesländern wird gerade über die Vor- und Nachteile von Ganztagsschulen diskutiert.
Es besteht Konsens, dass es Aufgabe der Schule ist, alle Fähigkeiten der Kinder im kognitiven, musischen, sozialen und emotionalen Bereich zu fördern. Das Schulleben leistet dazu einen unverzichtbaren Beitrag.
Wenn sich eine Schule nach außen öffnet und ein niveauvolles Schulleben pflegt, dann hat dies Auswirkungen auf den Unterricht. Deshalb werden die Rituale des täglichen Umgangs miteinander und die offenen Formen des Unterrichts im zweiten Kapitel beschrieben.
Fühlt sich das Kind wohl an seiner Schule? Ist es stolz auf sie? Wie präsentiert sich die Schule in den Medien? – So lauten die Fragen, die im Kapitel 3 „Corporate Identity" behandelt werden.
Die moderne Hirnforschung bestätigt, dass soziale Kompetenz nur durch Handeln gefördert wird. Auch Werte müssen eingeübt und trainiert werden. Kapitel 4 „Sozialer Bereich" bietet dazu viele Anregungen.
Bei der Fülle der Beispiele im musischen Bereich (Kapitel 5), bei der Gestaltung der Schule (Kapitel 6) und bei den Events (Kapitel 7) ist es die Aufgabe des Lehrers[1], auszuwählen. Was passt zu meinen Kindern, zu meinem Kollegium und zur Gesamtsituation der Schule? Welche Ideen können aufgegriffen und realisiert werden?
Die Autoren hoffen, dass dieses Buch den Lehrern viele Anregungen gibt, ein qualitätvolles Schulleben zu entwickeln, welches dazu beiträgt, dass alle an der Schule Beteiligten gerne in „ihre Schule" gehen und sich dort wohl fühlen.
Herzlichen Dank allen Schulen, die umfangreiches Material für dieses Buch zur Verfügung stellten.

Die Autoren

---

[1] Natürlich sprechen wir mit „Lehrer" auch alle Kolleginnen, also Lehrerinnen an, verwenden in unserem Buch jedoch um der einfacheren Lesbarkeit willen nur den Begriff „Lehrer".

1. Schulleben

1.1 Schulleben – Was ist das?

„Mit dem Begriff Schulleben wird alles bezeichnet, was über den bloßen Unterricht hinaus die Schule als eine Stätte gehaltvollen Miteinanderlebens kennzeichnet." (F. Kopp) So sieht es die Mehrheit der Pädagogen.

„Was nicht im Stundenplan steht – das ist genau jener Bereich, den die Pädagogik mit dem Begriff Schulleben meint und der die Atmosphäre einer Schule so nachhaltig prägt: Spiel und Feier, Schulgottesdienst, Wanderung und Klassenfahrt, Schikurse und Elternabend, Jahresbericht und vieles mehr." (H. Maier) Manchmal wurden in den letzten Jahren Begriffe wie Schulkultur, Schulprofil, Corporate Identity und Schulethos als Synonyme für Schulleben verwendet. So schreibt E. Terhard über die Schulkultur: „Neue Muster des Im – Unterricht – Miteinander – Umgehens, alle außerunterrichtlichen, nicht lehrplanbezogenen Aktivitäten einer Schule, die nachmittägliche Schülerbetreuung, eine Kooperation zwischen Lehrern, die Gestaltung von Ausstellungen, künstlerischen, sozialen und politischen Aktivitäten."

Zusammengefasst heißt dies: Das Schulleben umfasst sowohl den Schulalltag als auch besondere Ereignisse im Bereich der Schule. Es erstreckt sich auf die gesamte Schule und findet im Zusammenwirken von Schülern, Lehrern und Eltern statt.

1.2 Geschichte des Schullebens

Der Gang durch die Geschichte des Schullebens erweist sich als sehr spannend. Phasen, in denen das Schulleben allgemein anerkannt ist, wechseln mit Zeiten, in denen es abgelehnt wird. Gegensätze zwischen Unterricht und Erziehung, zwischen Leistung und Schulleben werden konstruiert.

Pestalozzi (1746–1827) machte das gemeinschaftliche Leben der Kinder zur Basis des Unterrichts, indem er die familiäre Wohnstubensituation zum Vorbild des Schulunterrichts nahm.
Fröbel (1782–1852) forderte die Einigung des Lebens und der Schule und verwendete als erster die Bezeichnung Schulleben. Damit meinte er alle pädagogischen Maßnahmen und Handlungen, die nicht direkt dem Unterricht entstammen.
Der Ausbau des öffentlichen Schulwesens führte zu einem Rückgang des Schullebens. Unter dem Einfluss Herbarts (1776–1841) wurde das Schulleben gegenüber dem Unterricht stark entwertet.

Gegen diese Lernschule wehrte sich die Reformpädagogik. Es entwickelten sich neue Ideen wie Erlebnispädagogik, Arbeitsschule, „vom Kinde aus", Kunsterziehungsbewegung, Landerziehungsheimbewegung und Jugendbewegung. Petersen spricht im Jena-Plan (1927) von „Schulwohnstuben" und schenkt dem Schulleben im Entwurf einer Lebensgemeinschaftsschule große Beachtung.
In der Zeit des Nationalsozialismus wurde das Schulleben agitatorisch für politische Zwecke, für die Einübung der nationalsozialistischen Ideologie, missbraucht.

Nach dem Krieg wurden die Ideen der Reformpädagogik wieder aufgenommen. K. Sailer schrieb 1952 von der „Schule als Kinderheimat".
Ende der 60er Jahre kam es zu einem Angriff von zwei Seiten und in der Folge davon zu einem Bedeutungsverlust des Schullebens. K. Maier sprach 1971 vom „Prinzip der Kindertümelei". Es war vom Bildungsnotstand die Rede und eine stärkere Wissenschaftsorientierung wurde gefordert. Auf der anderen Seite bezeichnete die Ideologiekritik das Schulleben als „das Pflaster für die Wunden, die der Unterricht reißt" und lehnte es ab.
Seither ist die Bedeutung des Schullebens als wichtiges Element bei der Realisierung der Erziehungsaufgabe der Schule allgemein anerkannt und fest in den Lehrplänen verankert.
Doch lassen wir uns nicht täuschen. Es gibt noch immer Eltern und Lehrer, die das Schulleben als Zeitverschwendung beim Kampf um gute Noten und um das Übertrittszeugnis ansehen.

1.3 Merkmale eines pädagogisch wertvollen Schullebens

Die Schule ist ein Teil der Lebenswelt der Kinder. Sie kommt ohne erzieherisch wirksames Schulleben nicht aus. Mit Eintritt der Mädchen und Jungen in die Schule verändert sich die gesellschaftliche Struktur ihrer Kindheit. Besonders in dieser Phase ist die Motivation wichtig. Eine bedeutende Rolle spielt dabei der Lehrer als Vorbild. Mit Geduld, Toleranz und Kooperationsfähigkeit zeigt er den Kindern, Verantwortung für andere, Tiere, Pflanzen und Dinge, zu übernehmen. Das gelingt nur in einer angstfreien Atmosphäre. Die Kinder erhalten Raum für kooperatives Handeln und Möglichkeiten, die Schule mitzugestalten.
Wichtig ist die Anerkennung und Förderung der individuellen Fähigkeiten der Kinder, wobei unterschiedliche Voraussetzungen als Chance empfunden werden.
Eine Öffnung der Schule durch Kooperation mit der außerschulischen Wirklichkeit fördert die Aufgeschlossenheit und Lebensnähe und erweitert so den Horizont der Kinder. Schulleben schließt somit die Lebenswelt des Kindes in

den Lernalltag ein. Zur praktischen Information und Organisation von Erfahrungen vor Ort werden beispielsweise entsprechende Betriebe wie Handwerker und Dienstleister besucht. Außerdem soll das Schulleben die pädagogische Kontinuität zwischen Schule und Eltern mit Elternabenden und eine Mitwirkung von Vätern und Müttern bei Veranstaltungen fixieren.

Die Mitgestaltung der Kinder am Unterricht, bei Festen und Feiern, an der Durchführung eines Schullandheimaufenthaltes usw. steht im Kontext mit handlungsorientierten Aufgaben innerhalb der Gemeinschaft. Auf diesem Weg entsteht Verantwortungsbewusstsein gegenüber anderen, es steigert sich das gegenseitige Verständnis füreinander. Andere Meinungen werden toleriert, Diskussionsbereitschaft mit kreativen Gedanken geweckt und interkulturelle Erziehung durch das gemeinsame Tun praktisch umgesetzt. Schlüsselqualifikationen wie Selbstständigkeit, Wertorientierung und eigenverantwortliche Aktivität gehören deshalb zu den wichtigen Merkmalen des Schullebens.

Während das koordinierte Schulleben die Lehrer durch mehr berufliche Zufriedenheit vom täglichen „Stress" entlastet, fördert es die Lernfreude und Leistungsbereitschaft der Kinder.

Dem Erfolg des erwarteten Potenzials gemeinsamen Lebens und Arbeitens an der Schule liegt die sinnvoll ausgerichtete Didaktik mit ihren Prinzipien zu Grunde. Ihre Faktoren bestimmen Idee, Methodik und Handlungsweise, wie der Inhalt des Lehrplans vermittelt werden soll.

Ausrichtungspunkt des Schullebens ist also das Kind. Seine Förderung kommt seiner Person als Ganzes zugute. Die Inhalte orientieren sich an der Forderung nach Lebensnähe, wodurch die Motivation des Kindes erhöht wird, woraus, empirisch gesehen, quantitativ und qualitativ höhere Leistungen resultieren.

2. Unterricht

2.1 Rituale

Rituale gelten als Grundlagen eines jeden sozialen Verhaltens im täglichen Leben. Ursprünglich setzten sie meist religiöse Glaubensbilder in weltliche Sprachformeln, Gesten und Handlungen um. Elemente des meist traditionellen Brauchtums breiteten sich längst in andere Bereiche aus, zu denen auch die Schule gehört. Sinnvoll eingesetzt etablieren sie feste Gewohnheiten, bilden einen stützenden Rahmen für den täglichen Schulablauf und strukturieren den Unterrichtsalltag. Schrittweise eingeübt, als gemeinschaftsbezogen von allen akzeptiert und regelmäßig praktiziert, erleichtern sie die Konzentration auf das Wesentliche. Sie werden als Ordnungshilfe interaktiv einer gemeinsamen Leitidee gerecht. Als sichtbare, hör- und erfahrbare sowie sinnlich wiederkehrende Abläufe vermitteln sie dem Einzelnen wie der Gruppe mehr Handlungssicherheit.

Bereits in den ersten Lebensjahren prägen Rituale als hilfreiche Begleiter die Entwicklung eines Kindes. Wiederkehrende Situationen in einer von Wärme, Zuneigung und Geborgenheit geprägten Atmosphäre übermitteln Vertrauen in die Umwelt und das Gefühl, darin sicher verwurzelt zu sein.

Die Grundschule stellt einen neuen Lebens- und Erfahrungsraum dar. Zur Orientierung über das geordnete Miteinanderleben und -lernen sind die Kinder auch dort auf Rituale angewiesen: Ein gleichmäßiger Rhythmus gewährt ihnen von Anfang an Geborgenheit. Sie suchen vertraute Handlungen, die Sicherheit im Umgang miteinander versprechen. Ein Mitgestalten des Unterrichts vermittelt ihnen dabei angstfreien Halt, Freude am Lernen und bietet ihnen wie den Lehrern Zuverlässigkeit.

Die Entlastung des Unterrichts verschafft Pädagogen mehr Zeit für Erziehungsarbeit. Form und Ablauf regelmäßig wiederkehrender Rituale unterstützen die Lernprozesse. Ihre volle Wirkung erreichen sie allerdings erst, wenn sie stets auf ihren Sinn überprüft, angenommen und freiwillig praktiziert werden. Ihre Häufigkeit sollte durch Notwendigkeiten und Erfahrungswerte begrenzt sein.

Rituale fördern eine Rhythmisierung der Schulzeit sowie eine Strukturierung des Lern- und Arbeitsprozesses. Als eine Grundlage gilt der Aufbau einer auf gegenseitiger Achtung beruhenden Harmonie der Klasse. Das Vertrauen aufeinander nimmt zu, sobald die gegenseitige Wertschätzung an Bedeutung gewinnt. Eine Ritualisierung pflegt das dazu notwendige Selbstvertrauen, die Selbstständigkeit und gleichberechtigte Kooperation.

Gleichzeitig eröffnet sie als feste Struktur den Kindern die Mitgestaltung des Unterrichts und erleichtert den Tages- und Wochenablauf. Verabredete Zeichen und Verhaltensweisen vermitteln die Verbindlichkeit, miteinander Ausgemachtes einzuhalten.

So fordern beispielsweise fest etablierte und gemeinsam besprochene Handsignale zur Ruhe auf. Andere Zeichen reichen von der täglichen Begrüßung und Verabschiedung über Morgenkreis und Lied bis zu Übungen. Eine Übernahme solcher Traditionen erspart den Kindern die Mühen ständiger Neuorientierungen und erleichtert ihnen im komplexen schulischen Feld die Konzentration auf die wesentlichen Inhalte.

Rituale in der Grundschule kennzeichnen feste, sich wiederholende Handlungsmuster in der Klasse, in der Jahrgangsstufe oder in der Schule. Im Gegensatz zu Regeln sind Rituale auf Konsens angelegt. So stellt ein Morgenkreis nicht nur eine Gesprächsrunde zum Austausch von Sachinformationen dar, sondern signalisiert allen Beteiligten ihre Zusammengehörigkeit. Rituale schaffen als notwendige Voraussetzung eine ausgeglichene Stimmung für erfolgreiches Teamwork zwischen den Kindern und dem Lehrer.

Rituale vor Unterrichtsbeginn

Garderobenplatz
Ein Bild, ein persönliches Merkmal oder der Name kennzeichnen den festen Garderobenplatz eines jeden Kindes. Mühevolles Suchen, Vordrängen oder Auseinandersetzungen um einen freien Platz lassen sich dadurch ausschließen.

Händedruck
Eine heitere Begrüßung auch mit Händedruck zeigt den Lehrer als vertrauensvolle Bezugsperson: Er freut sich auf die Kinder, die sich wiederum gut aufgehoben fühlen.

Dienste
Mit gemeinsamen Tätigkeiten wie Tafel-, Datums- oder Gießdiensten beteiligen sich die Kinder an den Vorbereitungen des Schultags.

Tageslaune
Sinnbilder eines lachenden, neutralen und traurigen Gesichts (Smiley) regen die Kinder an, ihren Namen an einem dieser Symbole anzuheften. Dadurch können sich die Mitschüler auf die jeweiligen Tagesstimmungen ihrer Nachbarn einstellen.

Arbeitsmappen
Auf den Tischen aller Kinder liegen Mappen mit aktuellen Arbeitsblättern und Hilfsmitteln für den Unterricht.

Frühbeginn
Bereits 15 Minuten vor Unterrichtsbeginn liegen Übungsunterlagen für Spiele, Arbeitsblätter und andere Materialien zu zeitbezogenen Themen aus. Die Kinder wählen bevorzugte Freiarbeitsmaterialen aus und beschäftigen sich damit allein oder in Gruppen. Sie fördern dabei ihr selbstbewusstes Handeln.

Buch unter der Bank
Die Kinder bringen ein eigenes, selbst gekauftes oder ausgeliehenes Buch mit in die Schule und deponieren es unter ihrer Bank. In freien Minuten können sie selbstverantwortlich darin lesen.

Die gemeinsam vereinbarten Rituale vor Unterrichtsbeginn können als Plakat an der Wand hängen. Für besondere Tagesaufgaben eignet sich eher die Folie am Tageslichtprojektor oder eine Tafelanschrift.

Guten Morgen!

Was Du bis 8.00 Uhr machen kannst:
→ Dienste
→ Spiele
→ Freiarbeitsmaterialen
→ Buch unter der Bank
→ Buch aus der Klassenbücherei
→ Freiarbeitsheft

Einen schönen Tag wünscht Dir Deine Frau Müller!

Rituale zu Beginn des Unterrichts

Wach-Tipp
Den Kopf auf den Armen, schließen die Kinder die Augen und „schlafen". Der Lehrer gibt einem Kind einen kleinen Tipp. Es wacht auf, berührt einen Mitschüler am Rücken, begrüßt ihn leise und setzt sich in den Sitzkreis. Das Wach-Tippen dauert an, bis alle im Morgenkreis sitzen.

Morgenlied
Ein aktuelles Lied leitet den Schultag ein. Es kann auch der Jahreszeit oder einer Festlichkeit angepasst sein.

Frühgebet
Aus einer dekorierten Schachtel mitten im Sitzkreis zieht täglich ein anderes Kind ein Gebet und liest es vor. Oder ein Kind trägt ein selbst formuliertes/ausgesuchtes und mit einem Bild verziertes Gebet in ein „Reihum-Buch" ein und betet es vor. Außerdem kann ein Gebetswürfel benutzt werden.

Tageswünsche
Ebenfalls im Kreis übermittelt am Morgen jedes Kind allen anderen oder lediglich dem Nachbarn seinen Tageswunsch.

Kreativer Kreis
Mit eigener Kreativität steigen Kinder bereits in den Tag ein. Ihre Darbietungen aller Art im Sitzkreis reichen von Gedichten über Lieder bis zu Experimenten.

Tagesthemen
Zu Nachrichtensprechern ernannte Kinder berichten über weltweit interessante Ereignisse vom Tag zuvor und über Neuigkeiten aus der Klasse. Sportliche Gewinne gehören dazu ebenso wie Geburtstage von Mitschülern.

Wochenmotto
Gemeinsam mit dem Lehrer verständigen sich die Kinder zu Beginn der Woche auf ein Motto, an dem sich alle besonders orientieren werden. Zur ständigen Orientierung wird es stets sichtbar im Klassenzimmer befestigt, z. B.:
- Wir hinterlassen unsere Arbeitsplätze ordentlich.
- Wir stehen Mitschülern bei, wenn sie Hilfe brauchen.
- Wir gehen leise durch das Schulhaus.
- Wir schreien nicht durch die Gegend.
- Wir nehmen in der Pause Rücksicht auf die Anderen.

Tagesvorschau
Mit Symbolen oder Wortkarten wird der geplante Tagesablauf wie „Freiarbeit", „Mathematik" oder „Singen" am Morgen auf der Tafel festgesetzt. Dieses Verfahren vermittelt gerade den Erstklässlern einen sichtbaren Überblick über das Unterrichtsprogramm.

© Oldenbourg Schulbuchverlag GmbH, PRAXIS Bibliothek 256, Schulleben und Schulkultur

Wetterdienst
An selbst gebastelten Messgeräten orientieren sich Kinder über das Wetter, aus dem Internet holen sie zusätzliche Prognosen ein. Aus einer von ihnen täglich ergänzten Tabelle gewinnen sie eine Übersicht darüber, wie sehr sich das örtliche Klima während der Woche verändert hat.

Good Morning
Um alle Kinder persönlich zu begrüßen, verwendet jedes Kind einem anderen gegenüber Morgengrußworte in einer anderen Sprache.

Vorsätze
Die Kinder nennen ihre guten Vorsätze für den Tag. Nach ein paar Stunden wird über deren Verwirklichung geredet.

Klassenbriefkasten
Sorgen und Freude liegen im Klassenbriefkasten, adressiert an Mitschüler und Lehrer. Bei der gemeinsamen Leerung am Morgen werden eventuell die Namen von Verfasser sowie Adressat genannt und das Engagement der Absender anerkannt.

Freundliche Minuten
Unterrichtstage gewinnen an Freundlichkeit, wenn die Kinder täglich einem jeweils ausgesuchten Mitschüler mit ein paar liebenswürdigen Worten entgegenkommen. Die Auserwählten werden sich ihrer positiven Einschätzung bewusst, nehmen sie auf und fördern damit ihr Selbstwertgefühl.

Wochenenderlebnisse
Aufgeteilt in Kleingruppen können die Kinder am Montag auch andere an ihren Wochenenderlebnissen teilhaben lassen. Dem Lehrer steht dabei die Möglichkeit zu Einzelgesprächen mit Kindern offen.

Verhaltenswerte
Vereinbarungen mit einzelnen Kindern über den richtigen Umgang miteinander führen auch zur Selbstkritik. Am Montagmorgen notieren sie in ihrem Tagebuch jeweils, wie sie sich an die Vorgaben gehalten haben.

Morgenkreis
Die Kinder und der Lehrer versammeln sich zu Beginn des Tages in einem Kreis auf dem Boden oder auf Stühlen im Klassenraum. Dem Morgenkreis, der im Wechsel von einem Kind geleitet werden kann, obliegen etwa folgende Aufgaben:
- Festlegen des Wochenstunden- und des Arbeitsplans der Kinder sowie besonderer Veranstaltungen
- Sammeln von Ergebnissen der Woche
- Diskussion zum jeweiligen Projektthema
- Meinungsaustausch zu Problemen des Schulalltags
- Gemeinsames Lesen und Besprechen des Buches der Woche
- Gemeinschaftliche Besinnung
- Spiele
- Lieder
- Morgengebet

Rituale während des Unterrichts

Klassenrat
Die Klasse steht im Mittelpunkt der letzten gemeinsamen Wochenstunde. Den Klassenrat unter der Leitung von drei Kindern erwartet ein vielseitiges, sich oft ergänzendes Programm: So bedarf die vergangene Woche der kritischen Auswertung, die nächste der Planung. Das Führungstrio teilt sich die Moderation, die Lösung der Konflikte und die Niederschrift der Lösungen untereinander auf. Zum Abschluss der Stunde wird deren Ergebnis aus dem Klassenratsbuch vorgelesen und das nächste Leitungstrio darin vermerkt. Die Reihenfolge über die Behandlung von Vorschlägen und Wünschen in der folgenden Klassenratsstunde, die in einem dafür bereitgestellten Kasten oder am Klassenbrett gesammelt werden, entscheidet die ebenfalls wöchentlich wechselnde Vorbereitungsgruppe.

„Mach bitte weiter..."
Um einer Stille in der Gesprächsrunde vorzubeugen, rufen sich die Kinder gegenseitig zu Beiträgen auf, was auch zur Entlastung des Lehrers beiträgt.

Teppichgeflüster
Nach Abschluss ihrer Arbeit lädt die Kinder der Gesprächsteppich ein. Auf ihm können sie leise Informationen und Meinungen austauschen.

Blitz
Während einer Tafelanschrift, beispielsweise dem Fixieren der Überschrift, sprechen die Kinder den Text der Reihe nach laut. Wer ist schneller fertig? Der Lehrer mit dem Schreiben oder die Kinder mit dem Sprechen?

Störer hilft sich selbst
Mit einer Strichliste können sich Unterrichtsstörer selbst verbessern. Auf einer vom Lehrer übergebenen Liste notiert das Kind jede Störung mit einem Strich. Kind und Lehrer zählen am Ende des Tages die Striche und besprechen, um wie viele Striche der Störer sich tags darauf unterbieten soll.

Interview
In wechselnden Rollen interviewen sich die Kinder zu vorher notierten Fragen über erarbeitete Stoffgebiete oder andere Themen. Quer durch das Klassenzimmer suchen sie nach Gesprächspartnern, wobei sie mal Fragesteller, mal Befragter sein können.

Gesprächsscheibe
Eine Scheibe mit selbst geschaffenen Symbolen für Partner-, Kreis- oder Gruppengespräch hängt im Klassenzimmer. Die Position eines in der Mitte angebrachten Zeigers kennzeichnet die jeweilige Art der Unterhaltung.

Maskottchen
Bereits zu Beginn einer Unterrichtsstunde kann ein Klassenmaskottchen andere Rituale unterstützen. Nach der Vorstellung der Figur im Rahmen einer Erzählung durch den Lehrer denken sich die Kinder einen Namen aus. Sie kann regelmäßig oder nur bei bestimmten Anlässen in Erscheinung treten. Dazu zählen die Einführung von Neuigkeiten, gemeinsame Übungen oder der Abschied von Lernsituationen.

Erzählstein
Ein Erzählstein erleichtert die Regelung von Schilderungen Einzelner in einem Sitzkreis. Das Kind mit dem Stein in der Hand hat Redezeit und zieht die Aufmerksamkeit aller anderen auf sich. Ist sein Beitrag beendet, reicht es den Stein weiter. Um glaubwürdige Kommunikationsformen nicht einzuschränken, sollte der Einsatz von Erzählsteinen jedoch nicht überhand nehmen.

Happy Birthday
Die Würdigung des Geburtstags hat bei der Identitätsentwicklung eines Kindes eine außerordentlich große Bedeutung. Sie bedarf deshalb auch einer persönlich ausgerichteten Feier in der Klasse. Das Geburtstagskind gehört der Gruppe nicht nur an, sondern ist ihr gefeiertes Individuum, was durch eine besondere Ritualisierung ausgedrückt werden soll:
- Geburtstagsstuhl
- Geburtstagsspruch oder -lied
- Geburtstagsspiel
- Besondere Kennzeichen auf dem Geburtstagskalender

- Geburtstagskrone
- Ein Stern am Klassenhimmel
- Von den Kindern gebastelte Geburtstagskerze
- Geburtstagskind pustet Kerze aus und wünscht sich etwas, solange es noch den Rauch sieht.
- Auf eine bunte Schnur heften Kinder Wünsche an das Geburtstagskind in Form von Briefchen oder kleinen Bildchen. Am Ende des Tages darf das gefeierte Kind alle Wünsche mit nach Hause nehmen.

Krankenbrief
Drei Tage ist das Kind schon krank – ein gemeinsamer Brief der Klasse soll ihm wieder möglichst schnell auf die Beine helfen.

Rot und gelb
Verstöße gegen vereinbarte Regeln werden wie beim Fußball mit roten und gelben Karten gerügt.

Pluspunkte
Für beispielhaftes Einhalten der Klassenregeln erhalten die Kinder Punkte.

Wissensmarkt
Nicht Geschrei, sondern Wissen prägt den „Marktplatz" im Klassenzimmer. Alle Kinder treffen sich dort, um sich gegenseitig über ihre Kenntnisse auszutauschen.

„Psst"
„Bitte leise sein!" oder „Psst" steht auf laminierten Kärtchen, die Störenfrieden während einer Konzentrationsphase auf die Bank gelegt werden können. Zur Erinnerung an die notwendige Ruhe dient auch eine kleine Figur mit dem Finger auf dem Mund.

Denksport
Eine „besondere Nuss" hat einen festen Platz im Klassenzimmer. Die Denkaufgabe der Woche reizt die Kinder zum Knobeln. An die Lösung können sie sich allein, mit einem Partner oder als Team heranmachen.

Fragewand
Neue Themen im Sachunterricht fordern bei manchen Kindern eine zusätzliche Klärung heraus. Eine dazu verfasste kleine Karte an die Fragewand gepinnt fordert auch andere Kinder heraus, nach Möglichkeiten einer Lösung zu suchen.

Hoch und Tief
Kinder einer Gruppe bewerten nach Abschluss einer Arbeitsphase gemeinsam die Qualität ihrer Arbeit. Die an einer Klammer gebündelten Hochs und Tiefs heften sie auf ein laminiertes Gruppenbarometer. Gleichzeitig setzen sie Ziele für die Zukunft.

Reporter
Mit einem symbolischen Mikrofon wendet sich ein zum Reporter ernanntes Kind an seine Mitschüler und befragt sie zu vorher behandelten Themen. Bei dem Versuch, auch unter Verwendung neuer Begriffe so genau wie möglich zu antworten, festigen die Beteiligten ihr Wissen.

Lehrstuhl
Zum Professor deklariert stellt sich ein Kind den Fragen der Klasse. Bereits bekannte Inhalte werden so erneut durchgenommen, nicht Verstandenes verdeutlicht.

Aufräumen mit Musik
Akustische oder optische Signale können den jeweiligen Arbeitsabschnitt abschließen und eventuell feste Aufräumzeiten einleiten. Die dabei ständig gleiche Melodie wird gegen Ende der Wegräumphase immer leiser, was den Mädchen und Jungen eine richtige Abschätzung des vorgesehenen Zeitraums erleichtert. Die früher fertigen Kinder helfen den anderen.

Das große Lauschen
Bei geöffneten Fenstern sitzen Kinder und Lehrer mit geschlossenen Augen auf ihren Stühlen. Aufmerksam nehmen sie die Geräusche wahr, die auf sie eindringen. Nach einiger Zeit schildern sie ihre akustischen Eindrücke.

Stiller Lärm
Schweigeminuten lösen zu Beginn des Tages oder bei unruhigem Verhalten eine stille Atmosphäre in der Klasse aus: Die Kinder stellen sich hinter die Stühle und schließen die Augen. Wenn nach ihrer Meinung eine Minute abgelaufen ist, nehmen sie wieder Platz. Einer konzentrierten Weiterarbeit steht nun nichts mehr im Wege.

Krankenpost
Gerne akzeptiert der Banknachbar die Verantwortung als Sammler und Postler für ein krankes Schulkind. Er stellt Aufgabenblätter, Hefte, Bücher sowie Hausaufgaben des Tages in einer hübsch dekorierten Mappe zusammen, ergänzt mit Bildern und Briefen anderer Kinder mit besten Genesungswünschen. Ein nahe dem „Patienten" wohnendes Kind übernimmt die Rolle des Briefträgers oder die Eltern holen die Post selbst ab.

Kummerkasten
Einen Zettel mit Problemen, die Mitschüler nichts angehen sollen, kann das geplagte Kind in einen Kummerkasten werfen. Der Lehrer und das „Sorgenkind" suchen dann gemeinsam nach einer Lösung.

Rituale zum Abschluss des Unterrichts

Musik statt Klingeln
Der Ausklang des Schultags durch ein nüchternes Klingelzeichen lässt sich durch ein paar Takte ruhiger Musik beheben.

Ende gut ...?
Ein gemeinsames Nachdenken über den zu Ende gehenden Schultag vertieft die Selbsteinschätzung ebenso wie die Bewertung der vergangenen Stunden. Dem täglichen Haltepunkt sollten deshalb – wie zu Beginn des Tages – wenige Minuten für entsprechende Überlegungen eingeräumt werden.

Handschlag
Am Ende des Tages bewährt sich ein persönlicher Handschlag zum Abschied eines jeden Kindes. Den Kindern wird dadurch ihre persönliche Anerkennung mit auf den Weg gegeben.

Vorlesen zum Schluss
Eine ideale Möglichkeit, Kinder zum Lesen zu motivieren, ist das Vorlesen beispielsweise am Ende eines Schultages. Vorlesen kann positive Erlebnisse in Zusammenhang mit Büchern vermitteln. Vorleser schenken ihren jugendlichen Zuhörern Aufmerksamkeit und persönliche Zuwendung und sie sind Vorbilder. Vorlesen kann eine wahre Entdeckungsreise für Kinder sein: Spielerisch werden sie an Geschichten und Bücher herangeführt, ihre Vorstellungskraft wird ebenso geschult wie ihre Konzentrationsfähigkeit. Auch beim Vorlesen sollte man einige kleine Regeln beachten, um das Interesse der Kinder dauerhaft auf sich und das Buch zu lenken. Wichtig ist es, langsam zu lesen, die Wörter deutlich auszusprechen und die Lautstärke beim Vorlesen zu wechseln. Spannende Inhalte spricht man am besten leise, fröhliche laut und heiter. Gut ist es auch, seine Stimme den Figuren anzupassen. Eine Maus spricht anders als ein Elefant. Wenn man dies vor dem Vorlesen einübt, klappt es besser und erzeugt beim Vorlesen mit der entsprechenden Mimik und Gestik die richtige Spannung. Baut man an den passenden Stellen dann noch kurze Pausen ein und zögert die Auflösung etwas hinaus, ist die Lesefreude perfekt.

Rituale außerhalb des Klassenzimmers

Schulforum
Das Ritual eines wöchentlichen oder monatlichen Schulforums hat mittlerweile an zahlreichen Schulen Fuß gefasst. Für die inhaltliche Gestaltung gibt es verschiedene Möglichkeiten:
- Präsentation der Lernergebnisse der Klassen oder abwechselnde Präsentation der Lernergebnisse einer Klasse
- Ort von Kinderlesungen
- Ort von Musikvorführungen einzelner oder aller Klassen
- Ort von kleinen Theateraufführungen
- Präsentation selbst erstellter Kunstwerke
- Präsentation selbst erstellter technischer Werke
- Ort der übergreifenden Konfliktregelung in Form der großen Versammlung
- ...

Möglicher Programmablauf:
1. Gemeinsames Lied
2. Die Geschichte der Woche aus den selbst geschriebenen Texten der Klassen wird vorgelesen.
3. Bericht über den Stand eines Projektes durch Kinder mit anschließendem Meinungsaustausch in Form von Wortmeldungen
4. Bekanntgabe neuer Regelungen, Diskussionen über die Einhaltung vorgenommener Verhaltensregeln etc.
5. Musikvorführung im Turnus durch eine Klasse
6. Verabschiedung in das Wochenende durch die jeweiligen Sprecher der Kinder, Lehrer oder die Schulleitung

Maskottchen unterwegs
Das Klassentier oder die Handpuppe müssen nicht in der Schule ausharren. An Wochenenden darf jeweils ein Kind das Maskottchen zur Versorgung mit nach Hause nehmen. Am Montag schildert es im Erzählkreis von den gemeinsamen Erlebnissen. Fotos davon hängt es zu bereits vorhandenen an die Pinnwand.

Geladene Gäste
Ein Gästebuch wird nicht nur bei Veranstaltungen der Schule ausgelegt. Auch die Klassen können ihre „VIPs" in einem eigenen Album in Erinnerung behalten.

2.2 Schulleben im Unterricht

Unterricht darf sich nicht auf eine wertfreie Vermittlung von Wissen und Können beschränken, sondern muss den Heranwachsenden Hilfe bei der Entwicklung zur Persönlichkeit anbieten. Mit dem Lehrplan als Grundlage wählt der Lehrer erzieherisch bedeutsame Lerninhalte aus und regt die Kinder dazu an, sich mit ihnen auseinanderzusetzen. So fördert er mit den verschiedenen Inhalten, Methoden und Zielen den Menschen in seiner individuellen Entfaltung und bietet Orientierungsbeistand für seinen Selbst- und Weltbezug an. Dies ist gerade in einer von Schnelllebigkeit und Veränderung in Gesellschaft, Familie, Arbeitswelt und Freizeit geprägten Welt unabdingbar. Erziehung und Unterricht befinden sich in Form von kreativer Gestaltung und aufmerksamer Übernahme des Inhalts in einer ständigen Wechselwirkung.

Der Lehrer sollte sich dabei nicht als reiner Wissensvermittler empfinden, sondern bei seiner Identifikation mit dem Erziehungsauftrag vor allem in kooperativem Kontakt zu den Schülern und Kollegen stehen. Als selbstverständlich gelten Sachverständnis und -kompetenz. Dazu gehört, die Lernvoraussetzungen der Schüler zu beachten und das Bemühen, sich offen, engagiert und flexibel um eine angstfreie Atmosphäre zu bemühen. Die Kinder wiederum sollten – je nach der Art und Weise des Unterrichts – in der Lage sein, fächerübergreifend und im Team zu arbeiten und sich längere Zeit mit einem Thema auseinanderzusetzen. Ein allzu großer Leistungsdruck hemmt dabei die Kreativität, das freiheitliche Gefühl und das freundschaftliche Miteinander und verstärkt das Konkurrenzdenken.

Schulleben im Unterricht zeigt sich unter anderem durch Lebensnähe und Verbindung zur außerschulischen Wirklichkeit, durch Handlungsorientierung und durch praktizierte Formen von Kooperation und Kommunikation untereinander. Diese Forderungen sollten auch im gewöhnlichen Unterricht als Selbstverständlichkeit betrachtet werden. Schulleben ist deshalb nicht auf einen gewissen Zeitrahmen oder Ort beschränkt, es findet vielmehr immer und überall statt.

Ziel des Unterrichts ist ein individueller Gewinn für jedes Kind, der zum einen von der Bedeutung der Lehrstoffinhalte abhängt, zum anderen von der Unterrichtsgestaltung, den Methoden, von der Unterrichtsatmosphäre und schließlich von den Unterrichtsbedingungen.
Durch gemeinsames Lesen und Rechnen, Schreiben, Diskutieren, Spielen, Singen, Tanzen und Malen setzt der Unterricht zwar einen Rahmen, schränkt die freiheitliche Initiative der Kinder zu individuellen und gemeinschaftlichen Aktivitäten aber nicht ein.

Wichtig bei den einzelnen Tätigkeiten ist auch eine Abwechslung in den Sozial- und Aktionsformen, die das Gefühl der Eigenverantwortung bei den Kindern stärken. Sie erlangen die Fähigkeit, sich kooperativ zu verhalten, Hilfe zu geben und anzunehmen, eigene Empfindungen zu äußern, auf die Meinungen anderer einzugehen, Verständnis füreinander zu entwickeln und im Team zu arbeiten.

Eine harmonische Gemeinschaft ist ein wesentliches Merkmal guten Unterrichts. Sie bietet die Möglichkeit gemeinsamen Lernens, wechselseitiger Anregung, sozialer Bewährung und der Entwicklung von Teamfähigkeit. Da für junge Leute die Schule zwar nicht die einzige, jedoch eine besonders wichtige Lebenswelt darstellt und dementsprechend einen wesentlichen Bereich des sozialen Umgangs miteinander bildet, hat guter Unterricht dem Rechnung zu tragen. Eine entscheidende Rolle spielt dabei die Mitgestaltung des Unterrichts durch Kinder. Auf diese Art werden ihre Interessen und Bedürfnisse im Unterricht ernst genommen, es entwickelt sich ein Wir-Gefühl, getragen von Aufgeschlossenheit, Aufrichtigkeit und wechselseitigem Respekt – bedeutsame Bestandteile des Schullebens im Unterricht.

Die unten dargestellte Unterrichtsstunde zur Musikerziehung versucht, diesen Gesichtspunkten besonders zu entsprechen.

2.2.1 Entwurf einer Unterrichtsstunde

Die Zauberflöte – „Der Vogelfänger bin ich ja" (1. Strophe)

Lernziele:

Verankerung im Lehrplan (Bayern):
3.1 Musik machen
    3.1.1 Singen und Sprechen
        • Altersgemäße Lieder

3.3 Musik hören
    3.3.2 Musik begegnen
        • Ausschnitte aus Kompositionen z. B. „Die Zauberflöte" (Mozart)

Grobziel:
Die Kinder sollen durch eine altersgemäße und auch auf die Gegenwart bezogene Auseinandersetzung mit dem Leben Wolfgang Amadeus Mozarts und seinem Werk (‚Die Zauberflöte: Der Vogelfänger bin ich ja' [1. Strophe]) Interesse und Freude am Hören und Singen von Musik entwickeln.

Feinziele:
Die Kinder sollen
- das Interesse für die Person W. A. Mozart und dessen Werk vertiefen (kognitiv, affektiv).
- den Inhalt der Oper „Die Zauberflöte" kennen lernen (kognitiv).
- ihre Haltung, Stimme und Atmung für das Lied vorbereiten (kognitiv, psychomotorisch).
- Melodiebausteine in die richtige Reihenfolge bringen (kognitiv, affektiv).
- ihre musiktheoretischen Kenntnisse auf die vorliegenden Noten aus „Der Vogelfänger bin ich ja" anwenden (kognitiv).
- den Text und die Melodie von „Der Vogelfänger bin ich ja" erfassen und im richtigen Rhythmus singen lernen (affektiv, kognitiv, psychomotorisch).
- an den entsprechenden Stellen des Liedes auf der selbst gebastelten Panflöte spielen (kognitiv, psychomotorisch).
- empfänglich werden für die positive Wirkung gemeinsamen Singens und Gestaltens (kognitiv, affektiv, psychomotorisch).
- Freude am Hören der klassischen Musik gewinnen (affektiv).

Artikulation:

Zeit	Artikulation/ Prinzipien	S/L	Inhalte/ Unterrichtsverlauf	Aktionsform/Medien
0	**0. Vorbereitungsphase**	L	... begrüßt die Klasse.	
		S	... macht den Datumsdienst.	
	Morgenkreis Ganzheitlichkeit	L/S	... singen im Stehkreis ein Lied mit passenden Gesten.	Stehkreis; Instrumente
4	**1. Hinführung** Aktivierung Vorwissen	S	... wiederholen bisher erworbenes Wissen in Form eines Quiz.	S-Äußerungen
	Motivation	L	„Du hast in der Vorviertelstunde besondere Geräusche gehört."	L-Impuls
		S	„... Vogelgezwitscher ..."	S-Äußerungen
8		L	„Wer von euch hat einen echten Vogel als Haustier?"	
		S	... äußern sich spontan.	S-Äußerungen
	Experimentieren mit Klängen Handlungsorientierung	L	„Vor ein paar Wochen hat bereits eine Gruppe eine Vogelmelodie mit Orff-Instrumenten erfunden."	L-Impuls
		S	... spielen Musik vor.	Instrumente

Zeit	Artikulation/ Prinzipien	S/L	Inhalte/ Unterrichtsverlauf	Aktions- form/Medien
	Zielangabe	L	„Ich stelle dir heute jemanden vor, der sich mit Vögeln sehr gut versteht."	L-Impuls
		L	... zeigt Bildkarte vom Vogelfänger Papageno.	
		S	... äußern sich.	S-Äußerungen
		L	„Du lernst heute die Geschichte des Vogelfängers Papageno als Lied kennen. Es heißt ‚Der Vogelfänger bin ich ja' und ist aus einer der berühmtesten Opern Mozarts."	L-Impuls
		S	„... Die Zauberflöte ..."	
		L	... fixiert die Überschrift ‚Der Vogelfänger bin ich ja' an der Tafel.	S-Äußerungen Tafel, Kreide
13	**2. Erarbeitungsphase**	L	... erzählt im Sitzkreis den Inhalt von „Die Zauberflöte" *(siehe unten)*.	Lehrervortrag
18	Einsingen zur Aktivierung des Körpers und des Atemapparates	L	... erzählt eine Klanggeschichte zur Stimmbildung, die der Haltung, der Öffnung der Resonanzen und der Atmung dient *(siehe unten)*.	Text
	Texterarbeitung	L	„Du kannst nun selbst lesen, was Papageno von sich erzählt."	L-Impuls
		S	... entfernen Abdeckung von der Tafel.	Tafel
		S	... lesen den Text der 1. Strophe von ‚Der Vogelfänger bin ich ja'.	
		L	„Finde mit deinem Nachbarn zum Text passende Gesten. Der eine liest vor, der andere spielt den Vogelfänger. Wechselt euch ab."	Arbeitsauftrag
		S	... wiederholt Arbeitsauftrag.	
		S	... üben mit ihren Nachbarn. Zwei Paare stellen ihre Ideen vor.	Partnerarbeit
26		L	„Um das Lied singen zu können, brauchen wir noch etwas sehr Wichtiges."	L-Impuls
		S	... flüstern L die Antwort ins Ohr.	S-Äußerungen
		S	„... Noten ..."	
		S	... entfernen Abdeckung von linker und rechter Tafelseite.	Tafel, BK
	Fixierung der Notation	L	„Leider sind mir die Noten völlig durcheinandergeraten. Du kannst mir sicherlich helfen, die Noten über die passende Textstelle zu heften. Ich spiele einen Melodieabschnitt vor und du überlegst, welche Noten ich gegeigt habe."	Arbeitsauftrag

Zeit	Artikulation/ Prinzipien	S/L	Inhalte/ Unterrichtsverlauf	Aktions- form/Medien
		L	... spielt abschnittsweise die Melodie des Liedes, die S heften die Noten in richtiger Reihenfolge über den Text.	Geige
29	Kindgemäße Analyse	L	... stellt den Kindern musiktheoretische Fragen (Notenwerte, Taktart, Notenhöhe, ...) und geht dabei auf die schwierigen Sechzehntelreihungen ein.	
		S	... stellen sich gegenseitig musiktheoretische Fragen.	S-Äußerungen
32	Melodieerarbeitung	L/S	... summen nach dem Call-Response-Prinzip die Melodie.	
	Begegnung Aktives Musikhören	S	... hören die Instrumentalversion von ‚Der Vogelfänger bin ich ja'.	CD, CD-Player
		S	... äußern ihre Höreindrücke und benennen die zu hörenden Instrumente.	S-Äußerungen
		S	... hören die Instrumentalversion und spielen dazu pantomimisch auf Streichinstrumenten.	CD, CD-Player
	Liederarbeitung	L/S	... singen das Stück nach dem Call-Response-Prinzip.	
		L/S	... singen das Stück gemeinsam.	
		L/S	... singen das Stück gruppenweise entsprechend den Einsätzen des Lehrers (Wechselgesang).	
		L/S	... singen das Stück nach dem Fenster-Prinzip.	
		S	... hören die gesungene Version.	
		L	„Der Vogelfänger pfeift nicht mit dem Mund. Er hat ein besonderes Instrument, um die Vögel anzulocken!"	L-Impuls
		S	„... Panflöte ..."	S-Äußerungen
		L	„Du hörst das Lied noch einmal. Lies dazu die Noten mit. Ich bin gespannt, wer mir im Anschluss folgende zwei Fragen beantworten kann: ‚Wie oft ist die Panflöte zu hören?' und ‚An welchen Stellen ist die Panflöte zu hören?'."	Arbeitsauftrag
	Aktives Musikhören	S	... hören wiederholt die gesungene Version, beantworten im Anschluss daran die Fragen und heften Bildkarten (‚Panflöte') an die entsprechenden Stellen in der Notenschrift.	CD, CD-Player; S-Äußerungen

Zeit	Artikulation/ Prinzipien	S/L	Inhalte/ Unterrichtsverlauf	Aktions- form/Medien
44	Ausgestaltung	S	... holen die selbst gebastelten Panflöten unter dem Tisch hervor.	Panflöten
		S	... spielen sich ein.	
		L	„Du kannst mir bestimmt zeigen, welche Melodie der Vogelfänger mit seiner Panflöte spielt."	L-Impuls
		S	... äußern sich bzw. spielen vor.	S-Äußerungen
		L	„Du weißt, wie wir es in der Musiksprache nennen, wenn mehrere Töne hintereinander ganz schnell nach oben oder nach unten gespielt werden."	L-Impuls
		S	„... Glissando ..."	S-Äußerungen
		L/S	... üben gemeinsam den Panflöteneinsatz aus ‚Der Vogelfänger bin ich ja'.	
47	3. Sicherung	S	... stellen sich mit den Instrumenten vor die Tafel in Choraufstellung.	Chor
		L/S	... singen ‚Der Vogelfänger bin ich ja' mit den Panflöten als ‚Generalprobe'.	
		L	„Der große Moment ist gekommen: Die Klasse XY der XY-Schule singt das Stück ‚Der Vogelfänger bin ich ja' von W. A. Mozart aus seiner weltberühmten Oper ‚Die Zauberflöte'."	
		L	... zieht Frack an.	Frack
		S	... bekommt als Dirigent einen Dirigentenstab und eine Mozartperücke.	Dirigentenstab, Perücke
	Präsentation	S	... singen bzw. spielen Musikstück, L spielt als Begleitung Geige.	Geige
52	4. Schlussphase	S	... leert den Klassenbriefkasten, öffnet ein Briefkuvert und liest einen Brief Mozarts an die Kinder vor, in dem der Komponist großes Lob an die guten Sänger vermittelt.	Briefkasten Kuvert, CD CD-Player Feder
	Ausblick	L	„In der nächsten Stunde beschäftigen wir uns noch einmal mit ‚Der Vogelfänger bin ich ja' und mit weiteren Stücken aus ‚Die Zauberflöte'.	

Tafelbild:

Der Vogelfänger bin ich ja

Der Vo-gel-fän-ger bin ich ja, stets lus-tig, hei-ßa, hop-sa-sa!

Ich Vo-gel-fän-ger bin be-kannt bei Alt und Jung im gan-zen Land.

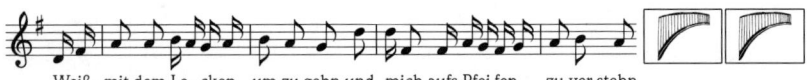
Weiß mit dem Lo-cken um-zu-gehn und mich aufs Pfei-fen zu ver-stehn.

Drum kann ich froh und lus-tig sein, denn al-le Vö-gel sind ja mein.

Klanggeschichte: Ein Tag im Leben des W. A. M. – erarbeitet von den Schülern der Klasse 3 a

Die jungen Jahre des W. A. M.

Es war ein schöner Morgen im Jahre 1762. Der Hahn krähte **(„KIKERIKI")**, der Kuckuck sang **(3 × „Kuckuck")** und der Wind wehte leise durch das österreichische Land **(WEHEN)**.
Da wachte der kleine Wolferl auf und streckte sich **(STRECKEN)**.
Noch müde tappte er ins Bad **(TAPPEN)**.
Dort wusch er sich am ganzen Körper **(WASCHEN)** und putzte sich die Zähne **(PUTZEN + GURGELN)**.
Ohhh, das Frühstück schmeckte gut **(„MMMMHHH")**.
Viel Zeit blieb ihm allerdings zum Genießen nicht **(„SCHAAAADE")**.

Er musste für einen Auftritt viel üben. Bald durfte der kleine Junge nämlich mit der Kutsche nach Wien reisen **(KUTSCHE [Zunge schnalzen] + PFERD)**. Autos gab es ja damals noch nicht **(LIPPENBRUMMEN)**. Dort würde er am 13. Oktober in Anwesenheit der Kaiserin Maria Theresia vorspielen. Die Kaiserin hatte übrigens 16 Kinder **(TONLEITER ZÄHLEN)**. Wolferl setzte sich an sein Spinett, schnaufte dreimal kräftig durch **(SCHNAUFEN)** und spielte sich ein **(L – S)**. Anschließend übte das Wunderkind stundenlang, bis die Sonne unterging. Wenn er einmal eine Pause machte, träumte er von seiner Zukunft als großer Komponist und als Dirigent **(DIRIGIEREN)**. Als es Zeit war, ins Bett zu gehen, gab Wolfgang seinen Eltern Leopold und Anna-Maria Mozart noch einen Kuss **(KUSS)**, pustete die Kerzen aus **(PUSTEN)** und schlief langsam ein **(SCHLAFEN)**.

_{© Oldenbourg Schulbuchverlag GmbH, PRAXIS Bibliothek 256, Schulleben und Schulkultur}

2.2.2 Offener Unterricht

Schulleben beschränkt sich nicht auf die Zeit nach dem Unterricht und ist kein Bonbon, welches als Belohnung einen trostlosen Vormittag im Nachhinein versüßen soll. Wenn sich eine Schule entschließt, ein niveauvolles Schulleben anzustreben und sich nach außen zu öffnen, dann hat dies auch Auswirkungen auf den Unterricht. Reiner Frontalunterricht und stupides Auswendiglernen werden durch offene Formen des Unterrichts abgelöst.

Diese ganzheitliche Auseinandersetzung mit dem Lernstoff erleichtert es den Kindern, selbstständig zu agieren, sich in der Umwelt zurechtzufinden und ihre Persönlichkeit zu entwickeln. Der Offene Unterricht basiert auf einem aktiven Lernbegriff und schließt unterschiedliche Ansätze ein. Die Offenheit bezieht sich auf den Lernort, die Zeitplanung, den Inhalt, die Kommunikation und den Umgang miteinander. Formen dieses Unterrichtkonzeptes sind Stationen- und Projektarbeit, Wochenplan- und Freiarbeit.

Nach eigener Wahl, im eigenen Rhythmus und in frei gewählten Sozialformen können sich die Kinder innerhalb der verschiedenen Formen des Offenen Unterrichts entfalten. Die Arbeitsmittel werden ihnen zur Verfügung gestellt oder von ihnen selbst besorgt. Allein, zu zweit oder als Gruppe lernen sie bei unterschiedlicher Aufgabenstellung diese Materialien und ihre Verwendung kennen. Sie erarbeiten und üben den Umgang damit und dehnen ihre Interessen oder Kritik auf vergleichbare Objekte aus. Der Erfolg offener Unterrichtsformen hängt von einer anregenden, gut ausgestatteten Lernumgebung, klar strukturierten -angeboten und variablen -zeiten sowie einer systematischen Entwicklung von Arbeitstechniken ab. Aber erst eine kontinuierliche Beobachtung des Lernfortschritts und eine permanent kritische Reflexion der Arbeitsprozesse ermöglichen einen Erfolg.

Lernpsychologisch gesehen liegt die Wurzel des Erfolgs Offenen Lernens im Ansprechen aller Wahrnehmungstypen. Es umfasst zielorientiertes, selbstständiges und gelenktes Lernen. Die Überwachung des Unterrichtsablaufs obliegt einer Selbst-, Partner- oder Lehrerkontrolle. Zu den Zielen gehören die Erarbeitung von Inhalten, soziales Verhalten, Selbstorganisation und freudiges Lernen. Als ebenso notwendig gelten die Erziehung zu Kompromissbereitschaft, Teamgeist, Kommunikationsfähigkeit und Selbstständigkeit. Aufgabe der Materialien ist es dabei, mehrere Sinne anzusprechen, optische, akustische und taktile Reize zu liefern, motorische Elemente zu enthalten und durch Greifen zum Begreifen zu führen. Der Lehrer als Planer und Organisator offener Unterrichtsformen gewinnt durch die variable Systematik freie Kapazitäten, um die Kinder einzeln oder in Gruppen betreuen und auf individuelle Fragen und Probleme eingehen zu können.

Zu den aktuellen und praktisch häufig durchgeführten Lernformen der Öffnung des Unterrichts zählen Stationenarbeit, Wochenplanunterricht, Freiarbeit und projektorientierter Unterricht. Praktiziert werden auch nach Ideen und Vorstellungen von Lehrern und Kindern erweiterte Mischkonzepte. Die gesteckten Endziele sind sich jeweils gleich: In jedem Fall lernen die Kinder, sich intensiv mit einem Thema zu befassen, eigene Interessen ausfindig zu machen und ihre geistige und motorische Arbeit selbst zu organisieren.

Stationenarbeit

Bei der Stationenarbeit gleicht der Unterrichtsraum auf den ersten Blick einer kleinen Ausstellung. An mehreren Positionen sind Objekte unterschiedlicher Art und dazugehörige Arbeitsaufträge ausgelegt. Sie stehen zwar in einem thematischen Zusammenhang, können aber meist in beliebiger Reihenfolge erfüllt werden. Die Kinder erhalten die Möglichkeit, ihren Lernweg analog ihrer Wissbegierden und Begabungen selbst zu steuern. Art und Auswahl der Aufträge machen ihnen zudem die Vielfalt der Zugänge zum Stoff klar. Direktes Handeln wird durch entsprechende Aufgabenstellung gefördert. Die Unterrichtsziele Selbstständigkeit und Selbsttätigkeit weisen den Kindern eine aktive und verantwortungsvolle Rolle im Lernprozess zu. Stationenlernen empfiehlt sich besonders zur Festigung und Vertiefung bekannten Wissens, zur praktischen Einübung neuer Aufgaben und Techniken und als Teil des fächerübergreifenden Unterrichts. Außerdem eignet es sich zur Differenzierung:

Differenzierung nach Interessen

Je nach Interesse oder Lerntyp kann eine Auswahl durch die Kinder stattfinden. Einige Stationen sollten verpflichtend sein, andere als Wahlmöglichkeit bereitstehen. Der Lehrer muss nach Themenaspekten oder der Zielsetzung darüber entscheiden.

Differenzierung nach Arbeitstempo
Die Differenzierung findet statt, indem eine bestimmte Anzahl von zu bearbeitenden Stationen vorgegeben und der Rest freigestellt wird.

Leistungsorientierte Differenzierung
Die Differenzierung ergibt sich durch Aufgaben auf unterschiedlichen Niveaus. Oft werden drei Schwierigkeitsstufen eines Aufgabentyps angeboten. Das Kind wählt eigenverantwortlich oder auf Rat des Lehrers die Aufgaben, die nicht unter- oder überfordern.

Beim Lernen an Stationen erhalten die Kinder Arbeitspläne mit Pflicht- und Wahlaufgaben (Stationen). Den zeitlichen Ablauf und die Reihenfolge der Lösung sowie die Sozialform (Einzel-, Partner- und Gruppenarbeit) entnehmen sie den Vorgaben oder entscheiden sie in eigener Regie. Auf einem Laufzettel können sie ihre jeweiligen Leistungen abhaken. Die maximale Schülerzahl pro Station hängt vom Materialangebot ab und wird vorher festgelegt. Die Ergebnisse werden in verschiedenen Mappen, Plakaten oder Mindmaps festgehalten. Der durch Vorbereitung entstehende Aufwand des Lehrers lässt sich durch Material- und Erfahrungsaustausch mit Kollegen mindern.

Als gute Starthilfe hat sich ein gemeinsamer Rundgang mit den Kindern zu Beginn bewährt. Dabei werden die Stationen und der Laufzettel erläutert. In der nächsten Arbeitsphase erfolgt die Bearbeitung aller Pflichtstationen. Erst danach sind die Zusatzstationen an der Reihe – falls noch Zeit bleibt. Die bearbeiteten Ergebnisse einer Station halten die Kinder fest. Zum Abschluss reflektiert das Plenum die angewandte Methode und beurteilt die Arbeitsergebnisse.

Das folgende Beispiel zeigt eine Stationenarbeit im Fach Mathematik.

Fach: Mathematik
Stundenthema: Wir üben das Messen in „mm", „cm" und „m" an Stationen/Lerntheke

Lernziele:

Verankerung im Lehrplan (Bayern):

3.4 Sachbezogene Mathematik
    3.4.1 Größen
        Längen (mm, cm, m):
          • bekannte Längeneinheiten wiederholen
          • sich Längen bewusst machen
          • Längen schätzen, messen und zeichnen

Grobziel:
Die Kinder sollen in selbstständiger Arbeit an Stationen/Lerntheke den Umgang mit einem gebräuchlichen Messgerät lernen und ihre Messergebnisse mittels Maßzahl und Maßeinheit beschreiben. Sie sollen zu den konventionellen Längeneinheiten Millimeter, Zentimeter und Meter genaue Vorstellungen entwickeln, die ihnen das Schätzen von Längen erleichtern.

Feinziele:
Die Kinder sollen
- sich auf die Rahmenhandlung einlassen (kognitiv, affektiv).
- ihre Vorstellung von den Längeneinheiten Millimeter, Zentimeter und Meter weiter entwickeln (kognitiv).
- sich an die Regeln der Stationenarbeit erinnern und halten (kognitiv, affektiv).
- in Einzel- und Partnerarbeit an 10 Lernstationen/Lerntheke arbeiten und dabei verschiedene Längen ausmessen bzw. den handelnden Umgang mit dem Lineal üben (kognitiv, affektiv, psychomotorisch).
- die Fähigkeit steigern, mit einem Partner zusammen zu arbeiten und erkennen, dass das exakte Messen zu einheitlichen Ergebnissen führt, indem sie die Ergebnisse vergleichen (kognitiv, affektiv).
- die Fähigkeit steigern, ihre Ergebnisse selbst zu kontrollieren (kognitiv).
- Freude an der selbstständigen Arbeit mit den verschiedenen Materialien haben (kognitiv, affektiv).
- sich in einer abschließenden Reflexionsphase die Übungsinhalte verdeutlichen (kognitiv, affektiv).

Zeit	Artikulation/ Prinzipien	S/L	Inhalte/ Unterrichtsverlauf	Aktions- form/Medien
0	**1. Hinführung** Motivation Narrative Einkleidung	L	... zeigt Bild von Eisbär, einem begeisterten Fußballer.	Bildkarte
		S	... äußern sich spontan.	S-Äußerungen
		L	„Eisbär hat ein Lieblingsfußballstadion."	L-Impuls
3		S	„... Allianz-Arena ..."	L-Impuls
		L	„Eisbär hat in der Allianz-Arena dir bekannte Gegenstände gefunden. An ihnen erkennst du dir bekannte Maßeinheiten. Die blauen Markierungen helfen dir."	
		S	... nennen die Maßeinheit, messen nach und heften Zahlenkarten mit entsprechender Maßeinheit bzw. deren Umrechnung an die Tafel.	S-Äußerungen; Bildkarten

Zeit	Artikulation/ Prinzipien	S/L	Inhalte/ Unterrichtsverlauf	Aktions- form/Medien
7	Zielangabe Überschrift	L S L S	„Eisbär möchte heute mit euch das Messen rund um das Thema Fußball üben und am Ende der Stunde eine Messprüfung mit euch machen." … sprechen in Form des Spiels ‚Blitz' die Überschrift ‚Wir üben das genaue Messen', während L sie an Tafel fixiert. „Moritz kann mir auch sagen, in welcher Form wir üben." … findet unter seinem Stuhl die Wortkarte ‚Stationen' und heftet diese an die Tafel.	Tafel, Kreide L-Impuls Wortkarte, Tafel

10
 	
15
 	
35
	2. Erarbeitungsphase Information
	
	Ganzheitliche Hand- lungsorientierung mit Selbstkontrolle und quantitativer bzw. qua- litativer Differenzierung
	
	Reflexion
		L
		
		L
		
		L
		
		S
		
		S
		
		L
		L
			„An deinem Platz findest du den Startpunkt deines Stationenrund- ganges."
			… gibt Signal, S wechseln in Grup- pen zur Orientierung von Station zu Station.
			„Für die Arbeit an den Stationen brauchst du drei Materialien: dein Federmäppchen, dein Lineal [Wie- derholung der Messregeln] und dein Arbeitsblatt."
			… verteilen Arbeitsblatt zu den Stationen *(siehe unten)*.
			… üben an den Stationen *(siehe unten)*:
			  Station 1: Tor und Fußball
			  Station 2: Fragespiel
			  Station 3: Karten und Torschnüre
			  Station 4: Spielfeld
			  Station 5: Optische Täuschung
			  Station 6: Tipp-Kick
			  Station 7: Fußball-„Paare finden"
			  Station 8: Wer hat den längsten Weg?
			  Station 9: Zeichnen nach Angabe
			  Königsstation 10: Wer hat den kürzesten Weg zum Ball?
			… berät bzw. hilft.
			… legt in den Sitzkreis zwei Sprechblasen ‚Wo bist du sicherer geworden?' und ‚Wo hattest du noch Schwierigkeiten?'.
				Materialen für Stationen
				
				Füller, Fine- liner, Lineal Arbeitsblatt
				
				Einzelarbeit bzw. Partner- arbeit
				
				Sitzkreis; Sprechblasen

Zeit	Artikulation/ Prinzipien	S/L	Inhalte/ Unterrichtsverlauf	Aktions-form/Medien
		S	… berichten über Erfolge und Schwierigkeiten in der fachlichen und sozialen Arbeit im Stationenbetrieb.	S-Äußerungen
38	3. Sicherung Narrative Einkleidung	L	„Eisbär sagte zu mir: ‚Wenn die Kinder der 3a an den Stationen gut gearbeitet haben, sind sie bereit für die große Messprüfung.' Dafür benötigt ihr diesen Brief und diese Truhe."	
		L	… legt Briefumschlag und Truhe in die Mitte.	Brief, Truhe Arbeitsauftrag
		S	… öffnet den Brief und liest vor *(siehe unten)*.	
		S	… wiederholt Arbeitsauftrag.	
	Anwendung	S	… setzen sich in Gruppen zusammen und bearbeiten den Arbeitsauftrag.	Gruppenarbeit
		L	… erteilt gegebenenfalls Ratschläge.	
		S	… kommen vor in den Sitzkreis und zeigen die Karten mit der Lösungszahl.	Sitzkreis
		S	… öffnen mit Hilfe der Zahlen das Schloss an der Truhe. In der Truhe liegen die Messausweise und Schokoladenfußbälle.	Ausweise, Schokolade
43	5. Schlussphase	L	„Zum Abschluss sprechen wir einen zum Thema passenden Rap."	L-Impuls
	Ganzheitlichkeit	L/S	… sprechen den schon bekannten Fußball-Rap mit entsprechenden Gesten.	
		L	… verteilt die Messausweise und die Schokoladenfußbälle.	Ausweise, Schokolade

Stationen/Lerntheke:

Station 1: Tor und Fußball	
Übungsschwerpunkt	Die S schätzen und messen an Gegenständen (Tor, Fußball).
Sozialform	Partnerarbeit
Schwierigkeitsgrad	mittel
Medien	Tor, Fußball
Kontrolle	Selbst- bzw. Partnerkontrolle

Station 2: Fragespiel	
Übungsschwerpunkt	Die S vergleichen Längenangaben und wandeln Längenangaben um.
Sozialform	Partnerarbeit
Schwierigkeitsgrad	leicht, mittel, schwer
Medien	Fragekarten
Kontrolle	Partnerkontrolle

Station 3: Karten und Torschnüre	
Übungsschwerpunkt	Die S schätzen und messen an Gegenständen (Karten, Torschnüre) und berechnen den Unterschied zwischen Schätzung und Messergebnis.
Sozialform	Einzelarbeit
Schwierigkeitsgrad	mittel
Medien	Karten, Torschnüre
Kontrolle	Selbstkontrolle

Station 4: Spielfeld	
Übungsschwerpunkt	Die Kinder schätzen und messen an einem Kick-Tipp-Spielfeld (Umfang, Tor) und werden zu logischem Denken angeregt.
Sozialform	Partnerarbeit
Schwierigkeitsgrad	mittel
Medien	Tipp-Kick-Spielfeld
Kontrolle	Selbst- bzw. Partnerkontrolle

Station 5: Optische Täuschung	
Übungsschwerpunkt	Die S lassen sich bei der Erfassung des Wahrgenommenen durch Schätzen auf optische Täuschungen ein und überprüfen ihre Vermutung durch das Messen.
Sozialform	Einzelarbeit
Schwierigkeitsgrad	leicht
Medien	Bildkarten
Kontrolle	Selbstkontrolle

Station 6: Tipp-Kick	
Übungsschwerpunkt	Die S messen die Entfernungen des Tipp-Kick-Fußballs von der Startlinie ab, addieren die Ergebnisse und vergleichen.
Sozialform	Partnerarbeit
Schwierigkeitsgrad	schwer
Medien	Spielerfigur, Fußball, Spielbrett
Kontrolle	Partnerkontrolle

Station 7: Fußball-„Paare finden"	
Übungsschwerpunkt	Die S spielen „Paare finden", wobei sie Längenangaben in andere Einheiten umwandeln.
Sozialform	Partnerarbeit
Schwierigkeitsgrad	leicht, mittel, schwer
Medien	„Paare finden"-Karten
Kontrolle	Partnerkontrolle

Station 8: Wer hat den längsten Weg?	
Übungsschwerpunkt	Die S messen Strecken, addieren diese schriftlich und vergleichen die Ergebnisse mit anderen Gesamtstrecken.
Sozialform	Einzelarbeit
Schwierigkeitsgrad	leicht, mittel
Medien	Arbeitsblatt
Kontrolle	Selbstkontrolle

Station 9: Zeichnen nach Angabe	
Übungsschwerpunkt	Die S zeichnen Strecken auf Millimeterpapier.
Sozialform	Einzelarbeit
Schwierigkeitsgrad	mittel
Medien	Arbeitsblatt, Folie, Folienstift
Kontrolle	Selbstkontrolle

KÖNIGSSTATION 10: Wer hat den kürzesten Weg zum Ball?	
Übungsschwerpunkt	Die S addieren schriftlich Längenangaben in der Kommaschreibweise.
Sozialform	Einzelarbeit
Schwierigkeitsgrad	schwer
Medien	Arbeitsblatt
Kontrolle	Selbstkontrolle

Tafelbild:

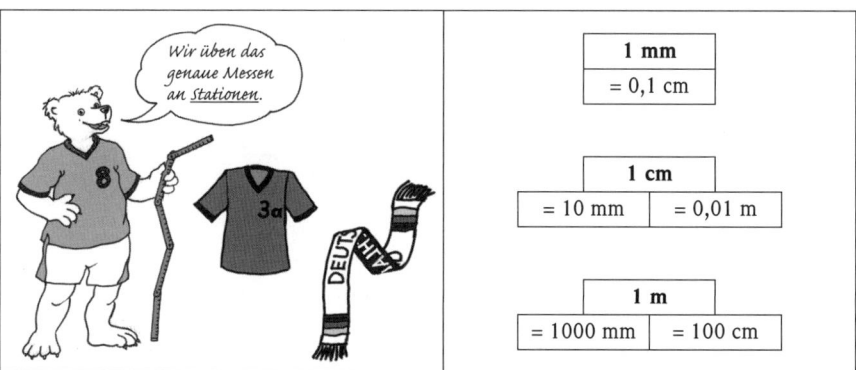

Die Klasse 3a übt das genaue Messen an Stationen

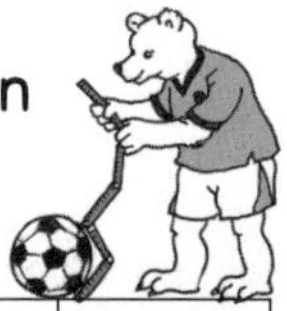

Spielername: _____

Station 1 	**Tor und Fußball**
	a. Schätze mit deinem Partner, wie hoch das Tor ist (rote Markierung). Messt anschließend mit dem Maßband nach.
	<table><tr><td>geschätzte Länge</td><td>gemessene Länge</td></tr><tr><td>_____ cm</td><td>_____ cm</td></tr></table>
	b. Schätze mit deinem Partner den Umfang des WM-Fußballs (rote Markierung). Messt anschließend mit dem Maßband nach.
	<table><tr><td>geschätzte Länge</td><td>gemessene Länge</td></tr><tr><td>_____ cm</td><td>_____ cm</td></tr></table>
	Kontrolle: Kuvert am Tor

Station 2	**Fragespiel**	🙂 ☹
	Suche dir mit deinem Spielpartner ein grünes, gelbes oder rotes Kuvert aus. Darin findet ihr Fragekärtchen. Jeder bekommt gleich viele. Stellt euch abwechselnd die Fragen. Wer die meisten richtig beantwortet, gewinnt.	

Station 3	**Karten und Torschnüre**	🙂 ☹
	Schätze zuerst und trage ein (Markierung). Miss dann nach und trage ein. Vergleiche das Geschätzte mit dem Gemessenen. Berechne die Unterschiede und trage ein.	

	geschätzte Länge	gemessene Länge	Unterschied
rote Karte	___ cm ___ mm	___ cm ___ mm	___ cm ___ mm
gelbe Karte			
Torschnur 1			
Torschnur 2			

Kontrolle: Kuvert

Station 4	**Spielfeld**	🙂 ☹

a. Messt den Umfang des Spielfeldes. Arbeitet mit Kommazahlen.

____ , ____ cm
+ ____ , ____ cm
+ ____ , ____ cm
+ ____ , ____ cm
____ , ____ cm

Ohne nachzumessen wisst ihr jetzt genau, wie lang die Mittellinie ist: _____

b. Schätzt und messt anschließend die Länge des Tores (rote Markierungen):

geschätzte Länge	gemessene Länge

Kontrolle: **unter** dem Spielfeld

Station 5	**Optische Täuschung**	🙂 ☹
	Nimm dir ein Kuvert und setze dich damit an deinen Platz. Jeder Fußballer braucht ein genaues Augenmaß. Doch unsere Augen lassen sich täuschen. Schaue dir die Bildkarten genau an. Vermute zuerst und miss dann nach.	

Kontrolle: Rückseite der Kärtchen

Station 6 — Tipp-Kick

Jeder darf dreimal schießen. Messt eure Längen vom Start ab. Jeder Spieler zählt seine drei Längen zusammen. Der Spieler mit dem größeren Endergebnis hat gewonnen. Vorsicht: Der Schuss ist ungültig, wenn der Ball über das Spielfeld fliegt.

Sp. 1: _____   Sp. 2: _____

_____   _____

+ _____   + _____

+ _____   + _____

Gewinner _____

Station 7 — Fußball-„Paare finden"

Suche dir mit deinem Partner entweder ein grünes, gelbes oder rotes Kuvert aus.
Wer zwei gleiche Längenangaben aufdeckt (z. B. 10 cm = 100 mm), darf sich die Karten nehmen und noch einmal neue Karten aufdecken.
Wer am Ende die meisten Karten hat, gewinnt.

Station 8 — Wer hat den längsten Weg?

Suche dir ein grünes oder gelbes Arbeitsblatt. Miss die Wege der Spieler zum Tor und rechne aus. Achte auf die richtige Kommaschreibweise. Wer hat den längsten Weg?

Grünes AB: Ballack
_____
+ _____
+ _____
+ _____
_____

Grünes AB: Klose
_____
+ _____
+ _____
+ _____
_____

Gelbes AB: Lahm
_____
+ _____
+ _____
+ _____
_____

Antwortsatz: _____

Kontrolle: Rückseite des Arbeitsblattes

Station 9 — Zeichnen nach Angabe

Lies, wo du mit dem Folienstift auf die Folie zeichnen sollst. Fange beim Punkt an.

Kontrolle: Rückseite des Arbeitsblattes

Station 10		KÖNIGSSTATION		😊 ☹
		Wer hat den kürzesten Weg zum Ball?		

Nimm dir eine Arbeitsfolie und rechne schriftlich.

Kontrolle: Rückseite des Arbeitsblattes

Brief:

Liebe Kinder der Klasse 3a,

das Stationentraining habt ihr prima gemeistert! Jetzt seid ihr bereit für die große Messprüfung:
Vor euch liegt eine Truhe, die mit einem Zahlenschloss verschlossen ist. Um die richtige Zahlenkombination zu entschlüsseln, müsst ihr in Gruppen folgende Aufgabe lösen: Jede Gruppe bekommt eine Abbildung eines Fußballfeldes. Wenn ihr in eurer Gruppe zusammensitzt, messt ihr den Umfang eurer Bildkarte. Das ist leicht: Ihr müsst einfach alle vier Seitenlängen zusammenzählen. Teilt anschließend das Ergebnis durch die Zahl 9. Schreibt die Lösungszahl mit Füller groß auf die Rückseite des Spielfeldes. Wenn ihr fertig seid, dürft ihr von selbst in den Sitzkreis kommen.
Ordnet zum Schluss gemeinsam die Lösungszahlen der Größe nach. Die daraus entstehende vierstellige Zahl ist die Nummer für das Zahlenschloss der Truhe. Darin liegen der Messausweis und eine kleine, leckere Überraschung.

Viel Glück, euer Eisbär

Ausweis:

Messausweis

_____
aus der Klasse 3a hat die Messprüfung
erfolgreich bestanden.

Sie/Er hat bewiesen, fachmännisch mit verschiedenen Längenmaßen umgehen zu können.

Herzlichen Glückwunsch, _____

Eisbär

Wochenplanarbeit

Die Klasse 2c arbeitet seit Januar mit dem Wochenplan. Jetzt fragen sich vielleicht viele:

Wochenplan? Was ist das?

Wochenplanunterricht

Beim Wochenplanunterricht sind bestimmte, festgelegte Aufgaben innerhalb einer Woche zu erfüllen. Diese stehen auf einem Wochenplan, den die Kinder am Anfang der Woche erhalten. Die Reihenfolge der Bearbeitungen im vorgegebenen Zeitraum bleibt ihnen freigestellt. In einer dafür vorgesehenen Spalte notieren sie, wann sie die jeweilige Aufgabe erledigt haben. Durch unterschiedliche methodische Zugangsweisen und selbstständiges Arbeiten eröffnen sich den Kindern neue Freiräume beim Erschließen und Behandeln des Stoffes. In der Regel wird der Wochenplanunterricht fächerübergreifend eingesetzt, um die Zusammenhänge zwischen den einzelnen Bereichen aufzuzeigen.

Diese Unterrichtsvariante bietet dem Lehrer ein flexibel einsetzbares Hilfsmittel, um dem Kind den Weg zu selbstständigem und selbsttätigem Lernen zu ebnen und das Angebot auf die Heterogenität der Klasse abzustimmen. Der Wochenplan enthält Aufgaben unterschiedlichen Typs aus verschiedenen Bereichen. Er wird von den Kindern unabhängig, jeweils allein oder mit Partnern, in den dafür vorgesehenen Unterrichtsstunden bearbeitet. Die Kinder können dazu Hilfe in Anspruch nehmen.

Nach der Bearbeitung einzelner Aufgaben vergleichen sie ihre Ergebnisse mit denen auf vorgefertigten Lösungsblättern und üben sich somit in der Selbstkontrolle. Der letzte Schritt erweist sich als der kürzeste und beliebteste: Die Aufgabe wird als fertig abgehakt.

Ein gelungener Wochenplanunterricht ist damit um einen Schritt seinen Zielen nähergerückt: Er soll die Kinder lehren, ein umfangreiches Konzept in eigener Regie zu bearbeiten. Dabei aufkommender Eifer unterstützt ihre Selbstständigkeit und Selbsttätigkeit, ihre methodischen und sozialen Kompetenzen werden gefordert und gefördert.

Beispiel für einen Wochenplan

Wochenplan vom 3.3.2008 – 7.3.2008

Fach	Aufgabe	fertig	Kontrolle
Deutsch	Arbeitsheft S. 38		☺ 😐 ☹
	Lesebuch S. 142–144 lesen und AB dazu beantworten		☺ 😐 ☹
	Rondell zum Thema „Frühling"		
	Buch S. 73/9; S. 75/1–4		☺ 😐 ☹
Mathematik	Arbeitsheft S. 45		☺ 😐 ☹
	AB „Das kann ich schon"		☺ 😐 ☹
	AB „Geometrische Körper"		☺ 😐 ☹
	Buch S. 87/4, 5a–c; S. 88/6		☺ 😐 ☹
	Wiederhole das große Einmaleins.		
Sachunterricht	AB „Experimente zum Stromkreislauf"		
	„Das Mittelalter" heißt unser nächstes Thema. Lies in Büchern und im Internet nach.		
	Strom-„Paare finden"		

Freiarbeit

Deutsch	Schreibe an deinem Aufsatz für die Schreibkonferenz.		
	Übe mit der Rechtschreibkartei.		
	PC: Budenberg, Deutsch 3		☺ 😐 ☹
Mathematik	Sachaufgaben-Werkstatt		
	Paletti-Lernpalette		☺ 😐 ☹

Freiarbeit

Freiarbeit ist eine kindorientierte Lern- und Arbeitsform. Sie stellt eine innere Differenzierung dar, die den Kindern ein selbstbestimmtes, unabhängiges und von eigenen Interessen geleitetes Lernen ermöglichen soll. Es ist ihnen freigestellt, aus einer vorbereiteten Lernumgebung bestimmte Materialien auszuwählen und zu bearbeiten. Sie folgen also selbstverantwortlich ihren Lernbedürfnissen. Vereinbarte Verhaltensregeln und die vorgegebenen Aufgabenstellungen prägen die zwischen Lehrer und Kindern vereinbarten Strukturen dieses Arbeitens und Lernens.

Mögliche Verhaltensregeln während der Freiarbeit:

Erlaubt ist ...	*Verboten ist ...*
– sich eine Arbeit auszusuchen	– anderen Materialien wegzunehmen
– allein oder ruhig mit anderen zu arbeiten	– andere zu stören
– seine Arbeitsvorhaben und -ergebnisse leise zu besprechen	– umherzurennen
– vom Platz zu gehen	– entfernt sitzende Mitschüler quer durchs Zimmer zu rufen
– sich nach Absprache mit Betroffenen einen anderen Platz zu wählen	– unvorsichtig mit Materialien umzugehen
– Vorschläge zu machen	– ohne aufzuräumen vom Platz zu gehen
– anderen zu helfen	

Bei der Freiarbeit entscheiden die Kinder selbst über folgende Bereiche:

– Fach	– Schwierigkeitsgrad
– Thema	– Material
– Art	– Arbeitstechnik
– Aufgabe	– Sozialform
– Reihenfolge	– Arbeitsplatz
– Anzahl	– abschließende Dokumentation

Die Teilnehmer lernen Selbstständigkeit, -vertrauen und -reflexion. Schon bei der Wahl der Inhalte, des Arbeitstempos, der Sozialform und des Arbeitsortes haben sie freie Hand. So entwickelt sich Freiarbeit an Schulen zum selbstverantwortlichen Zugriff des Kindes auf Lernangebote in einem didaktisch strukturierten Umfeld. Voraussetzung dafür ist ein umfassender und leichter Zugriff auf vielfältiges und ansprechendes Lernmaterial im Klassenzimmer. Zudem baut Freiarbeit nicht nur auf die Erledigung der Aufgaben, setzt sie doch auch auf die Selbstkontrolle. Um die Arbeitsintensität und die Zufriedenheit mit dem Erfolg zu stärken, bedarf das Material eines hohen Anregungs- und wenn möglich auch Differenzierungsgrades, ohne zu über- oder unterfordern. Die Arbeitsaufträge sollten verständlich und klar definiert sein.

Einführung

Vorformen der Freiarbeit erleichtern Beginn und Umgang mit den veränderten Gegebenheiten des Lernens. Kurze Übungen und stufenweise Differenzierungen unterstützen die Vorstellung und Erprobung der Materialien für die neuen Arbeits- und Lernprozesse. Dadurch werden den Kindern gleich zu Beginn unterschiedliche Bearbeitungsmöglichkeiten angeboten. Bereits vorhandene Erfahrungen in Einzel-, Partner- und Gruppenarbeit erleichtern die freie Gestaltung der Aufgaben. Gleichzeitig sollten die Kinder lernen, gelöste Aufgaben selbst zu kontrollieren.

Ablauf

Die Einbindung der Freiarbeit in den Stundenplan erfolgt durch den Lehrer, zusätzliche Zeiteinheiten sind dafür in der Grundschule nicht vorgesehen. Grundprinzipien und Planung werden zunächst in einem Vorgespräch im Stuhlkreis erörtert und gegebenenfalls Aufgabenstellungen erklärt. Nachdem sich die Kinder im Klassenzimmer Informationen und Material besorgt haben, finden sie sich eventuell mit einem Partner oder in Gruppen zusammen und schauen sich nach einem passenden Arbeitsplatz um. Nun beginnt mit den ausgewählten Materialien die Arbeitsphase. Der Lehrer wirkt während der Freiarbeit als Helfer und Moderator: er berät, beobachtet und ermuntert.
Ein paar Minuten vor Ende der festgelegten Arbeitszeit ertönt ein Gongschlag als Schlusszeichen. Dieser Hinweis erleichtert es allen, rechtzeitig ihre Arbeit abzuschließen, aufzuräumen und die Resultate nachzuweisen. Zum Abschluss legen die Kinder ihre Werke in dafür vorgesehene Ordner oder Fächer oder stellen sie aus.

Nach der Freiarbeit beurteilt und kontrolliert der Lehrer den Leistungsstand der Kinder. Die dabei gewonnenen Eindrücke sind zu fixieren und auszuwerten, um die Entwicklung des Lernprozesses weiter verfolgen zu können.

Projektorientierter Unterricht

Kinder sollen zum Lösen komplex gestellter Aufgaben befähigt werden, was sie wiederum zur Bewältigung von Lebenssituationen qualifiziert. Diesem Ziel dient der projektorientierte Unterricht. Das Thema wird mit Blick auf das Interesse und die Lebensnähe beziehungsweise den Nutzen des jeweiligen Projekts gewählt. Geplant, bearbeitet und präsentiert wird es von Schülergruppen mit Hilfe des Lehrers. Im Rahmen der Projektpädagogik sind die Lehr- und Lernprozesse so organisiert, dass das traditionelle Rollenverständnis zwischen Lehrenden und Lernenden zugunsten demokratischer Umgangsformen mit zunehmender Selbstbestimmung der Kinder überwunden wird.

Phasen des Projekts

1. Projektidee
2. Festlegen der Lehr- und Handlungsziele des Projekts
3. Aufstellen einer Projektstruktur
4. Erstellen eines vorläufigen Zeitplanes
5. Einstiegsphase
6. Erarbeitungsphase
7. Präsentation
8. Auswertung

Lehr- und Lernprozesse sollen im projektorientierten Unterricht zur Mitbestimmung, Selbstorganisation und Selbstverantwortung der Kinder führen. Als Grundlage dienen Vereinbarungen konkreter Vorhaben und Projekte, bei denen körperliche und geistige Handlungsorientierung im Vordergrund stehen und möglichst alle Sinne einbezogen werden. Kinder und Lehrer wählen dazu ihre Themen gemeinsam aus, planen zusammen und vollenden das Projekt als Teamwork. Dazu werden Stoffe bearbeitet, die das Interesse der Kinder grundsätzlich ansprechen, mit denen sie sich sogar identifizieren. Bei der Auswahl der Themen spielen des Weiteren die Produktorientierung, die Interdisziplinarität und die Gesellschaftsrelevanz wichtige Rollen.

Eine der Hauptaufgaben des Lehrers im projektorientierten Unterricht besteht in der Koordination der Arbeiten. Als moderierender Leiter des Projekts würdigt er Zwischenergebnisse und Resultate seiner Schüler/-innen und fördert deren didaktische Kompetenzen. Sie zielen darauf ab, dass Lernende selbst als

Lehrende tätig werden, besonders wenn sie ihre Produkte nach Kritik und Lob im Klassenplenum und in der Öffentlichkeit präsentieren. Solch ein Ereignis macht den Kindern erneut bewusst, welches Ziel sie anvisiert haben, dass die damit verbundenen Probleme lösbar waren und zu welchen Leistungen sie in der Lage sind. Die Präsentation offenbart nicht nur das gestiegene Selbstbewusstsein Einzelner, sondern stellt ein wichtiges Element der Selbstevaluation einer Gruppe dar.

Ergebnisse können sein:

– Referate	– Artikel in der örtlichen Zeitung
– ein von allen gestaltetes Arbeitsheft	– Modelle
	– Bildreihen
– Schautafeln und Poster	– Videos
– Arbeitsblätter	– CD-ROM
– Wandzeitung	– Internet
– Fragenkarteien zur Übung	– Aufführungen
– Spiele und Rätsel für den Einsatz in Wiederholungsphasen	– Ausstellungen
	– Elternabend

Arbeitsplan für die Kinder

- Themenbereich: ...
- Mitglieder der Gruppe: ...
- Welche Fragen und Probleme wollen wir bearbeiten?
- Wo können wir Informationen und Materialien zu dem Themenbereich erhalten?
- Wer übernimmt welchen Auftrag, welche Aufgabe?
- Welche Versuche wollen wir durchführen?
- Wobei brauchen wir die Hilfe des Lehrers?
- Wie viel Zeit haben wir für die einzelnen Arbeitsschritte?
- Wie stellen wir unsere Ergebnisse für die anderen Gruppen dar?

2.2.3 Fächerübergreifender Unterricht

Schon Kinder sollten den komplexen gesellschaftlichen Herausforderungen gewachsen sein und ein schnelles Erkennen bzw. Durchdenken von Zusammenhängen lernen. Dies erfordert, umfassende Themen nicht nur aus der oft einseitigen Sicht einzelner Fächer isoliert durchzunehmen, sondern deren Bezugs- und Tragweite sinnvoll im Unterricht miteinander zu verbinden. Voraussetzung zur Entwicklung von Fähigkeiten, Fertigkeiten und sozialen Kompetenzen ist neben einer Allgemeinbildung das Begreifen von gegenseitigen Beziehungen der Prozesse unter Einbezug fachlicher Strukturen und der Lebenswelt der Kinder. Der fächerübergreifende Unterricht leistet als Organisationsform einen Beitrag dazu, Kinder und Jugendliche unter mehreren Perspektiven auf eine vernetzte Informationsaufnahme und -verarbeitung vorzubereiten.

Diese Lehrmethode bildet eine Ergänzung zum fachorientierten Unterricht. Bezogen auf die traditionellen Schulfächer benötigt sie eine Struktur, bei der Koordination und Integration den Mittelpunkt des Lehrens und eigenverantwortlichen Lernens bilden. Lernen und ein Verknüpfen sowie Erweitern des Gelernten mit bereits erworbenem Wissen ermöglicht den Kindern, die einzelnen Komplexe zu erfassen, zu verbinden und sie in einem ganzheitlichen Denken zu verankern. Die kooperative Einbeziehung anderer Unterrichtsfächer überschreitet dabei die fachlichen Grenzen. Fremde Aspekte können zur Bereicherung, Ergänzung oder Vervollständigung der thematischen Inhalte berücksichtigt werden. Die praxisorientierte Vernetzung der einzelnen Segmente unterstützt ein Erschließen der Wirklichkeit und rückt das Schulleben in den Mittelpunkt. Der komplexe, sich daraus ergebende Lerninhalt kann von einem Unterrichtsfach allein nicht abgedeckt werden. Eine Verknüpfung von fachlichem und überfachlichem Lernen vermittelt zudem Schlüsselqualifikationen wie Teamfähigkeit, Flexibilität, kreatives Denken und lebenslange Lernbereitschaft.

Um die Vernetzung zwischen den unterschiedlichen Fachbereichen zu erkunden, zu ordnen oder mit problemorientierten Themen wie z.B. Europa vielseitig und konzentriert zu erarbeiten, bedarf es einer Kooperation und Produktivität von Lehrern und Schülern. Die Verknüpfung von Zielen, Inhalten und Methoden verschiedener Unterrichtsfächer und die Berücksichtigung exemplarischen Lernens in konkreten Situationen fördert dabei die Motivation der Kinder. Ihr Denken in Zusammenhängen wird ebenso angeregt wie die praktische Anwendung des Erlernten.

Fächerübergreifendes Lehren und Lernen orientiert sich an Vorstellungen und Erfahrungen der Kinder und Jugendlichen, die sie mit ihrer Lebenswelt verbinden. Dazu werden grundlegende Kompetenzen wie dialogisches und kooperatives Zusammenwirken gefördert, um die zur Debatte stehenden Situationen und Objekte einer ausgedehnten Betrachtungs- und Handlungsweise zuzuführen. Die Einbeziehung von Vorwissen und Interessen der Kinder in den Unterricht schafft dabei auf zahlreichen Wegen günstige Voraussetzungen für einen konstruktivistischen Lernansatz. Kinder und Jugendliche sollen bereits in der Schule die Bereitschaft entwickeln, eventuelle Probleme unter verschiedenen Aspekten zu analysieren, sie entsprechend anzugehen und nach Möglichkeiten einer Lösung zu suchen.

Fächerübergreifender Unterricht, 3./4. Klasse: „Harry Potter und der Stein der Weisen"

„Harry Potter"[1] macht es möglich, auf spezifische Interessen, Fragen und Probleme der Kinder fächerübergreifend einzugehen. Den Rahmen dazu bilden bereits das Lesen, Rechnen und Schreiben, verbunden mit körperlicher Aktivität, Gruppen- und Einzelarbeit sowie Unterhaltungen und Gesprächen im Sitzkreis. Jedem Kind bietet sich dadurch ein ausgedehnter Bereich, sich durch die Abwechslung und die Verschiedenheit je nach Art des Unterrichts frei zu entfalten. Zudem hilft ein Transfer von Texten in andere Ausdrucksformen wie Musik, Bewegung, Bild und Rollenspiel auch weniger begabten oder schüchternen Kindern, über Texte zu kommunizieren. Individuellen Begabungen erschließt eine solche Übertragung wirksamer Eindrücke einen persönlichen Textzugang. „Harry Potter" weckt je nach Klassenstufe unterschiedliche Interessen und kann unter verschiedenen Aspekten gesehen werden. Um gewünschte Wirkungen zu erzielen ist es notwendig, die aufgegriffenen Themen dem Alter und der Aufnahmefähigkeit der Kinder entsprechend auszurichten und sich an deren Entwicklung und Interessen zu orientieren.

Die Thematik und die Geschehnisse von Rowlings Bestseller beschränken sich freilich nicht nur auf eine bloße Lektüre, sie können vielmehr im Rahmen anderer Unterrichtsfächer aufgegriffen und intensiviert werden. Es gibt keine Einschränkungen, der Fantasie von Lehrenden und Lernenden ist keine Grenze gesetzt. Der Behandlung von affektiven, kognitiven und psychomotorischen Erziehungs- und Bildungszielen stehen die Wege offen. Das Kind wird dabei in seiner Ganzheit angesprochen. Das Thema, das – abhängig von Methoden, Inhalten und Zielen – sowohl extrinsisch als auch intrinsisch motivieren kann, drängt somit niemanden in eine Ecke, jeder kann sich differenziert entfalten. Aufgabe der Lehrer ist es dabei, einen sozial-integrativen Erziehungsstil einzubringen, der auf emotionaler Zuwendung, demokratischen Prinzipien und der Achtung der Schülerpersönlichkeit basiert. Und noch einen Anreiz bieten Harry und seine Gesellschaft: Fachübergreifende Unterrichtstage stellen eine willkommene Gelegenheit dar, dem Unterricht eine bezaubernde Rolle zuzuspielen. Folgend einige Möglichkeiten, das Kinder ansprechende Thema „Harry Potter" in einem fächerübergreifenden Unterricht zu behandeln:

Der Spiegel „Nerhegeb"

Die Schüler lesen aus „Harry Potter und der Stein der Weisen" (S. 226–234, Seitenzahl der Hardcover-Ausgabe). Lehrer: „Du weißt jetzt, was Harry in dem Spiegel sieht." Schüler: „Er sieht die Erfüllung seines größten Wunsches." „Schließe nun Deine Augen und stelle Dir vor, dass Du in den Spiegel schaust.

---

[1] siehe hierzu Hinweis auf S. 248

Was siehst Du darin? Was ist Dein größter Wunsch, der in dem Spiegelbild in Erfüllung geht?" ⇒ Schüleräußerungen. Anschließend malen die Kinder auf ein Arbeitsblatt (leerer Spiegelrahmen), was sie gesehen haben und erzählen freiwillig von ihrem Bild und ihrem Wunsch. In einem Unterrichtsgespräch wird erarbeitet, dass kein Wunsch gleich ist bzw. jeder andere Träume hat. Das Lied „Die Gedanken sind frei" rundet die Unterrichtsstunde ab. Die unterschiedlichen Wünsche dreier Kinder beim Blick in den Spiegel Nerhegeb:

„Ich habe einen Hund"	„Ich bin eine Hexe"	„Meine Eltern leben wieder zusammen"

Ich als Zauberer
Die Kinder erhalten folgende Arbeitsaufträge: Du bist eine Zauberin/ein Zauberer in der Welt von Harry Potter.
- Gib Dir einen Zaubernamen und ein Zauberalter.
- Überlege, wodurch Du berühmt geworden bist.
- Hast Du einen eigenen Zauberspruch? Was bewirkt er?
- Hast Du schon ein großes Abenteuer erlebt? Erzähle.
- Schreibe einen kurzen Lebenslauf, der Deine besonderen Leistungen würdigt.
- Male Dich als Zauberin/Zauberer.

Denke immer daran: Der Fantasie sind keine Grenzen gesetzt ...

Wir nehmen ein Hörspiel auf
Die Schüler lesen gemeinsam mit verteilten Rollen das Kapitel „Ein Fenster verschwindet" aus „Harry Potter und der Stein der Weisen", S. 24–37. Dieses Hörspiel kann aufgenommen und anschließend am Computer bearbeitet werden.

Die Geheimschrift
Die Kinder übersetzen einen „verzauberten" Text von der vorgegebenen Spiegelschrift in normale Schrift. Dazu liegen zur Hilfe kleine Spiegel auf den Bänken der Station.

> renies fua ebraN egimröfztilb enie tah rE .egnujnesiaW nie tsi rettoP yrraH
> netfle menies nA .tromedloV droL nesöb med nov tmmats eseiD .nritS
> strawgoH ierexeH dnu ierebuaZ rüf eluhcS eid ni yrraH driw gatstrubeG
> leipsllaB med tim trod yrraH hcis tgitfähcseb ierebuaZ red nebeN .nedalegnie
> tiM .enimreH dnu noR nedrew ednuerF netseb enieS .hctiddiuQ
> .reuetnebA essorg tbelre dnu esöB sad negeg re tfpmäk nenhi

Spiel: „Der verloren gegangene Zauberstab"
In einem Kreis sitzen die Kinder und erhalten reihum eine Nummer: „1, 2, 3, …". Ein Kind, z. B. die Nummer 1, fängt an und sagt im Stehen: „Ich habe meinen Zauberstab verloren. Zwölf hat ihn!" Nun kann es sich wieder setzen. Das Kind mit der Nummer zwölf muss sofort reagieren, aufstehen und sagen „Nummer 1 hat seinen Zauberstab verloren, Nummer 12 hat ihn nicht, Nummer 8 hat ihn!" Das Kind setzt sich. Nummer 8 führt nun das Spiel auf gleiche Weise fort. Wer nicht aufpasst oder sich verspricht scheidet aus, bleibt aber im Kreis sitzen. Wer ein ausgeschiedenes Kind anspricht, scheidet ebenfalls aus. Das Spiel endet, wenn nur noch eine Spielerin oder ein Spieler übrig ist. Dieser Person „gehört" dann der Zauberstab.

Spiel: „Petrificus Totalus"
Ein Kind wird als böser Zauberer ausgewählt und erhält einen Zauberstab. Das Spiel endet, wenn alle anderen mit der „Ganzkörperklammer" belegt sind. Dazu muss der Zauberer die in der Turnhalle durcheinander rennenden Kinder mit dem Zauberstab berühren und den Spruch „Petrificus Totalus" rufen. Die so Verzauberten bleiben daraufhin breitbeinig wie erstarrt stehen. Sie können nur erlöst werden, indem ein noch nicht verzaubertes Kind durch ihre Beine hindurchkrabbelt.

Kunst aus dem Wald
Die Kinder werden in vier Gruppen aufgeteilt. Bei einer Waldwanderung beauftragt der Lehrer die Gruppen, am Boden liegende Blätter, Nadeln und andere Gegenstände zu sammeln, später zu trocknen bzw. zu pressen. Daraus kleben sie auf ein leeres Papier den Kopf einer Zauberin oder eines Zauberers. Die Kinder erforschen somit den Boden des Waldes und kreieren später mit bunten und verschiedenartigen Elementen ein Gesicht. Das schönste Gesicht der vier Gruppen wird prämiert.

Das Quidditch-Spiel
Das Spielfeld gleicht einem kleinen Fußballplatz, ungefähr 7 Meter breit und 10 Meter lang. Eine Mannschaft besteht aus sechs Spielern. Fünf davon agieren auf dem Feld. Einer, der „Sucher", wartet an einer Ecke des Spielfeldrands mit dem Sucher der anderen Mannschaften, bis der „Goldene Schnatz", ein

Tennisball, zu sehen ist. Zu Beginn des Spiels wird der „Quaffel", ein Schaumstoffball in der Größe eines Fußballs, in die Mitte des Feldes geworfen. Dann müssen die Mannschaften versuchen, Tore zu werfen. Ein Tor gibt 10 Punkte. Ein Spieler, der den Ball hat, darf damit nicht mehr als drei Schritte laufen und muss ihn dann abgeben. Somit wird ein Alleingang verhindert. Die Tore bestehen aus zwei im Abstand von circa 50 Zentimetern in den Boden verankerten Stecken, die sich am anderen Ende kreuzen und somit mit dem Boden ein Dreieck ergeben. Um die Tore wird mit anderen Ästen innerhalb des Spielfeldes ein Halbkreis mit einem Radius von ungefähr 75 Zentimetern gelegt. In dessen Innenraum darf sich während des Spieles niemand aufhalten. Im Laufe des Spiels legt der Schiedsrichter zu einem unbestimmten Zeitpunkt den „Goldenen Schnatz" auf die genau gegenüberliegende Ecke, in der die zwei Sucher warten, auf den Boden. Sobald ihn die beiden entdeckt haben, laufen sie mit jeweils einem Löffel, auf dem ein Tischtennisball liegt, um das halbe Spielfeld (beide nehmen eine Hälfte). Sobald der schnellere den „Goldenen Schnatz" in seinen Händen hält, bekommt seine Mannschaft 40 Punkte und das Spiel innerhalb des Spielfeldes ist aus.

Schnitzeljagd durchs Zauberschulhaus
In den vorigen Schulstunden wird das Kapitel „Durch die Falltür" aus dem ersten Band vorgelesen. Denn so ähnlich wie sich Harry, Hermine und Ron den Weg zum Stein der Weisen erkämpfen müssen, indem sie knifflige Aufgaben lösen, soll die Klasse eine Schnitzeljagd durchs Schulgelände machen. Bevor das Spiel beginnt, muss der Lehrer Hinweise, Rätsel und Aufgaben, die Auskunft über den nächsten Ort geben, schriftlich festhalten und unter Steinen, auf Bäumen etc. verstecken, sie mit Kreide in Form von Pfeilen oder Markierungen auf den Boden malen oder sie mit anderen Lehrkräften oder Klassen für die spätere Weitergabe besprechen.

Die Aufgaben und Rätsel können die aktuellen Inhalte in den einzelnen Fächern aufgreifen (zum Beispiel „414 : 18 = die Nummer des Zimmers, in dem unter dem Pult ein weiterer Hinweis liegt. Gebt jedoch vor Gespenstern Acht!", „Ihr müsst als nächstes in die magische Schulbibliothek. In dem Buch, das die Klasse 4c bis vor ein paar Tagen gelesen hat, liegt auf Seite 27 ein Hinweis.", oder „Wie viele Viertel-Noten beinhalten sechs ganze Noten und drei halbe Noten zusammen? Wenn Ihr das Ergebnis wisst, geht ins Zimmer von Professorin Müller, der Lehrerin im Fach „Gegen die dunklen Künste", und flüstert ihr die Zahl ins Ohr. Wenn die Lösung richtig ist, wird sie Euch weiterhelfen.") Außerdem wird der Schatz, das Ziel des Wettbewerbs, versteckt. Die Kinder teilen sich zu Beginn der Schnitzeljagd in vier Gruppen auf. Danach bekommt jede Gruppe einen Hinweis, wo der erste Zettel versteckt ist. Damit sich die Gruppen nicht um den ersten Zettel, an dem sie gleichzeitig ankommen werden, streiten, können vier Zettel mit dem gleichen Inhalt an verschiedenen Orten liegen. Nachdem eine Gruppe den Zettel gefunden und die dort stehende Aufgabe bewältigt hat, sucht sie mit Hilfe der Lösung den nächsten Zettel. Es ist möglich, dass der Weg zu einer anderen Klasse führt, wo ihnen die Lehrkraft oder Schüler eine Aufgabe stellen oder eine Lösung sagen. Die schnellste Gruppe, die alle Aufgaben gelöst hat, darf den Schatz, dessen Aufenthaltsort die Lösung der letzten Aufgabe beziehungsweise des letzten Rätsels preisgibt, ausgraben.

Lesenacht (siehe auch Kap. 7.1.1)
Nach dem Abendessen und dem Zähneputzen werden Ausschnitte aus den „Harry Potter"-Büchern gelesen oder vorgelesen und Aufgaben in Zusammenhang mit der Lektüre bearbeitet. Da Harry und seine Freunde selbst oft bei Nacht und Nebel unterwegs sind und durch das leere, dunkle Schulgebäude pirschen, wäre es auch möglich, die Kinder dieses Gefühl am eigenen Leib spüren zu lassen. Dafür können sie selbst mit einer Taschenlampe bewaffnet durch verlassene Klassenzimmer und Flure huschen. Vielleicht sind Eltern und ältere Kinder bereit, als Geister durch die Schule zu spuken.

Der Vergleich, Teil 1
Die Kinder vergleichen die Zauberschule „Hogwarts" mit ihrer eigenen realen Grundschule bezüglich Aussehen, Schulsystem, Lehrer, Schülerschaft und so weiter.

Der Vergleich, Teil 2
Die Kinder stellen einen Vergleich zwischen „Quidditch" und Fußball schriftlich oder mündlich auf. Dazu können sie ein „Quidditch"-Stadion, wie es im ersten Band auf Seite 183 beschrieben wird, malen. Außerdem denken sie sich Sprüche beziehungsweise Reime aus, die sie ihrer Lieblingsmannschaft oder ihrem Lieblingsspieler im „Quidditch" oder im Fußball zurufen könnten (zum Beispiel „Jedes Tor für Gryffindor", „Renn schnell vor und schieß ein Tor", „Sei ein Schatz, fang den Schnatz").

Aufsätze zum Thema „Harry Potter"
Die Kinder schreiben einen Aufsatz zur Kreativitätsförderung zu Themen wie „Du bist Harry und übernachtest das erste Mal in Hogwarts. Du träumst etwas Seltsames. Es hat mit den Geistern zu tun, die Du heute beim Essen kennengelernt hast. Schreibe Deinen Traum auf.", „Stell Dir vor, Du musst eine Nacht im verbotenen Wald verbringen. Es ist dunkel. Du umklammerst Deinen Zauberstab. Auf einmal ...", „Harry feiert seinen elften Geburtstag. Schreibe ihm einen Brief, den ihm Hedwig bringen kann.", „Du leihst Dir für einen ganzen Tag Harrys Tarnumhang. Erzähle, was Du damit erlebst." oder

„Was würdest Du tun, wenn Du den Stein der Weisen, der Dich unsterblich macht und mit dem Du alle Materialien in Gold verwandeln kannst, besäßest?" Es wäre auch interessant und spannend, wenn die Kinder selber eine „Harry Potter"-Geschichte schreiben oder den Anfang eines Bandes lesen und diesen zu Ende schreiben.

Die Eule
Die Kinder lernen über Eulen bei einem Besuch im Zoo oder im Wald.

Lesewettbewerb
Eine Idee zur Leseförderung, durchschnittlich ab der dritten Klasse, ist die Veranstaltung eines Lesewettbewerbs in einer Klasse, einer Jahrgangsstufe oder in der ganzen Schule. Dabei kann sich jeder Teilnehmer eine Seite oder ein Kapitel aus einem Buch aussuchen, den Text üben und ihn vor einer Lehrer- und/oder Schüler-Jury, die auf die Flüssigkeit und Betonung des Vortrages achtet, vorlesen. Die Kinder mit den besten Bewertungen gewinnen.

Basteln
Die Schüler basteln sich einen Zauberstab, einen Zauberhut oder einen Zauberbesen.

Der Inhalt
Die Kinder, die „Harry Potter und der Stein der Weisen" schon gelesen haben, können für die anderen eine Inhaltsangabe auf dem Computer schreiben.

Spontantheater
Der Lehrer verteilt Zettelchen an eine Auswahl von Kindern, auf denen jeweils ein Name einer Figur aus „Harry Potter" steht, zum Beispiel „Hagrid". Anschließend liest er eine selbst erfundene Geschichte in Anlehnung an die Abenteuer des jungen Zauberers vor, während die ausgewählten Darsteller die in der Geschichte vorkommenden Charaktere gleichzeitig pantomimisch und „spontan" initiieren. Als besonderer „Gag" ist es möglich, die Charaktereigenschaften der „Harry Potter"-Figuren mit denen der Darsteller im vorgetragenen Text in Verbindung zu bringen. So spielen die Kinder eine Romanfigur und doch sich selbst. Nicht daran beteiligte Kinder sind Zuschauer, die im Anschluss an das Spontantheater kritisieren dürfen.

Zusammengesetzte Namenwörter
Die Schüler erfinden Zutaten für Zaubertränke, die jeweils aus zwei Substantiven bestehen sollen (z. B. Drachen-Beine, Mäuse-Haare, Spinnen-Limonade).

Muggelkunde
Die Schüler sollen sich vorstellen, dass es für Hexen und Zauberer genauso schwer sein müsste, sich in der Welt der „Muggels" zurechtzufinden wie Harry

in der Zauberwelt. Nun werden die Kinder zu Experten für „Muggelkunde". Sie sollen Gegenstände, Begriffe, Traditionen, die Hexen und Zauberer nicht kennen können, schriftlich oder mündlich beschreiben und definieren.

Zauberei
Es werden Zaubertricks eingeübt, die zum Beispiel bei einem Elternabend, einer Schulaufführung vorgeführt werden.

Spiel
In einem weiteren Spiel geht es um den bösen Zauberer Voldemort. Dieser wird von einem Kind gespielt, das die anderen fangen muss. Wenn es einen Mitschüler berührt, muss der sich an einen geheimen Ort, z. B. auf die Bank, setzen. Da der Zauberer noch schwach ist, kann er nicht mehrere Kinder gleichzeitig gefangen nehmen. Wenn sich also zwei oder mehr Kinder blitzschnell zusammentun, wenn „Voldemort" naht, kann er niemandem etwas antun. Sobald die Gefahr vorüber ist, müssen sich die Kinder sofort wieder trennen.

Fabelhafte Wesen
Die Kinder lernen die in „Harry Potter" vorkommenden Fabelwesen (zum Beispiel Zentaur, Einhorn) und Figuren aus dem Volksglauben (zum Beispiel Werwolf, Troll, Geister) kennen.

Weitere Beispiele für das Schulleben fördernde Aktivitäten

Mathematik	Ausstellung zur Zahl 1.000
	Beteiligung an Wettbewerben
	Szenisches Darstellen von Sachsituationen
	Klassenzimmer ausmessen
	Rezepte ausprobieren
	Wege mit Hilfe von Kartenskizzen abgehen
	Schilder im Schulsprengel suchen
	Nach Plänen bauen
	Computerprogramme nutzen
	Einen Kilometer laufen
	Spielecke mit mathematischen Spielen
	Zahlsysteme anderer Kulturen
	Knobelaufgabe des Monats
	Geometrische Modelle bauen
	Produktion von Getränken
	Experimente mit Gewichten

Deutsch	Theaterstück aufführen Kinderbuchausstellung organisieren Buchstabenfest feiern Kochen und Rezeptbuch herstellen Eigenes Märchenbuch erstellen Verlage besuchen Dichterlesung Klassentagebuch fortführen Geschichten in anderen Sprachen spielen Bücherflohmarkt Lesewettbewerb an der Schule Briefe schreiben und verschicken Buchverfilmung im Kino anschauen Klassenbücherei zusammenstellen Gedichte musikalisch gestalten und aufführen Jahreszeitenbuch mit Gedichten und Texten erstellen Selbst erarbeitetes Schattenspiel präsentieren Klassenzeitung schreiben und gestalten Wortspiele E-Mail-Kontakt zu anderen Schulen (auch im Ausland)
Sachunterricht	Klassenfeste vorbereiten und feiern Einladung zum Spielabend Gemeinsames Frühstück Klassendienste Stadtbesichtigungen Nachbau historischer Objekte Teilnahme an örtlichem Brauchtum Baumpflanzung in Zusammenarbeit mit Eltern Wasser ganzheitlich erleben Besuch einer Blindenschule Klassenkonferenzen Rollenspiele Museumsbesuche Walderfahrungsspiele Eltern stellen ihre Berufe vor Schnuppertage in anderen Schulen Bau eines Friedenshauses Experimente zu Themen wie Luft, Wasser, Elektrizität … Ausstellung zum Schutz der Umwelt organisieren Brief an den Bezirksausschuss

Musik	Klanggeschichten erfinden Besuche von Opern, Konzerten oder Musicals Gemeinsames Musizieren auf Orff-Instrumenten Singen im Altersheim Klassenhitparade Adventssingen Instrumentalunterricht Internationale Tänze einüben Schulchor, -orchester Disco Schüler bringen ihre musikalischen Fähigkeiten ein (Gesang, Instrument, ...) Musikalische Gestaltung bei Schulfeiern bzw. -gottesdiensten Aufführungen von Schulkonzert, Opern und Musicals Türkische/internationale Lieder Musikalische Morgenmeditation
Sport	Besuch von Spielplätzen Schlittenfahren Aktive Pausengestaltung Schlittschuhlaufen Skilager Wettkämpfe und New Games Sportfest durchführen Umgang mit Sieg und Niederlage Kinder als Schiedsrichter Fühlparcours gemeinsam gestalten und durchlaufen Entspannungsübungen Tanz einstudieren und vorführen Waldläufe
Religion	Wandfries erstellen und mit der Zeit weitergestalten St. Martinfeier für Kinder und Eltern gestalten Lichtertanz im Advent vorführen Hirtenspiel einüben und präsentieren Namenspatrone durch Schüler vorstellen Palmprozession mitgestalten Ostergrüße an andere Klassen verschenken Naturmandalas legen Patenschaften in der dritten Welt Gebetskreis

	Gebetbuch erstellen (in weiteren Schuljahren fortgeführt) Interreligiöse Morgenandachten mitgestalten Interkulturellen Festkalender erstellen Schulgottesdienst planen und durchführen Besuch einer Synagoge, einer Moschee oder eines buddhistischen Meditationszentrums Katholiken und Protestanten zeigen sich gegenseitig „ihre" Kirchen Bibelausstellung gestalten Muslimische Mitschüler erzählen von ihrer Religion Sich an einem Hilfsprojekt beteiligen
Englisch	Internationale Brief-/Emailkontakte Gestaltung der Englischecke Bräuche anderer Länder kennen lernen Tänze und Spiele aus anderen Ländern Landestypisches Frühstück kochen
Kunst	Steinmosaik(e) legen Schnee- und Erdplastiken gestalten Ausstellung organisieren Masken für ein Faschingsfest basteln Kulissen für ein Theaterstück bauen Film drehen Indianertipi bauen Klassenzimmer verhüllen nach Christo Besuch eines Künstlers Gemeinsam ein Wandbild malen Kunst außerhalb des Klassenzimmers (Land Art) Schullogo erfinden Besuch von Museen

2.3 Spiele im Unterricht

Kinder brauchen in jeder Entwicklungsphase spielerische, mit Freude und handlungsfreien Experimenten verbundene Anregungen zur weiteren Entfaltung ihrer persönlichen Denk- und Beurteilungsfähigkeit. Persönlichkeitsentwicklung und Spiele stehen in engem Zusammenhang. Jede Entwicklungsstufe braucht spielerische Anregungen. Kinder wie Erwachsene lernen durch Spaß, Experiment und Wiederholung. Dafür benötigen sie bestimmtes Können. Den Ordnungsrahmen dazu bilden die Spielregeln. Mit sechs Jahren gelingt es den

Spielern bereits zunehmend, eine den Regeln entsprechende Aufgabenverteilung vorzunehmen und mit vorteilhaften Zügen in den Ablauf einzugreifen.

Spiele
- wecken und steigern die Aufmerksamkeit
- erweitern das verbale und nonverbale Verhaltensrepertoire
- ermuntern zu Gefühlsäußerungen
- fördern die Ich-, Sozial- und Sachkompetenz
- lassen neue Fähigkeiten entdecken
- führen zur Einsicht, dass durch Zusammenarbeit mit anderen sich Situationen besser bewältigen lassen
- bieten die Möglichkeit zur Korrektur des Verhaltens in Konfliktsituationen
- fördern kreative Handlungsmöglichkeiten
- geben der Forderung nach Übung und Wiederholung Raum
- erweitern die Erfahrungswelt
- tragen zur Selbstverwirklichung bei
- üben in die Verhaltensweisen partnerorientierter Kooperation ein
- helfen, Konflikte zu bearbeiten
- fördern Schulleben

Wer spielt mit wem?
Kinder
- einer Klasse untereinander
- einer Klasse mit denen einer anderen Klasse (z. B. Patenklasse)
- mit Lehrern
- mit Kindergartenkindern
- mit Schülern einer anderen Schule
- mit Eltern, Geschwistern, Großeltern ...
- mit Bewohnern eines Altenheimes
- mit Patienten eines Krankenhauses
- ...

> Bei uns kannst du spielen, hüpfen, klettern, rollen und toben. Trau dich auf dem Pamper Pole in ungeahnte Höhen. Erfinde dein eigenes Spiel und gestalte mit uns neue Spielwelten. Täglich wechselnde Attraktionen erwarten dich in der Spiel- und Sportlandschaft: Pfeil und Bogen, Einrad, Seilgarten, Rolliparcours, Trommelspaß oder spannende Spiele aus Europa.

Wo kann gespielt werden?
- Klassenzimmer
- Turnhalle
- Pausenhof
- Pausenhalle
- Sportplatz
- im Freien (Park ...)
- Schullandheim
- Altersheim
- Krankenhaus
- Kindergarten
- ...

Wann kann gespielt werden?
- in der Vorviertelstunde
- im Morgenkreis
- zwischen Stunden zur Psychohygiene
- innerhalb einer Spielstunde
- in der Pause
- in der Motivationsphase einer Unterrichtsstunde
- zum Abschluss eines Schultages
- bei Schulfesten
- an Spielnachmittagen und -abenden
- ...

Geeignete Spielformen sind:

Kennenlernspiele

Dazu sitzen die Schüler im Kreis.

Wollnetz
Ein Kind wirft einem anderen das Wollknäuel zu, behält das Ende aber in der Hand und stellt sich vor: „Ich heiße ... und meine Hobbys sind. Wie heißt Du?" Hobbys können dabei mit Lieblingstieren, -farben, -liedern, -essen oder Ähnlichem ausgetauscht werden. Nachdem jedes Kind das Knäuel aufgefangen und seinen Text gesprochen hat, wird das Netz in umgekehrter Reihenfolge wieder aufgelöst. Bevor das jeweilige Kind die Wollkugel dem Teilnehmer zuwirft, von dem es das Knäuel ursprünglich erhalten hat, wiederholt es dessen Angaben und zeigt somit, wie gut es aufgepasst hat: „Ich werfe das Knäuel Nina zu, die gerne Ski fährt".

Leises Alphabet
Die Kinder nennen hintereinander ihre Namen. Anschließend haben sie den Auftrag, sich stillschweigend in alphabetischer Reihenfolge der Namen aufzustellen. Um das Ergebnis zu kontrollieren, nennt jedes Kind nacheinander seinen Namen.

Story Telling
Je zwei Kinder erzählen sich innerhalb von fünf Minuten gegenseitig ihren Namen, Hobbys etc. Anschließend stellen sie gegenseitig ihren Partner in der großen Runde vor.

...

Bewegungsspiele

Stadtmauer
Ein Strich in der Mitte des Spielfeldes bildet die Stadtmauer. Ein Maurer als Bewacher der Linie darf sich auf ihr nur hin- und herbewegen, die anderen Spieler stehen auf einer Seite. Auf den Ruf des Maurers „Durchbrechen" versuchen sie, die andere Seite zu stürmen. Wer dabei von dem Maurer abgeschlagen wird, muss ihm auf der Linie beim Einfangen helfen. Wer bis zum Schluss entkommt, spielt den nächsten Bewacher (Maurer).

Geschnipsel
Der Boden ist übersät mit kleinen Papierschnipseln, die Kinder vorher verstreut haben. Es werden zwei Gruppen gebildet. Mit Hilfe eines Strohhalms saugen die Spieler die Stückchen an und transportieren sie in einen bereitstehenden Kübel. Welche Gruppe wohl gewinnt?

Bälle gegen Ball
In der Mitte von zwei gegenüberstehenden Gruppen liegt ein Wasserball, der mit Hilfe von Softtennisbällen über die Grenzmarke der Gegenpartei, die von den Kindern nicht übertreten werden darf, getrieben werden soll. Kinder rollen dazu die kleinen Kugeln gegen den großen „Bruder". Die Gruppe, die den Wasserball zuerst über die Linie bringt, hat gewonnen.
...

Geschicklichkeitsspiele

Stehkreis
Die Kinder stehen, die Arme nach oben gestreckt, im Kreis. Der Lehrer reicht einem von ihnen einen Gegenstand wie ein Buch oder Stofftier, das es wiederum weitergibt. Die Transportobjekte, beispielsweise Bleistift und Radiergummi, werden immer kleiner, die Abstandszeit immer schneller. Sie können, je nach Vorgabe, ihren Weg durch die Hände oder auch Beine machen.

Bleistiftstaffel
Von zwei Mannschaften hat jedes Kind zwei Bleistifte oder Streichhölzer als Greifwerkzeug in den Händen, gleichartige lagern auf einem Stuhl am Startplatz. Bei Beginn belädt der erste Spieler seine „Langfinger" mit einem der liegenden Teile, dann übergibt er es seinem jeweiligen Nachbarn. Auf der Tour verlorene Artikel müssen ebenfalls mit dem Werkzeug aufgehoben werden, die nach ihrer Rundreise in einem Behälter landen. Die besten Sammler sind Sieger.
...

Rollenspiele

Redewendungen wörtlich

Symbolische Redewendungen können sichtbar werden. Die Kinder bewegen sich durch den Raum und setzen die ausgegebenen sprachlichen Ausdrücke in Bewegungen um (z. B. jemandem einen Floh ins Ohr setzen, jemandem die Zähne zeigen, sich den Bauch voll schlagen, ein Auge auf jemanden werfen ...).

Stimmungsbarometer

Ein Ratekind steht vor der Tür, seine Mitschüler überlegen sich ihre Darstellungskunst: Wir spielen Schneeräumen oder Fußball, springen Ski, fahren Autorennen oder sind im Kino etc. Aber auch Worte wie langweilig, traurig, vergnügt oder verzweifelt lassen sich pantomimisch gut umsetzen. Als kleine Hilfestellung kann dem Rater ein Stichwort gegeben werden.

...

Wahrnehmungsspiele

Geräuschepaare finden

Ein Kind wird vor die Tür geschickt, die restlichen Kinder bilden Paare. Jedes Paar vereinbart ein gemeinsames Geräusch, dann verteilen sich alle Mitspieler im Raum. Der Zurückgekehrte tippt nun alle Spieler einzeln an, wobei jeder sein Kenngeräusch verdeutlichen muss. Die zwei Spieler mit den gleichen akustischen Kennzeichen werden zusammengeführt.

Wackelturm

Die Klasse wird in mehrere Gruppen aufgeteilt. Zwei Kindern in jeder Gruppe werden die Augen verbunden. Diese „Blinden" sollen einen möglichst hohen Turm aus hölzernen Bauklötzchen in Teamarbeit errichten und sich dabei ganz auf ihren Tast- und Hörsinn verlassen. Die sehenden Mitschüler geben Ratschläge und reichen ihnen Bausteine.

Singspiel

Alle Mitspieler erhalten einen Zettel, auf denen der Titel eines ihnen bekannten Liedes steht. Das gleiche Lied soll insgesamt bis zu fünf Mal vorkommen. Mit dem Lied im Kopf bewegen sich alle kreuz und quer durch den Raum. Sobald der Lehrer ein Zeichen gibt, beginnen sie zu singen. Die Sänger gleicher Melodien finden sich zu einer Gruppe zusammen. Der erste vollständige „Chor" hat gewonnen.

Alarmanlage
Ein Spieler verlässt den Raum. Die Gruppe einigt sich auf einen Gegenstand, der erraten werden soll. Der Spieler kommt zurück und alle beginnen zu summen. Je näher er dem Gegenstand kommt, desto lauter wird das Summen. So wird der Spieler gelenkt, bis er das richtige Ding berührt.
...

Kooperationsspiele

Ballonstaffel
Hinter der Startlinie stehen mindestens zwei Gruppen nebeneinander, jede hat einen Luftballon. Auf Anpfiff startet der erste Läufer und versucht, einen Luftballon – ohne ihn zu tragen – über die Ziellinie zu schieben, schubsen oder köpfen etc. Die erste Gruppe hinter dem Ziel gewinnt.

Aufstehen
Gemeinsam aufstehen, lautet das Motto. Die Kinder sitzen im Kreis, ihre Beine zeigen ausgestreckt in die Mitte. Dann fassen sie sich an den Händen. Erst wenn sie alle stehen, dürfen sie sich wieder frei bewegen.

Familie Meier
Jeder Spieler zieht einen Zettel, auf dem ein Familienmitglied notiert ist. Ruft der Spielleiter: „Familie!", sollen sich die vier Mitglieder einer Familie möglichst schnell finden und in der Reihenfolge Vater-Mutter-Sohn-Tochter auf einen Stuhl setzen.
...

Hör-, Rhythmus- und Tanzspiele

Positioniertes Singen
Einem Kinderlied, das alle kennen, wie z.B. „Hänschen klein", sollen nach Anweisung des Lehrers unterschiedliche Eigenarten unterlegt werden. So ist Hänschen mal hochmütig und rebellisch, mal siegessicher, mal müde, mal traurig etc. Die musikalischen Umrisse des Liedes können sich durch Änderung der Stimme und entsprechende Gestik unter anderem einem Schlaf- oder Trauermarschlied, einer Ballade oder einer Moritat anpassen.

Kontaktfreudigkeit
Es erklingt Tanzmusik und die Kinder laufen quirlig durch den Raum. Sobald der Lehrer einen Körperteil nennt, müssen die Kinder diesen mit dem Boden in Kontakt bringen. Die Anweisungen fallen immer schneller, die Ausführenden können sich nur noch am Boden wälzen.

Maschinenmenschen
Eine Kleingruppe bildet eine Maschine zusammen, die sich bewegt und regelmäßig Geräusche ausstößt. Als Ausgangsteil des Apparats beginnt einer der fünf bis sieben Spieler mit rhythmischen Bewegungen, die er mit passenden Tönen bereichert. Ein Zweiter stellt dazu eine Verbindung her und imitiert ebenfalls lautstark und schwungvoll ein Maschinenteil. Die Ergänzungen folgen, bis alle in dem Gerät platziert sind.

Zeitungstanz
Auf ausgebreiteten Zeitungen tanzen jeweils Zweiergruppen, ohne den Boden berühren zu dürfen. Immer wieder wird die Musik gestoppt – und die Unterlage halbiert. Jedes Paar, das bei irgendeiner Runde das Papier verlässt, scheidet aus. Wer am längsten durchhält ist Sieger.

To-ma-ten-sa-lat
Ein oder zwei Spieler werden vor die Tür geschickt. Die anderen einigen sich auf ein Wort, das erraten werden soll. Es wird in Silben zerlegt („Weih-nachts-plätz-chen"). Jede Gruppe übernimmt eine Silbe und spricht diese laufend. Die hereingerufenen Spieler sollen aus dem Silbensalat das Wort zusammensetzen.

...

Konzentrationsspiele

Pantomimenquiz
Von der in zwei Gruppen aufgeteilten Klasse denkt sich jede einen Begriff aus und teilt ihn einem der Kontrahenten mit. Dieser muss nun versuchen, seinen Partnern das gesuchte Wort pantomimisch zu verdeutlichen. Wird der Begriff erraten, vertauschen die Teams ihre Rollen.

Verbotenes Einmaleins
Alle Zahlen in natürlicher Reihenfolge sind richtig, nur die des „verbotenen Einmaleins" nicht. Sie wird vorher bestimmt, beispielsweise die 9. Ein oder alle Mitspieler gemeinsam beginnen mit einem lauten Aufsagen der natürlichen Zahlen. Stammt eine davon aus dem Neuner-Einmaleins oder trägt sie eine 9 (9, 18, 19 etc.) in sich, muss sie durch ein ausgemachtes Phantasiewort ersetzt werden.

Nur ein Wort
Die Kinder sitzen im Kreis beieinander. Eines spricht ein Wort in die Runde, sein Nachbar ein zweites. Das Satzgebilde wird reihum weiter vervollständigt, bis eine ganze Geschichte daraus entstanden ist.

Platsch

Ein Spielkreis übt ein paar kurze Sätze, bevor einer mit der Aufgabe beginnt: „Eine Gans …". „mit zwei Füßen …" sagt der nächste. Ein dritter folgt mit „geht baden …". „Platsch", meint der vierte. Dann wird das Ganze wiederholt, allerdings verdoppelt: „Zwei Enten …" – „mit vier Füßen" – „gehen baden" – „platsch-platsch". Fehler bedeuten ein Ausscheiden des Betroffenen oder ein Pfand von ihm.

…

Unser Spieletag war spitze!

Jachenau. Für eine besondere Aktion nützte die Jachenauer Schule die letzten Schultage. Alle Kinder sind noch heute begeistert, ebenso wie die Deutsche Krebshilfe, der aufgrund der Aktion 1500 € überwiesen wurden. Unser Motto hieß: „Die Schule ist zum Spielen da". Zuerst dekorierte jede Klasse ihr Klassenzimmer und bereitete zwei bis drei Spiele vor. Auf einer Laufkarte waren alle Spiele, darunter z. B. Flohmarkt, Fotowand, Tauziehen oder Jazztanz, verzeichnet. Die Teilnahme an jedem Spiel kostete 20 Cent. Die Hälfte der Einnahmen wurde für die an Krebs erkrankten Kinder einbehalten, die andere Hälfte gab es nach erfolgreichem Spiel zurück. Die vierten Klassen führten ein Theaterstück auf. Ab 11 Uhr waren die Eltern eingeladen, die bei Kaffee und Kuchen manchmal mehr Geld in den Spendentopf warfen. Für Spaß und Unterhaltung sorgte zudem eine neue Ausgabe der Schülerzeitung. Alle waren einer Meinung: Unser Spieletag war Spitze!

Anja und Lena, 4c

Reaktionsspiele

Von zehn bis Yeah

Im Kreis stehend zählt die Schülergruppe laut von 10 bis 0, dann von 9 bis 0, 8 bis 0 etc. Bei null gelandet springt sie jeweils mit einem freudigen „Yeah" in die Höhe.

Obstsalat

Jedem Kind wird der Name einer Obstsorte (Vögel, Komponisten, englische Zahlen …) zugeteilt, einer steht in der Mitte des Kreises. Sobald er zwei Früchte genannt hat, müssen beide ihre Plätze tauschen, beim Ruf „Obstsalat" alle. In beiden Fällen versucht der Stuhllose, eine Sitzgelegenheit für sich zu ergattern. Gelingt dies, ist das neue Stehmännchen der Anweiser.

Fang den Frosch

Die Schüler stellen sich zu einem Kreis auf. Einem von ihnen werden für seine Rolle als blinder Frosch die Augen verbunden, die anderen sollen sein Entkommen aus dem Kreis verhindern. Denn in der Mitte des Rondells lauert ein Kind, das den Frosch fangen will. Der Jäger darf dazu aber nur acht Sprünge machen, der Frosch so viele er will.

…

Meditative Spiele

Barfußmalerei
Barfuss besorgen sich die Kinder ein Blatt Papier sowie Stifte und legen das Material auf den Boden. Nur mit den Füßen malen sie nun Bilder, zu denen Themen vorgegeben werden können. Wurden auch Hände eingesetzt, sind die Werke für die anschließende Künstlerausstellung gesperrt.

Geh-fühle
Gegenstände verschiedenster Art stecken in den Kissenbezügen, auf denen sich die Kinder bewegen. Barfuss sollen sie erkennen, woraus sich die künstliche Füllung zusammensetzt. Danach dürfen sie die Kissen öffnen und ihre Empfindungen besprechen.
...

2.4 Arbeitsgemeinschaften

An vielen Schulen werden klassenübergreifende Arbeitsgemeinschaften angeboten, die außerhalb des Unterrichts meist wöchentlich nach dem regulären Unterricht freiwillig besucht werden können. Diese Wahlpflichtangebote kommen den speziellen Interessen der Kinder entgegen und bieten Erfahrungs- und Vertiefungsmöglichkeiten, für die im planmäßigen Unterricht keine Zeit ist. Der Sinn von diesen ergänzenden Angeboten liegt in einem kooperativen und informativen Zusammenarbeiten der Schüler mit dem Lehrer. Im Vordergrund steht auch dabei die Stärkung des Selbstbewusstseins und Förderung des Schullebens.
Arbeitsgemeinschaften müssen pädagogisch wertvoll sein. Die Themen der für das Schuljahr angebotenen Arbeitsgemeinschaften werden von den entsprechenden Lehrern und der Schulleitung selbst bestimmt. Dabei können die Lehrer ihre eigenen Interessen, Talente und Hobbys (z. B. Flöten- oder Chor-AG für Musikbegeisterte, Fußball- oder Turn-AG für die Sportler) einbringen. Am Anfang des Schuljahres wird ein Informationsbrief für Eltern und Kinder ausgegeben, auf dem alle angebotenen Arbeitsgemeinschaften aufgelistet sind. Melden sich für eine AG zu viele, treten Auswahlkriterien in Kraft:

- Ist ein Kind schon in einer anderen Arbeitsgemeinschaft als Teilnehmer angenommen, lässt es anderen Kindern bei der zweiten Arbeitsgemeinschaft den Vortritt.
- Bei Arbeitsgemeinschaften wie beispielsweise „Chor" und „Musical" kann ein Vorsingen die Entscheidung bringen, ob ein Kind teilnehmen darf oder nicht.

- Die Nachmittage der Kinder sollten nicht zu voll geplant sein. Zeit für Hausaufgaben und freies Spielen müssen erhalten bleiben. Hat ein Kind schon an zwei oder drei anderen Nachmittagen beispielsweise Klavierunterricht und Fußballtraining, braucht es nicht auch noch eine zeitaufwändige Arbeitsgemeinschaft zu besuchen.
- ...

Die „grüne AG"

Wichtig für den Lehrer ist zu Beginn die Jahresplanung. Organisatorische Fragen sollten gemeinsam mit den Kindern beantwortet werden:
- Wir arbeiten gemeinsam auf ein großes Event hin (Theateraufführung, Kunstausstellung etc.). Was soll es sein (Auswahl des Theaterstückes, Art der Kunst etc.)? Wann soll es stattfinden?
- Wann sind mögliche Wettbewerbe zum Thema? Machen wir mit?
- Gemeinsam wird in Form eines Brainstormings vorgeschlagen, welche Skulpturen in Kunst gestaltet, welche Spiele in Sport gelernt, welche Veränderungen im Schulgarten vorgenommen werden können. Sobald die Inhalte grob beschlossen sind, gilt es, gemeinsam eine Struktur zu erarbeiten. Man sollte mit der Produktion von einfacheren Dingen anfangen und sich vom Schwierigkeitsgrad her steigern (Töpferkurs: zuerst die Vase, dann das anspruchsvolle Tier).
- Einige Arbeitsgemeinschaften sind jahreszeitenabhängig: Wann können wir eine Kräuterschnecke anlegen? Wann werden wir ernten? Wann finden wir im Wald Fußspuren? Wann können wir den Schulhof bemalen?
- ...

AG Experten am PC

Auch dieses Jahr setzten wir wieder unsere Ausbildung der Schüler an den Computern fort. Da die diesjährigen Zweitklässler letztes Jahr noch nicht in den Genuss einer Expertenausbildung kamen, wurden im ersten Schulhalbjahr je zwei Kinder aus jeder 2. Klasse als Experten ausgebildet. Schwerpunkte waren der Umgang mit den vorhandenen Lernprogrammen sowie generelle Hinweise zum Umgang mit den Rechnern. Die „Experten" sollen die Lehrkräfte darin unterstützen, die Computer zu bedienen und ihren Mitschülern Hilfestellung geben können.
Im zweiten Halbjahr machten wir uns an die Gestaltung einer eigenen Homepage für unsere Schule. Schüler der 3. und 4. Klassen lernten ein Programm kennen, mit dem sie die Seiten für unsere Homepage bauen konnten.

Aus der Beantwortung der Fragen resultiert die detaillierte Monatsplanung, um einen Überblick zu behalten.

Eine Auswahl an möglichen Arbeitsgemeinschaften aus der Praxis:

Computerkurs	Batik	Geschichte
Mathematik für Profis	Graffiti	Kochen
Mathematik für Asse	Töpfern	Erste-Hilfe-Kurs
Experimente und vieles mehr	Seidenmalerei	Briefmarkenclub
	Nähen und Schneidern	Schulhofgestaltung
Experten am PC	Künstlerisches Gestalten	Schülerzeitung
		Foto-Club
Tiere zum Kennen lernen		Schachclub
Im Wald ist was los	Kreativ	Schulhausgestaltung
Schulgarten	Kunst	Spanisch für Anfänger
Die grüne AG	Museum	Soziales Lernen
Leichtathletik	Flöte	
Ballspiele	Gitarre	
Fußball	Trommeln	
Badminton	Orff	
Schwimmen	Tanzen	
New Games	Volkstanz	
Sport	Fun-dance	
Inline-Skating	Theater und Musical	
Taekwondo	Schulchor und Instrumentalgruppe	
Judo		

2.5 Interkulturelle Erziehung

Kinder unterschiedlicher Nationen besuchen eine Klasse. In vielen Schulen ist das längst Alltag geworden. Das stellt Schüler und Lehrer vor neue Herausforderungen und bietet Chancen und Risiken. Interkulturelle Erziehung soll das gegenseitige Verständnis fördern. Sie meint das gemeinsame Lernen von deutschen und ausländischen Kindern. Im gemeinsamen Lernen sollen die unterschiedlichen Lebens- und Sozialisationsbedingungen deutscher und ausländischer Kinder gleichberechtigt einbezogen werden.

Interkulturelle Erziehung, d. h. das gemeinsame soziale Lernen von deutschen und ausländischen Kindern, kann das gegenseitige Verständnis fördern Es vermittelt multikulturelle Erfahrung. Dadurch wird versucht, den Kindern eine grundlegende Orientierung für das Leben in einer multikulturellen Gesellschaft zu geben. Im Mittelpunkt steht das gemeinsame soziale Lernen der Kinder. Die unterschiedlichen Erfahrungshintergründe und die somit bestehende Heterogenität wird als gegenseitige Lernchance für alle genutzt. Dies schafft von Anfang an die Möglichkeit, mit Freude und Offenheit den fremden Kulturen und dem Anderen zu begegnen.

Im Zentrum der Bemühungen steht das Kind mit seiner individuellen Ausgangslage und seiner persönlichen Biographie. Genauso wichtig ist die Klassengemeinschaft. Die Schulen haben den Auftrag, alle Schüler in der Entwicklung ihrer Persönlichkeit zu unterstützen. Die Heterogenität muss genutzt werden, um die Kinder in ihrer Identitätsfindung zu stützen und sie auf die Gesellschaft vorzubereiten.

Die interkulturelle Erziehung begründet sich durch die multikulturelle Gesellschaft, in der wir die Kinder erziehen und auf die wir sie als mündige Bürger vorbereiten müssen. Sie verfolgt als Ziel die Grundlegung von Toleranz. Toleranz ist eine der wichtigsten Voraussetzungen für das friedvolle Zusammenleben in der multikulturellen demokratischen Gesellschaft. Dabei gilt es die Grundlage zu schaffen, andere und anderes anzuerkennen und den Menschen und der jeweiligen Kultur mit Achtung und Respekt zu begegnen.

Ziel ist es, die kulturellen Differenzen als Chance gegenseitiger Bereicherung zu sehen. Dabei wird die Übernahme von Elementen anderer Kulturen gefördert. Somit ist interkulturelle Erziehung auch soziales Lernen, durch das die Solidarität zwischen den Kindern gefördert wird.

Diese Aufgaben und Herausforderungen können im Unterricht nicht eindeutig einzelnen Fächern zugewiesen werden. Der fächerübergreifende Kontext hat den Vorteil, die Ziele, Inhalte und Methoden der unterschiedlichen Unterrichtsfächer zu verknüpfen. Dadurch kann die Motivation der Kinder und das Denken in Zusammenhängen gefördert werden. Vernetztes Denken entsteht und entspricht der nicht in Fächer gegliederten Lebenswirklichkeit. Durch die Öffnung der Schule nach außen und die Einbeziehung der Eltern werden interkulturelle Erfahrungen gesammelt.

Wege zum interkulturellen Schulleben:
- Entwicklung eines schulischen Sprachförderkonzepts
- Unterricht zum Teil in der Herkunftssprache
- Lehrkräfte aus anderen Herkunftsländern
- Ausgabe von Informationen in mehreren Sprachen

- Einbeziehung der sprachlichen und kulturellen Kompetenzen der Kinder und deren Eltern
- Internationale Klassen- bzw. Schulpartnerschaften und -projekte (z. B. Comenius-Programm der EU)

Sokrates
Comenius
Bildung und Kultur

- Anregungen zur gegenseitigen Offenheit und Konfliktfähigkeit
- ...

Die Vorbildfunktion des Lehrers spielt dabei eine besondere Rolle: Was die Schüler hinsichtlich Offenheit, Toleranz und Demokratieverhalten leisten sollen, muss er vorleben.

Folgend eine Sammlung in der Praxis getesteter Ideen für einen ganzheitlichen interkulturellen Unterricht innerhalb verschiedener Fachbereiche:

Mathematik

- Sachaufgaben: Entfernung berechnen, die die Kinder während der Ferienreise in ihre Herkunftsländer zurücklegen
- Umrechnen in andere Währungen
- Verschiedene „Euros" kennen lernen

Deutsch

- ein Klassentagebuch in verschiedenen Muttersprachen, das von den Kindern selbst verfasst wird
- Kinderbücher aus aller Welt
- Märchen und Sagen aus aller Welt
- Bücher aus anderen Ländern
- Fremdwörter, die die deutsche Sprache mitgestalten
- Wir übersetzen „Guten Morgen" in alle Sprachen
- Gedichte aus anderen Ländern
- Vorgangsbeschreibung:
    Wir backen Börek
    Wir bereiten türkischen Tee zu

Deutsch: Hallo!
Englisch: Hello!
Französisch: Bonjour!
Finnisch: Terve!
Hawaianisch: Aloha!
Italienisch: Ciao!
Kroatisch: Bog!
Spanisch: ¡Hola!
Portugiesisch: Olá!
Türkisch: Merhaba!

- Wie Menschen in anderen Ländern wohnen
- Wir tragen auf der Weltkarte ein, woher wir kommen
- Internationale Auszählreime
- Kinderbücher zum Thema Ausländerkinder und ihre Situation in einem fremden Land
- Zwei- und mehrsprachige Bilderbücher
- Wir diskutieren:
    Ist Stierkampf eine Kunst?
    Islamisches Opferfest – ein Fest?
- Wir erzählen zu Reizwörtern „Sonne – Strand – Döner"
- Wir schreiben mit arabischen Schriftzeichen

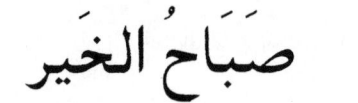

صباح الخير   d. h.: Guten Tag

- Wir schreiben aus dem Urlaub einen Brief an die Klasse und beschreiben darin Wissenswertes über Land und Leute
- Wir basteln ein Schattentheater und spielen ein ausländisches Märchen
- Wir erstellen einen interkulturellen Kalender

Festtage des jüdischen Kalenders	
Neujahr	13. September 2007
Versöhnungstag	22. September 2007
Laubhüttenfest	27. September 2007
Laubhüttenende	4. Oktober 2007
Gesetzesfreude	5. Oktober 2007
Passahfest, erster Tag	20. April 2008
Passahfest, achter Tag	27. April 2008
Wochenfest	9. Juni 2008
Neujahr	30. September 2008
Versöhnungstag	9. Oktober 2008
Laubhüttenfest	14. Oktober 2008
Laubhüttenende	21. Oktober 2008
Gesetzesfreude	22. Oktober 2008

Festtage aus einem jüdischen Kalender aus dem Jahr 5767 (= 2007)

- Interkulturelles Frühstück im Klassenzimmer
- Zubereitung internationaler Speisen
- Familienmitglieder als Referenten (Oma/Opa) informieren über ihre Heimat
- Traditionelle Kleidung der Länder im Vergleich
- Besuch türkischer Geschäfte
- Verkauf internationaler Speisen im Pausenhof

- Partnerschaften zu einer Klasse in den Herkunftsländern (z. B. durch Brief- oder E-Mail-Kontakt)
- Die Menschenrechte bzw. Kinderrechte
- Kurzreferate über verschiedene Länder
- Herkunftsländer als Reiseländer
- Leben in verschiedenen Ländern:
  Tagesablauf
  Schule
  Familie
  Freizeitgewohnheiten
- Wir lernen typische Früchte kennen
- Wir denken uns ein Länderquiz aus
- Die Flaggen anderer Länder
- Wir sprechen über Vorurteile
- Redensarten aus anderen Ländern
- Gestaltung eines internationalen Kochbuchs
- Wir ertasten den Umriss der Länder mit verbundenen Augen und erraten die Länder.
- In anderen Ländern gibt es andere Getreidesorten. Wir lernen zusätzliche Getreidesorten (Reis, Hirse etc.) kennen.
- Wir malen Europa mit Kreide auf den Pausenhof
- Unterschiedliche Währungen verschiedener Länder

Sport

- Spiele aus verschiedenen Ländern:
  England: In England machen die Kinder Rope Skipping, ein Seilhüpfspiel mit Musik. Gesprungen wird mit unterschiedlichem Tempo zu einem deutlich hörbaren Beat der begleitenden Musik. „Rope Skipping" unterscheidet sich vom herkömmlichen Seilspringen durch die verschiedenen „Stunts". Das gemeinsame Handeln in der Gruppe stellt einen weiteren wesentlichen Aspekt der Sportart dar.
  USA: In den USA spielen die Kinder gerne Äpfelschnappen. In einem mit Wasser gefüllten Bottich müssen die Kinder einen Apfel am Stiel herausziehen. Oft wird dieses Spiel an Halloween gespielt.
  ...

Musik

- Wir hören Musik aus fremden Ländern
- Wir tanzen wie in anderen Ländern
  Amerika: Square Dance

    Spanien: Flamenco
    Griechenland: Sirtaki
- Wir vergleichen Nationalhymnen
- Wir lernen neue (afrikanische, asiatische etc.) Instrumente kennen
- Mein Lieblingssänger/meine Lieblingsband
- Afrikanische Percussionmusik
- Lieder zum Thema:
    Paule Puhlmanns Paddelboot
    Meister Jakob
    Tren Gekir
    Ausländische Lieder (http://www.labbe.de/liederbaum/index.asp)
- Musicals zum Thema: Euro-Musical

Religion/Ethik

- Feste, Bräuche, Traditionen: Wie wird Weihnachten, Ostern, Erntedank, Fasching oder der Geburtstag in den verschiedenen Ländern gefeiert?

Alles Gute zum Geburtstag	
auf portugiesisch	„Feliz Aniversário"
auf englisch	„Happy birthday"
auf französisch	„Joyeux anniversaire"
auf griechisch	„Chronia polla"
auf hawaianisch	„Hau' oli la hanau"
auf italienisch	„Buon compleanno"
auf polnisch	„Wszystkiego najlepszego"
auf türkisch	„Dogum Günün kutlu olsun"
auf spanisch	„Feliz Cumpleaños"
...	...
weitere Wünsche und Sprachen auf: www.worldwidewishes.de	

- Weltreligionen: Judentum, Christentum, Islam
- „Das bin ich" – wir malen uns selbst und erzählen von uns
- Wir befassen uns mit den Heiligen und ihren Legenden aus anderen Ländern
- Kinder und Lehrer, die verschiedenen Konfessionen bzw. Religion angehören, beten gemeinsam

Kunst

- Wir betrachten und malen türkische Teppiche
- Wir basteln venezianische Masken aus Gips

- Themen für Bilder:
    - Zusammen in Frieden leben
    - Orientalisches Märchenschloss
    - Das Kolosseum
    - Oase in der Wüste
    - Gondeln in Venedig
    - Aladin und die Wunderlampe
    - Stadt in der Wüste
    - orientalischer Bazar
- Wir bemalen Kastagnetten
- Wir bemalen Vasen mit antiken, griechischen Mustern
- Wir entwerfen bunte Kacheln für den Sultanspalast
- „Eingeborene feiern ein Fest" – Wir bemalen unser Gesicht mit Naturfarben

Sonstiges

- Gruppenspiele zur Förderung der sozialen Kompetenz
- Sprachkurse im schulischen Rahmen: „Mütter lernen Deutsch"
- Projekte:
    - „Wie kommt das Obst zu uns?"
    - „Woher kommt unsere Jeans?"
    - „Eine Reise um die Welt – Lieder, Tänze und Gerichte aus verschiedenen Ländern"
    - „Von wegen ‚Ausländer raus' – Beziehung Deutsche–Ausländer"
    - „Wasser(mangel) – in anderen Ländern ein kostbares Gut"
    - „Wir führen ein (kurzes) Theaterstück in einer anderen Sprache auf"
- Ein mit den Kindern organisierter interkultureller Abend mit den Eltern als Gästen
- Ein mit allen Eltern organisiertes Fest der Verständigung zwischen den Kulturen, bei dem die Eltern als kulturelle „Experten" Informationen austauschen

Vorhang auf!
Theater
spielen und dabei spielend Deutsch lernen!

Kommen Sie vorbei, auch wenn Sie nur wenig Deutsch sprechen.
Schauen Sie zu oder machen Sie mit!
Mittwochs von 8.15 - 11.15
Raum 15, EG
Kursleitung: Anita Dobel,
Tel.: 938 529

Euro-Bistro
Speisekarte
für den 7. Mai 2009
Maibowle
Türkische Joghurtsuppe
Bosnische Cevapcici
Russische Eier
Griechisches Zaziki
Europäische Pfannkuchen
mousse au chocolat
Obstsalat
Türkisches Gebäck

3. Corporate Identity

3.1 Äußeres Erscheinungsbild

Die individuelle Identität einer Organisation nennt man Corporate Identity. Sie ist die Summe der Charakteristika eines Unternehmens und umfasst den Namen, das Leitbild, Aktionen, das Logo sowie weitere Unterscheidungsmerkmale. Das Konzept beruht auf der Idee, dass Unternehmen wie Persönlichkeiten wahrgenommen werden und ähnlich wie solche handeln können. Die Identität präsentiert sich durch ihr Handeln, die Kommunikation und das visuelle Auftreten. Diese Faktoren gehören zusammen und ergeben ein einheitliches Ganzes. So entsteht eine stabile Wahrnehmung mit einem spezifischen Charakter, die „Corporate Identity".

Die Denkweise der Corporate Identity trifft auch auf pädagogische Organisationen zu. Die Fragen nach dem eigenen Profil, der spezifischen Identität nach innen und einem klaren Image nach außen muss jede Schule für sich selbst klären und gestalten. Ziel ist die Profilierung der Schule durch Verbesserung und Stärkung ihrer Identität und ihres Images.

Auf der Suche nach ihrer Identität kann sich die Schule professioneller Methoden bedienen, die sich im Management der Wirtschaft bewährt haben und die von allen Beteiligten mitentwickelt und mitverantwortet werden. Dieses hohe Maß an von allen mitgetragener Selbstgestaltung bewirkt eine starke Motivation und die Bereitschaft zu konsequenter Vorgehensweise. Ein gestärktes Kollegium, ein verbessertes Schulmanagement und eine intensive Öffentlichkeitsarbeit ergeben schließlich eine profilierte, überzeugende Schulkultur.

Die Verhaltensweisen aller Beteiligten, die gesamte Kommunikation und das Erscheinungsbild der Schule müssen aufeinander abgestimmt werden, um Einzelwirkungen nicht zu isolieren, sondern um sie ganzheitlich zu einem spezifischen Schulprofil zu verbinden. Dabei sollten die grundsätzlichen Werte oder Leitbilder einer Schule klar erkennbar sein. Corporate Identity umfasst also eine bewusste Gestaltung der Schule.

Der Nutzen eines ganzheitlichen Prozesses ist zweifach. Zum einen werden Identität und Image der Schule gestärkt, zum anderen ergeben sich auch Vorteile für den einzelnen Mitarbeiter und seine tägliche Arbeit im Unterricht. Durch eine starke Mitgestaltungsmöglichkeit trägt der Lehrer wesentlich zum positiven Arbeitsklima bei und findet so statt Frustration mehr Motivation, Sinnerfüllung und damit Verbesserung der pädagogischen Arbeit, Chancen zu einer offenen Kommunikation und einer stärkeren Einbindung in seine Schule.

Ziel ist die Stärkung der Identität der Schule durch
- Entscheidungsfreiräume
- klare Zielsetzungen
- Selbstreflexionen
- Teamarbeit
- Öffentlichkeitsarbeit
- Gute Schulkultur
- Leitbilder
- ...

Das Erscheinungsbild der Schule wirkt sich einprägsam auf die Entwicklung jedes einzelnen Schülers aus. Es fördert das Wohlbefinden der Kinder, wenn sie eigene Ideen, Projekte und kreative Aktivitäten einbringen und ihren Lebensraum direkt gestalten können.

Eine Realisierung eigener Vorstellungen verbindet Identität mit sich selbst und mit der Schule. Die damit verbundene Verantwortung führt zu einer größeren Wertschätzung und Verbundenheit mit der direkten Umgebung.

Die Lehrer unterstützen wiederum das eigenverantwortliche Handeln der Mädchen und Jungen und setzen Vertrauen in ihre Leistungsfähigkeit. So stärken sie ihren emotionalen Rückhalt und die Zuversicht. Da jährlich ein Jahrgang die Schule verlässt, braucht die Entwicklung einer Schulidentität ein kontinuierliches Engagement der Lehrer.

3.1.1 Schulname

Ein Schulname ist etwas, mit dem man sich in hohem Maße identifiziert. Er soll mit dem Schulprofil und den inhaltlichen Aspekten des Schulprogramms korrespondieren. Ein Schulname macht eine Schule persönlicher, individueller und fördert die Identifikation und das Wir-Gefühl. Um einen (neuen) Schulnamen zu beantragen, kann die Schulkonferenz einen schulinternen Ideenwettbewerb in Gang setzen. Zur Betreuung dieses Prozesses sollte eine Arbeitsgruppe aus Lehrern, Schülern, Eltern und anderen interessierten Personen gebildet werden. Aufgaben der Arbeitsgruppe sind die Koordination des Ideenwettbewerbs und die Festlegung eines Zeitplanes. Die Kommune als Träger der Bildungseinrichtung muss letztendlich den Namen billigen.

Beschreibung einer möglichen Vorgehensweise:
Alle Klassen wählen unter Leitung der Lehrer bis zu drei Namensvorschläge und reichen diese bei der Schulleitung ein. Darüber hinaus sollten auch die wichtigsten Informationen zum vorgeschlagenen Namen sowie eine Begründung für die Namensentscheidung der Klasse eingereicht werden. Alle eingehenden Vorschläge sollen bis zu einem bestimmten Termin vorliegen. Die

Klassen können auch als Paten fungieren, indem sie Informationen über die betreffende Person zusammenstellen und ihren Vorschlag mit einigen Argumenten begründen.

Diese Informationen und Begründungen werden in der Pausenhalle zur Information aller ausgehängt und im Internet auf der Schulhomepage veröffentlicht. Zusätzlich wird auf der Internetseite ein Forum eingerichtet, das auch einer breiteren Öffentlichkeit die Teilnahme am weiteren Entscheidungsprozess und der Diskussion ermöglichen soll.

In einer weiteren Arbeitssitzung werden diese geordnet, zu Gruppen zusammengefasst und in eine Rangliste aufgenommen. Anschließend werden die am häufigsten gewünschten Namen ermittelt und den Vertretern der Schulkonferenz zur Abstimmung vorgelegt. Der dort mehrheitlich gewählte Name muss schließlich dem Stadtrat bekannt gegeben werden, damit dieser bewilligt werden kann.

Häufig werden die Schulen nach berühmten Persönlichkeiten wie zum Beispiel J. H. Pestalozzi, Erich Kästner oder Astrid Lindgren benannt. Der Schulname orientiert sich oft an dem Namen der Straße, in der die Schule steht. Natürlich bietet es sich auch an, den Namen einer Persönlichkeit zu wählen, die mit der Stadt, dem Stadtteil oder gar der Schule in einer besonderen Verbindung steht, um damit die Heimatbezogenheit zu betonen.

3.1.2 Schuluniform

Eine Schuluniform ist eine vorgeschriebene, einheitliche Kleidung für alle Schüler einer Schule oder eines Staates. Sie ist in mehreren Ländern generell oder nur in bestimmten Schulen vorgeschrieben. Weltweit werden Schuluniformen pflichtgemäß zum Beispiel in Großbritannien, Japan, Korea und in den Ländern Südamerikas von den meisten Schülern getragen. In Deutschland wird darüber seit einiger Zeit allgemein diskutiert, örtlich laufen Testversuche.

Einheitliche Schulkleidung ist zurzeit eine freiwillige Sache jeder einzelnen Schule, ihrer Kinder, Lehrer und Eltern. Daher kann sie auf unterschiedlichen Wegen eingeführt werden: Interessierte Eltern bestimmen durch Mehrheitsbeschluss für ihre Klasse eine einheitliche Schulkleidung. Der Elternbeirat legt dies für die ganze Schule fest. Auch Kinder können die Initiative ergreifen. Sie vereinbaren klassenweise, einheitliche Schulkleidung zu tragen. Eine Schule kann eine einheitliche Schulkleidung ins Schulprogramm aufnehmen.

Von der Akzeptanz der Kollektion hängt es ab, ob die Kinder täglich Schulkleidung tragen wollen. Sie dürfen sich nicht verkleidet fühlen. Die Farbe der Textilien sollte nicht aufdringlich sein, die Materialien müssen sich angenehm anfühlen. Die Kleidung muss den Tragegewohnheiten und dem Geschmack der jungen Menschen bis zu einem gewissen Grad entsprechen. Außerdem wird eine genügende Auswahl an Kleidungsstücken benötigt, wenn Kinder sich fünf Tage hintereinander in ihrem Schuloutfit wohlfühlen sollen. Die Schulkleidung darf nicht die Form verlieren und nicht zu schnell ausbleichen. Atmungsaktiv sollte die Kleidung sein, da gerade die jüngeren Kinder sich in den Pausen viel bewegen.

Grundschule Bergstedt, Hamburg

Mögliche Schülerausstattung:

- T-Shirts
- Polo Shirts
- Long Sleeves
- Sweatshirts
- Kapuzensweater
- Kapuzenjacke mit Reißverschluss
- Retro Jacken
- Hemden
- Blusen
- Fleecejacken

- Strickjacken
- Stoffhosen (kurz oder lang)
- Jeans
- Regenjacken
- Jogginganzüge
- Turnhose
- Sporttaschen
- Mützen und Caps
- Schals
- Schulrucksäcke

Der Weg zur Schulkleidung

→ Von der Idee bis zur Umsetzung und Lieferung sollte man einen Zeitraum von ca. 10 –12 Wochen einplanen.
→ Gespräche führen mit den Lehrern, Kindern und Eltern, um aufzuklären und um alle Personengruppen von Anfang an einzubeziehen.
→ Kataloge verschiedener Anbieter anfordern, sichten, beraten und schließlich entsprechende Artikel aussuchen. Eventuell stellen verschiedene Anbieter bei Schulkonferenzen oder Informationsveranstaltungen für Eltern ihre Konzepte vor.
→ Muster-Kollektionen eventuell mit dem entsprechenden Schullogo anfordern, Qualität und Größen überprüfen. Wichtig: Häufig können Artikel wegen des Schullogos nicht umgetauscht werden.
→ Die Schulkleidung sollte altersgerecht sein: Schulkleidung für Grundschüler muss anderen Anforderungen entsprechen als T-Shirts und Jacken für ältere

Schüler. Grundschüler benötigen praktische, robuste Kleidung, in der sie sich bewegen können. Die Materialien sollten angenehm auf der Haut sein und sie dürfen nicht einengen. Die Kleidungsstücke werden häufig gewaschen, sie müssen daher von hoher Qualität sein. Spätestens ab 11 Jahren brauchen Schüler geschlechtsspezifische Kleidung. Besonders Mädchen achten jetzt darauf, sich im Aussehen von Jungen zu unterscheiden – das drückt sich auch in der Kleiderwahl aus. Sweatshirts, Fleece- und Strickjacken, Oberhemden und Blusen sind in weiterführenden Schulen besonders angesagt.
→ Kinder, Eltern und Lehrer stimmen über die Einführung einer Schulkleidung ab. Sie entscheiden, ob nur Oberteile Teil der Kollektion sind oder auch Hosen und Röcke aufgenommen werden.
→ Mit Hilfe dieser Muster-Kollektion werden die Bestellungen der Schüler entgegengenommen.

3.1.3 Schullogo

Was in Wirtschaft, Kultur und vielen Institutionen längst Fuß gefasst hat, greift auf die Schulen über: Ein Logo als wesentlicher Bestandteil der Corporate Identity, als graphische Darstellung des Selbstverständnisses und der Selbstbeschreibung nach innen und außen. Dieses Corporate Design gibt auch den Schulen einen besonderen Charakter und eine optische Gestalt. Gleichzeitig dient es der internen Identifikation. Zur Annahme eines künftigen Logos ist deshalb die Mehrheit aller Mitglieder einer Schule notwendig. So kann sich ein „Wir-Gefühl" entwickeln. Ein Schullogo zeigt deshalb eine klare Linienführung, die einprägsam zum Inbegriff der Schulidentität und zum Sympathieträger der Schule wird. Die Corporate Identity soll den Kindern eine Möglichkeit eröffnen, sich mit der Schule identifizieren zu können. Ähnliches gilt für die Schulhymne und für das Schulmaskottchen.

Grundschule an der Stadtmauer, Zerbst/Anhalt

Das selbst entworfene Logo präsentiert die Schule nach außen. Es gibt zahlreiche Einsatzmöglichkeiten:
- Briefpapier
- Visitenkarten
- Beschilderung der Schule
- Sticker, T-Shirts, Kugelschreiber
- Schulhomepage
- Schülerzeitung, Jahrbuch
- Einladungen
- Plakate
- Wanddekoration
- …

Volksschule Wiesenfelden, Wiesenfelden/Bayern

Ein Logo ist vielfach begehrt, muss aber auch differenzierten praktischen Ansprüchen und Möglichkeiten einer Wiedergabe entsprechen:
→ Es muss den verschiedenen Formatgrößen – vom Briefkopf über Plakate bis zur Visitenkarte – standhalten. Kleine Details sollten deshalb einer großzügigeren Gestaltung Platz machen.
→ Auch die diversen Materialien, auf denen das Logo gut sichtbar in Erscheinung treten soll, sind zu berücksichtigen. Auf T-Shirts soll es genauso zur Geltung kommen wie auf Stickern oder Papier. Druck, Prägung oder Projektionen stellen unterschiedliche Ansprüche.
→ Farbig weckt das Logo zwar mehr Aufmerksamkeit, ebenso gut muss es jedoch auf Briefen, Kopien oder Faxen in Schwarzweiß wirken.
→ In Schulen sollten herkömmliche Elemente bevorzugt werden, beispielsweise seit Jahren verwendete Farben.
→ Eine besondere Berücksichtigung fordern begrenzte technische und finanzielle Möglichkeiten der Schule. Ein Logo sollte sich mit ein bis drei (Grund-) Farben begnügen, die sowohl im professionellen Druck als auch über Textverarbeitung darstellbar sind.

© Grundschule an der Gilmstraße, München

Schulhymne

Auch eine Schulhymne, die bei Schulveranstaltungen vom Schulorchester gespielt und von allen Kindern gesungen wird, trägt zur Corporate Identity bei. (Eine gelungene Schulhymne siehe www.Schule-am-Silberbach.de/Schulsong.htm.)

Schulmaskottchen

Das Schulmaskottchen dient als Glücksbringer bzw. als Erkennungszeichen für eine Schule. Auch hier ist wichtig, dass Aussehen, Eigenschaften bzw. Name des Maskottchens mit der Schule in Verbindung stehen.

Für Schullogo, Schulhymne und Schulmaskottchen gilt gleichermaßen: Sie können im Rahmen von kleinen Wettbewerben entwickelt werden.

Ich bin das Schulmaskottchen und geboren wurde ich im März 1997.
Wie es dazu kam? Das war so: Im Januar 1997 wurde im Schulhaus ein Ideenwettbewerb „Gesucht wird Kafkarix!" ausgeschrieben ...

3.2 Der Förderverein

Was ist der Förderverein?

Schulfördervereine dienen als gemeinnützige Vereine der Förderung der Bildungsanliegen einer Schule. Sie sind ein Zusammenschluss von Eltern, Lehrern, Freunden, Ehemaligen und anderen Förderern, die ergänzend zu den staatlichen Mitteln die Anliegen einer Schule, ihrer Schüler unterstützen wollen. Er hilft der Schule nicht nur finanziell, sondern spielt eine wichtige Rolle bei der „Öffnung der Schule". Der Verein benötigt eine Satzung und einen Vorstand. Der Vorstand des Schulvereins verwaltet das Vermögen des Schulvereins. Er trifft sich drei- bis viermal jährlich, um sich über die Einnahmen und Ausgaben auszutauschen, Aktivitäten zu planen und die Mitgliedsversammlungen vorzubereiten. Neben den Beiträgen der Mitglieder erhält der Förderverein auch Spenden von Firmen, Vereinen und Privatpersonen.

Was will der Förderverein?

Erfahrungen aus der schulischen Praxis haben gezeigt, dass trotz Lehrmittelfreiheit die zur Verfügung stehenden Lehr- und Unterrichtsmittel nicht immer ausreichen. Mit den Beiträgen der Mitglieder, Spenden und gemeindlichen Zuwendungen wird hier ein zusätzlicher Spielraum für einen noch besseren Schulalltag geschaffen. Der Förderverein ist ein finanzielles und organisatorisches Hilfsmittel für die Schule. Er ist Projektträger, Instrument der Öffentlichkeitsarbeit und Marketinginstrument für die Schule insgesamt und unterstützt die Schule materiell und ideell. Er macht Schule lebendig, unterstützt die Lehrer bei ihren fachlichen und pädagogischen Aufgaben durch bessere finanzielle, räumliche, technische, soziale und organisatorische Rahmenbedingungen. Der Bildungs- und Erziehungsauftrag muss dabei immer im Vordergrund stehen. Schulen sind keine Plattform für Werbekampagnen jeder Art. Durch Mitgliedsbeiträge und Spenden ist der Schulverein in der Lage, zu helfen, wo die Mittel des Schuletats nicht ausreichen. Geld für Anschaffungen oder Zuschüsse kann er schnell und unbürokratisch zur Verfügung stellen.

Wie ist der Verein organisiert?

Der Verein finanziert seinen Auftrag aus Beiträgen seiner Mitglieder, Spenden, Fördermitteln und aus Erlösen durchgeführter Veranstaltungen. Die Projekte des Vereins werden in enger Zusammenarbeit mit den Lehrern, Schülern, Mitgliedern und Sponsoren gestartet. Der Vorstand arbeitet ausschließlich ehrenamtlich, dadurch können die eingenommenen Mittel zu 100% für die Schule eingesetzt werden. Der Schulverein ist anerkannt als Personenvereinigung, die gemeinnützigen Zwecken dient. Spenden an den Schulverein sind somit steuerlich absetzbar. Die Eintragung erfolgt beim Amtsgericht in das Vereinsregister. Sobald der Verein seine Arbeit aufgenommen hat, kann beim zuständigen Finanzamt die Gemeinnützigkeit beantragt werden.

Was macht der Förderverein?

Der Förderverein sieht es als Aufgabe an, den Kindern ein angenehmes Lernumfeld zu schaffen und die Schule und das Kollegium bei der Verwirklichung der pädagogischen Ziele zu unterstützen. Ideen für die organisatorische und ideelle Unterstützung:

- Vorbereitung von Exkursionen
- Mitgestaltung von „Tagen der offenen Tür"
- Freizeitangebote
- Sportveranstaltungen mitorganisieren
- Hilfe bei Schulfesten
- Kostenloser Sachverstand und Beratung
- Hausaufgabenbetreuung
- Zusammenarbeit mit anderen Institutionen wie Sportvereinen, Sozialdiensten, Museen, Theatern, Musikschulen, Universitäten, Technologieparks etc.
- schulergänzende Betreuungsangebote (u. a. im Rahmen der Ganztagsschule)
- Mitgestaltung der Abschlussfeiern
- Schulgartenarbeit
- Mitwirkung an der schulpolitischen Diskussion in der Gemeinde
- Kontaktpflege mit ansässigen Unternehmen
- Unterstützung von Projekten, die im Unterricht durchgeführt werden
- Errichtung und Erhaltung einer Schulbibliothek

Der Förderverein ...

ABC des Fördervereins

F örderung und Integration leistungsschwacher Schüler
Ö ffentlichkeitsarbeit
R ealisierung von Neugestaltung (z. B. Pausenhof)
D ie Hausaufgabenbetreuung
E lternbeirat und Förderverein arbeiten eng zusammen
R eichen öffentliche Mittel nicht aus, hilft der Förderverein
V ereinszeitung – Informationen für Alle
E ltern werden durch Zuschüsse, z. B. für Ausflüge und Schullandheim, unterstützt
R ealisierung und Mitgestaltung schulischer Veranstaltungen
E ngagement für mehr Bewegung (Spielekiste)
I nformation zu Lernfragen und Lernproblemen
N achmittage gestalten

Förderverein
der Grundschule Oberhaching
am Kirchplatz e.V.

... und seine Aktionen
„Unsere ganze Kraft dem Wohle der Kinder"

In enger Zusammenarbeit mit der Schulleitung, dem Schulelternrat und dem Ehemaligen-Verein nimmt der Förderverein auch verschiedene Finanzierungen gemeinsam mit dem Schulträger vor. Beispiele für Zuschüsse aus der Praxis:

Ausstattung
- Wetterstation
- lichttechnische Ausstattung des Forums
- Materialkosten von Arbeitsgruppen und Projektwochen
- Küchenausstattung der Schule
- Tischfußballgerät für die Mittagsgestaltung
- Computerkauf
- Ausstattung von Fachräumen
- Auffüllung des Bestandes der „Spiele-Kiste" (Pausenspielzeug)
- Mitfinanzierung von Arbeitsmitteln und Lehrmitteln
- Kauf einer großen Musikanlage für Schulfeiern und Feste
- Anschaffung eines Computerarbeitsplatzes
- Ausstattung von Spielecken in Klassenräumen und im Hort
- Eigentumsfächerschränke für Klassenräume
- Zahlung von Congas, Bongos, Xylophonen usw. für den Musikbereich
- Zuschuss für die Einrichtung des Computerraumes
- Werkbänke, Stühle und eine Grundausstattung an Werkzeugen für den Werkbereich
- Sanierung von Klassenräumen
- Mitfinanzierung der Schülerbibliothek
- Laptop, Beamer und Leinwand für repräsentative Aufgaben der Schule

Gestaltung des Schulgeländes
- Freilichtbühne
- Basketballkörbe auf dem Schufhof
- Anschaffung von Gartengeräten
- Aufbau eines Gerätehauses für den Innenhof
- Anschaffung einer Tischtennisplatte auf dem Schulhof
- Bänke für Schulgarten und Schulhof
- Zuschuss für das Klettergerüst
- Beteiligung am Schulgartenpavillon

Exkursionen
- Klassenfahrten
- Wissenschaftliche Exkursionen
- Chorfahrten
- Unterstützung für finanzschwache Familien bei Klassenfahrten

Sonstiges
- Ausrichten von Schulfesten: Sommerfest, Sportfest, ...
- Tag der Verkehrssicherheit
- Schulshirts
- Vorträge wie zum Beispiel „Lernen lernen"
- Buchautorenlesungen
- Streitschlichterausbildung
- Zuschüsse für diverse Schulwettbewerbe, z. B. Schreibwettbewerb
- Unterstützung des angelaufenen Comenius-Projektes
- Bühnenaufführungen
- Herausgabe einer Schulchronik
- Kaffee-, Kuchen- und Brötchenverkauf an Elternsprechtagen

3.3 Mediale Präsentation

3.3.1 Schuljahrbuch

Schuljahrbücher sind ein ideales Instrument, um auf ein Schuljahr zurückzublicken und den Kindern ein bleibendes Andenken an ihre Schulzeit zu schaffen. Das Schuljahrbuch dokumentiert Höhepunkte des Schulalltags, Aktivitäten einzelner Klassen, interessante Unterrichtsprojekte und gelungene Schülerarbeiten. Das Buch nimmt die alte Tradition der Chronik wieder auf und führt sie auf innovative und schülerorientierte Weise weiter. Nicht ohne Grund wird es von Kindern, Eltern und Lehrern gerne gekauft. Das Schuljahrbuch in ästhetischer Gestaltung, mit einer klaren Struktur und gut lesbaren Texten beeindruckt, macht stolz und sorgt für eine positive Resonanz in der Öffentlichkeit.

Es setzt sich zum Ziel, die Ereignisse des abgelaufenen Kalenderjahres festzuhalten. Auch die Schüler sind bei der Gestaltung gefragt. Die Berichte werden meist selbst gestaltet und verfasst. Der jeweilige Lehrer oder eine Redaktion unterstützt die Kinder bei der Arbeit. Die Kinder lernen dabei das Schuljahrbuch als eine Möglichkeit der Dokumentation und Präsentation von schulischen Höhepunkten kennen. Sie lernen die zweckentsprechende Präsentation von Inhalten in der Öffentlichkeit. Weiterhin erwerben sie Wissen über Aufbau, Inhalt und Ordnungsprinzipien eines Jahrbuchs und vollziehen dessen Entstehungsprozesse theoretisch und praktisch nach. Das Team entwickelt in der Gemeinschaft Ideen und verwirklicht diese. Gleichfalls übernehmen sie beim Anfertigen Verantwortung für ihre Arbeit und das Gesamtprodukt *(siehe auch Kapitel 3.3.3 Schülerzeitung)*.

Inhaltsverzeichnis

Einleitung
Wie alles anfing
Wissenswertes
Wichtige Hinweise
Sonstiges
Wenn Sie Fragen haben
Arbeitsgemeinschaften/Kursangebote
Rückblick Jahr 2004
Lehrerfoto 2004/2005
Unsere Klassen stellen sich vor
Schulweghelfer
Wenn Sie schon Ihr Auto benutzen
Klassenelternsprecher/Elternbeirat
... und deren Aufgaben
Unsere Arbeitsgemeinschaften (AG's)
Hausaufgabenbetreuung
Mittagsbetreuung
Gesundheitsprojekt „Klasse 2000"
zusätzliche Kursangebote
Lehrerportrait
Chronik der Schule
Luftballon-Weitflug
Sponsorenseite
Leitbild der Gotzmannschule

Mögliche Inhaltspunkte eines Schuljahrbuches:
- Vorwort des Rektors
- Grußworte (zum Beispiel des Schulrates oder des Bürgermeisters)
- Chronik
- Woher kommt der Name unserer Schule?
- Beiträge zur Schulgeschichte
- allgemeine Verwaltungsdaten
- Unser Schulprofil
- Neue Lehrer stellen sich vor
- Lehrer – als Kinder und heute
- Klassenfotos und Namen der Schüler
- Aus dem Schulalltag
- Erinnerungen ehemaliger Schüler

- Berichte und Fotos von:
  Erinnerungen an den ersten Schultag
  Klassenfahrten
    Schullandheimaufenthalt
    Ökolager
    Besuch der Kinder- und Jugendfarm
    ...
  Projekten
    Tag gegen den Lärm
    Erste-Hilfe-Kurse
    Gesundheitswoche
    Märchentage
    Magnetismus
    ...
  Aktionen
    Backtag
    Lesenacht
    Kinder laufen für Kinder
    ...
  Ausstellungen
  Schulfeste
    Weihnachtsbazar
    Fasching
    Osterfest
    ...
  Wettbewerbe
    Landeswettbewerb zur Förderung der Leselust
    Kinder trainieren für Olympia
    Europäischer Wettbewerb
    ...
  Arbeitsgemeinschaften
    Theaterarbeiten
    Schulgartengestaltung
    Soziales Lernen
    ...
- Interviews der Kinder mit den Menschen an der Schule:
    Hausmeister
    Sekretärin
    Küchenpersonal
    Reinigungskräfte
    Schulweghelfer
    Eltern(-beirat)
- Die Schule verändert sich:
    Gebäude-Renovierung
    Turnhallen-Renovierung
    Pausenhofumgestaltung
    ...
- Ergebnisse von Schülerumfragen
- Gedichte von Schülern
- Zeitungsberichte
- Stilblüten
- Rätselspaß rund um das Thema Schule
- Unsere Schule im Jahr 2058
- Danksagung
- Werbeseiten
- Impressum

Brief bezüglich der Sponsorensuche:

> Auch in diesem Jahr versuchen wir, die Druckkosten des Jahrbuches so weit wie möglich durch Inserate und das Sponsern von individuellen Seiten zu decken. Sie können zu dieser Kostendeckung beitragen, indem Sie im Jahrbuch inserieren.
>
> Das Schuljahrbuch bietet eine gute Gelegenheit, Ihre Firma/Ihr Produkt der Schulgemeinde vorzustellen oder in Erinnerung zu bringen. Dazu bieten wir Ihnen eine Anzeige im Buch an. Die Druckauflage ist XXXX. Die Leserzahl wird auf XXXX geschätzt. Preise für die verschiedenen Anzeigengrößen können Sie dem Bestellformular entnehmen.
>
> Einsendeschluss ist Montag,
der 12. Mai 08.
>
> Es wäre sehr erfreulich, wenn sich das Jahrbuch durch die Einnahmen von Anzeigen und durch Sponsoren finanzieren ließe!

(aus www.dsp.gp.school.za/rundschreiben/2006/Elb706d.pdf)

Als Variante gestalten manche Schulen die Schulbroschüre als Kalender.
Eine besondere Form des Jahrbuches stellt die Festschrift dar. Sie wird zu einem wichtigen Jubiläum oder einem speziellen Anlass veröffentlicht. Bei der Erstellung gelten die gleichen Aspekte wie beim Schuljahrbuch.

3.3.2 Schulhomepage

Nicht nur die Industrie, auch die Schule soll sich von ihrer besten Seite zeigen. Durch Auftritte im Internet gewinnt sie an Profil. Präsentation, Information und Kommunikation stehen dabei im Vordergrund. Die Homepage stellt die jeweilige Schule der Öffentlichkeit vor. Drei Bereiche, die oft ineinander übergehen, finden dabei Berücksichtigung:
- Interne Daten
- Örtliche Gegebenheiten
- Lern- und Zusatzangebote

Einer der wichtigsten Gesichtspunkte bei der Entwicklung einer Schulhomepage ist deren Akzeptanz durch die Schüler. Sie sollen bereits früh zur Mitgestaltung der Präsentation ihres Schullebens herangezogen werden und damit an Motivation und Selbstbewusstsein gewinnen. Durch Schilderung von Schulfesten, Ausflügen, Unterrichtsergebnissen und Foren, aber auch durch E-Mail-Kommunikation mit anderen Schulen werden Eigeninitiative und Verbundenheit

gefördert. Zudem verknüpfen die Homepages inhaltliches und soziales Lernen miteinander. Diese Art der Darstellung unterstützt die Möglichkeit einer „Corporate Identity" und verstärkt das „Wir-Gefühl" der Schulgemeinschaft.
Neben den traditionellen Präsentationsformen wie „Tag der offenen Tür" oder einer gedruckten Schülerzeitung gewinnt die Schulhomepage immer größere Bedeutung als Vermittlungs- und Verbindungsglied zwischen in- und externen Vorgängen. Sie dient zunehmend als Plattform für die breite Öffentlichkeitsarbeit und die Selbstdarstellung und veranschaulicht die Schulautonomie. Gleichzeitig erleichtert und ersetzt sie den oft umständlichen Weg nach außen und innen gerichteter Informationen: Lokale Medien sind für ihre Berichterstattung nicht mehr nur auf Pressemitteilungen der Schule angewiesen, Eltern werden frei Haus über Angebote und Planungen der Schule auf dem Laufenden gehalten. Intern gibt die Homepage der Schulgemeinschaft Auskunft über aktuelle Termine und Ansprechpartner.
Obwohl bereits an zahlreichen Schulen praktiziert, werden die Außen- und Auswirkungen der Schulhomepage oft nicht hoch genug eingeschätzt. Ihre Realisierung sollte deshalb von der gesamten Schulgemeinschaft getragen werden. Bereits die grundsätzliche Planung des Internetauftritts sollte unter der fürsorglichen Regie von Eltern, Schulleitung und Lehrern stehen. Einer der Schwerpunkte liegt dabei beim sinnvollen und zeitgemäßen Inhalt der Homepage mit Blick auf Texte, Bilder und damit verbundene rechtliche Aspekte. Zu einer besonderen Beachtung fordert auch das Layout als optisches Erscheinungsbild heraus, in dem sich die Schule sachlich, aber ebenso anreizend zeigt. Schließlich bedarf bereits vorab der technischen Umsetzung, wie Domainname, Webspace und Programmierung eines später störungsfreien Onlinedienstes.
Um die Aktualität von Daten zu gewährleisten, dürfen Korrektoren der Homepage-Daten nicht fehlen. Es empfiehlt sich, die dafür vorgesehenen Personen bereits vor Aufnahme des Betriebs festzulegen, wobei auch Eltern damit betraut werden können.
Die Kinder sind nicht nur Nutzer, sondern auch Anbieter. Es gehört zu den Aufgaben bereits vorhandener Kenner der Materie, den Kindern das Internet als spannende Angelegenheit nahe zu bringen und sie mit den Umgangsformen im Netz vertraut zu machen. Dieser Weg öffnet ihnen die Chance, ihre Mitteilungsmöglichkeiten über die Klasse hinaus auszudehnen und weiterzuentwickeln. Solche Projekte können sich erst nach dem Aufbau einer speziellen Schulhomepage entwickeln. Ihre Gestaltung und die zu erwartenden Reflexionen gehören wiederum zu den reizvollsten Aufgaben. Sie setzen ein bereits anspruchsvolles Know-how voraus.

Auch das Lehrerkollegium ist an dieser elektronischen Entwicklung beteiligt. Um sich auf der Internetplattform wohl zu fühlen und bei den Angeboten aktiv mitarbeiten zu können, ist die Teilnahme an einschlägigen Lehrerfortbildungen notwendig. Sie sind Voraussetzung für den Erfolg des schulischen Internet-Auftritts und der Homepage.

Diese Informationen müssen auf eine Schulhomepage

- Kontakt
- Impressum

Impressum:	...-Grundschule
Schulleitung:	Rin ...., Schulleiterin ...., stellvertretender Schulleiter Musterstraße 88 88888 Musterstadt Telefon: (0 12 34) 56 78 90 10 Telefax: (0 12 34) 56 78 90 99 E-Mail: sekretariat@grundschule.de
Schulträger (Diensteanbieter im Sinne des TDG/ MDStV):	Bezeichnung *(z. B. Kommune, Landkreis, Bundesland etc.)* vertreten durch: *(Bürgermeister, Landrat etc.)* Musterallee 1 – 10 99999 Mustergroßstadt Telefon: (0 12 35) 67 89 01 23 Telefax: (0 12 35) 67 89 01 24 E-Mail: sekretariat@landratsamt.de
Verantwortlicher für die Publikationen der Schule i. S. d. § 10 Abs. 3 MDStV:	Grundschule Musterstraße 88 88888 Musterstadt

Zwei sehr gelungene Beispiele für den Internet-Auftritt einer Schule:
Konrad Agahd Grundschule, Berlin
www.agahd.de

Grundschule an der Limesstraße, München
www.gs.limes.musin.de

Mögliche Schulhomepageseiten

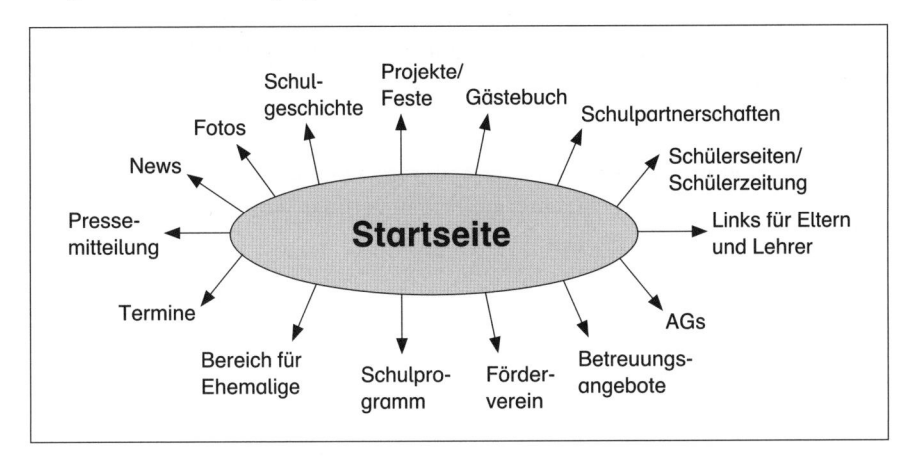

```
                Schul-      Projekte/
                geschichte  Feste    Gästebuch   Schulpartnerschaften
         Fotos
    News                                           Schülerseiten/
                                                   Schülerzeitung
Presse-
mitteilung              Startseite                Links für Eltern
                                                  und Lehrer

      Termine                                    AGs
           Bereich für   Schulpro-   Förder-   Betreuungs-
           Ehemalige     gramm       verein    angebote
```

Rechtliche Grundlagen

Veröffentlichung von Personenfotos und persönlichen Daten (z. B. Name, Postanschriften, E-Mail, Telefon, Noten, Gewohnheiten)
- Nur mit Einwilligung der Betroffenen:
  Lehrerfotos und -daten: Einwilligung der Lehrer
  Schülerfotos und -daten: Einwilligung aller Erziehungsberechtigten des Schülers
- Frei von einer Einwilligung sind:
  schulische Kontaktinformationen für Personen, welche die Schule nach außen vertreten
  anonymisierte Fotos, z. B. mit „Balken"
  Aufnahmen von Personen der Zeitgeschichte
  Bilder einer Veranstaltung und Objekt- oder Landschaftsaufnahmen, auf denen Personen nur als Beiwerk erscheinen

Urheberrechtlicher Schutz von Inhalten
Verwendung von Inhalten sind nur mit Einwilligung des Rechteinhabers gestattet
- Bilder
- Texte
- Musikstücke
- Datenbankabfragen
- Linklisten

Ausnahmen: gemeinfreie Werke wie
- Gesetzessammlungen
- Werke, deren urheberrechtliche Schutzfrist abgelaufen ist (70 Jahre nach dem Tod des Urhebers)

Illegale Inhalte

Beim Setzen eines Links auf Inhalte anderer Personen muss darauf geachtet werden, dass nicht auf rechtswidrige Inhalte verlinkt wird. Strafrechtlich verbotene Inhalte sind beispielsweise
- Ehrverletzungen
- pornographische Inhalte
- extremistische Inhalte
- Gewaltdarstellungen

Fragenkatalog für Evaluationsbögen

Organisation
- Wo wird der Webspace beantragt?
- Mit welchem Domainnamen wird die Homepage angemeldet?
- Ist die Internetadresse so gewählt, dass man sie sich gut merken kann?
- Welches Programm wird zur Erstellung der Homepage benutzt?
- Sind die Einverständniserklärungen eingeholt worden?
- Von wem der am Schulleben Beteiligten wird die Seite gepflegt?

Technik
- Wie lange brauchen die Seiten, bis sie geladen sind?
- Gibt es Fehlermeldungen beim Laden der Seite?
- Ist die Seite mit verschiedenen Browsern lesbar?
- Funktionieren die Links?
- Komme ich von jeder Seite auf die Startseite zurück?

Layout
- Ist die Gestaltung übersichtlich oder überfrachtet?
- Ist die Anordnung von Text und Bild ausgewogen?
- Ist die Navigation einfach und schlüssig?
- Sind die Texte auf dem Monitor einfach zu lesen (evtl. Vergrößerungsfunktion)?
- Enthalten die Seiten das Schullogo?
- Sind die Seiten optisch ansprechend gestaltet?
- Sind Farbe und Größe von Bildern oder anderen grafischen Elementen gut gewählt?
- Hat die Seite ein einheitliches Farb- und Schriftenkonzept?

Gehalt
- Sind die wichtigen Informationen in geeigneter Form vorhanden?
- Sind die Informationen aktuell?
- Macht die Startseite neugierig auf den Inhalt der weiteren Seiten?
- Wird die Homepage ihrer Aufgabe gerecht?
- Gibt es die Möglichkeit, einen Newsletter zu beziehen?

3.3.3 Schülerzeitung

Medien machen neugierig und Neugierde wiederum fördert die interpersonale Bildung. In Schülerzeitungen berichten die Kinder über aktuelle Vorkommnisse aus dem Schulleben, eigene, interessante Themen und besondere Begebenheiten. Sie planen, recherchieren, verfassen und überarbeiten – so weit es geht – in eigener Regie anstehende Themen und legen sie in „ihrer" Zeitung dar. Auf diese Weise erkennen sie wesentliche Aspekte des Aufbaus guter Nachrichtenblätter:
- umfassende Themen aus der Umwelt
- interessant geschriebene Texte
- ansprechende Bilder
- kreatives Layout

Bei der Vorbereitung und Produktion von Druckschriften werden die Kinder gleichzeitig an das Medium Computer herangeführt.
Die Veröffentlichung der Beiträge der Schüler fördert ihr Selbstbewusstsein, ihre Schreiblust und gibt ihrer Arbeit zusätzlichen Sinn. Dadurch begünstigen Zeitungsprojekte diverse Aspekte der verschiedenen Lernbereiche des Deutschunterrichts. Über seinen Ansporn zur Kreativität hinaus eröffnet und ebnet das Blatt den Weg zu produktiver Teamarbeit und anderen zwischenmenschlichen Kontakten.
Die Produktion einer eigenen Zeitung fördert Teamarbeit und eigenverantwortliches Handeln und somit auch die sozialen Kompetenzen der Kinder und ihre Selbstständigkeit. Klassenzeitungen können schon in der Grundschule erfolgreich herausgegeben werden. Die technische Ausrüstung für das Projekt spielt dabei eine untergeordnete Rolle – eingesetzt wird, was vorhanden ist.

Mach mit – beim Jugendprojekt der Süddeutschen Zeitung. Damit machst du Schule und Zeitung. Mit Deutschlands großer Tageszeitung.
Wie du selbst journalistisch tätig werden kannst und damit deine Medienkompetenz steigerst, erfährst du unter **www.schule-und-zeitung.de**. Einfach reinklicken und dich mit deiner Klasse anmelden. Wir stellen euch 6 Wochen lang die Süddeutsche Zeitung kostenlos zur Verfügung.

Die Erscheinungsweise variiert von Schule zu Schule. Viele Zeitungen finanzieren sich durch Werbung und Sponsoren. Manchmal werden sie gegen ein geringes Entgelt oder eine freiwillige Spende verkauft.

Eine besondere Form der Schülerzeitung stellt die Klassenzeitung dar. Sie wird am Ende des Schuljahres, häufig im vierten Schuljahr, herausgegeben und wendet sich an die Kinder und Eltern dieser Klasse.

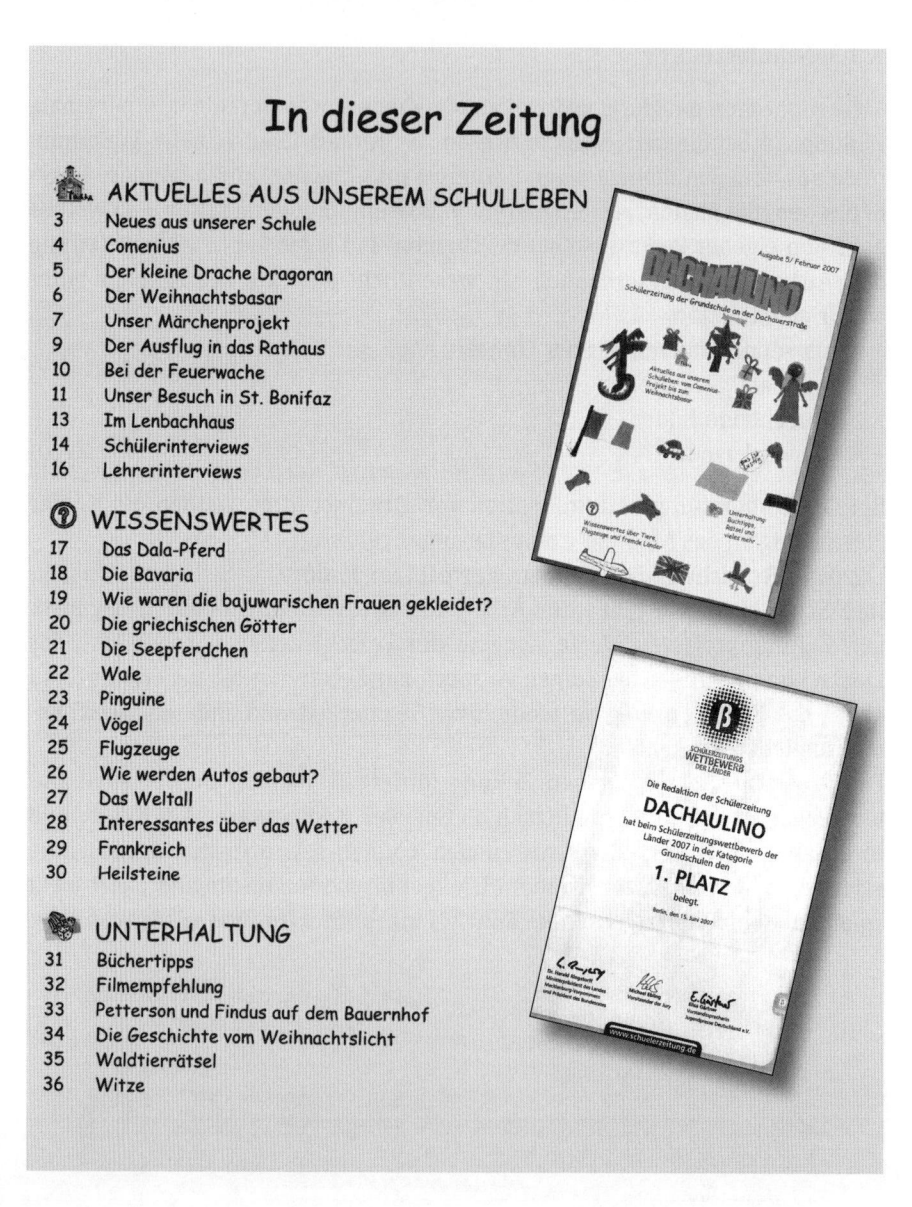

In dieser Zeitung

AKTUELLES AUS UNSEREM SCHULLEBEN
- 3 Neues aus unserer Schule
- 4 Comenius
- 5 Der kleine Drache Dragoran
- 6 Der Weihnachtsbasar
- 7 Unser Märchenprojekt
- 9 Der Ausflug in das Rathaus
- 10 Bei der Feuerwache
- 11 Unser Besuch in St. Bonifaz
- 13 Im Lenbachhaus
- 14 Schülerinterviews
- 16 Lehrerinterviews

WISSENSWERTES
- 17 Das Dala-Pferd
- 18 Die Bavaria
- 19 Wie waren die bajuwarischen Frauen gekleidet?
- 20 Die griechischen Götter
- 21 Die Seepferdchen
- 22 Wale
- 23 Pinguine
- 24 Vögel
- 25 Flugzeuge
- 26 Wie werden Autos gebaut?
- 27 Das Weltall
- 28 Interessantes über das Wetter
- 29 Frankreich
- 30 Heilsteine

UNTERHALTUNG
- 31 Büchertipps
- 32 Filmempfehlung
- 33 Petterson und Findus auf dem Bauernhof
- 34 Die Geschichte vom Weihnachtslicht
- 35 Waldtierrätsel
- 36 Witze

Lernziele

Die Kinder sollen
- das Design ihrer Zeitung selbst gestalten und dabei eigene Vorstellungen kreativ umsetzen.
- Einzelbeiträge in Word, Paint oder anderen Programmen erstellen und gemeinsam alle Arbeiten zu einem Gesamtwerk zusammenfügen.
- freie Texte verfassen und kreativ schreiben.
- die Notwendigkeit regelgerechter Schreibung erkennen.
- zu unternehmerischem Denken angeregt werden.
- selbstständig in Einzel- oder Partnerarbeit Beiträge für die Zeitung verfassen und gemeinsam überarbeiten.
- das Internet als Rechercheinstrument kennen und gebrauchen lernen.
- eigene Fertigkeiten und Kenntnisse erkennen und diese produktiv in die gemeinsame Arbeit einbringen.
- mit dem Computer Werbeplakate und Zeitungsseiten gestalten.
- eigenverantwortlich Teilaufgaben des Projektes übernehmen.

Schülerredaktion

Für die Redaktion können sich die interessierten Kinder freiwillig melden. Die Arbeit erfolgt meist im Rahmen einer Arbeitsgruppe.

Unser Schülerzeitungsteam stellt sich vor:

Hallo!
Ich heiße Sarah Giller und gehe in die 3a. Ich bin 8 Jahre alt.
Meine Hobbys sind basteln, lesen und Einrad fahren.
Meine Lieblingstiere sind Hunde und Pferde. Evi ist meine beste Freundin.
Meine Lieblingsfächer sind: Sport, Englisch, Kunst und Musik.
Mathe mag ich auch.

Hallo!
Ich heiße Jonas Pfälzer. Wie Sarah und Evi gehe ich in die 3a und ich bin 9 Jahre alt.
Hobbys: lesen, schnitzen, fechten. Lieblingsfächer: Mathe, Englisch, Kunst.
Lieblingstiere: Mein Hase Rabbit.

Hallihallo!
Mein Name ist Eva-Maria Scherben und ich bin in der 3a. Aber alle nennen mich Evi. Ich bin 9 Jahre alt. Meine Hobbys sind schwimmen, malen und basteln. Meine Lieblingstiere sind Hund, Hamster und Pferd. Sarah ist meine beste Freundin. Handarbeit, Kunst, schwimmen und Englisch sind meine Lieblingsfächer.

Mögliche Arbeitsgruppen
1. Chefredakteur: Der Chefredakteur ist der Lehrer. Er hilft den einzelnen Gruppen und behält den Überblick.
2. Die Textschreiber: Die Redakteure beschäftigen sich mit verschiedenen Themen, führen dazu Interviews und schreiben schließlich darüber ihre Artikel.
3. Die Zeichner: Die Zeichner gestalten die Zeitung optisch. Wichtig dabei ist die Anordnung von Bildern und die Platzaufteilung.
4. Die Rechtschreibgruppe: Die Rechtschreibgruppe verbessert mit Hilfe von Lexika und Computerprogrammen rechtschreibliche und grammatikalische Fehler.
5. Die Drucker: Die Druckergruppe schreibt die verbesserten Texte auf dem Computer oder handschriftlich ab. Auch die Vervielfältigung liegt in Zusammenarbeit mit dem Lehrer in der Hand dieser Gruppe.

Ablauf
1. Zielgruppen bestimmen
   - für alle Kinder der Schule
   - für die Lehrer der Schule
   - für die Eltern
   - für die Menschen des Schulviertels
   - für die Leute des Wohnorts

2. Zeitungsinhalte bestimmen
   - Schulnachrichten
   - Nachrichten aus dem Stadtteil
   - Anregungen und Wünsche
   - Veranstaltungshinweise (Freizeit-, Urlaubs- und Fernsehtipps)
   - Umweltschutz
   - Mein Lieblingstier
   - Feste, Feiern, Bräuche im Jahresablauf
   - Feste, Feiern, Bräuche in verschiedenen Ländern
   - Berühmte Persönlichkeiten
   - Spiele für drinnen und draußen
   - Rezepte
   - Bastelanleitungen
   - (selbst erfundene) Witze
   - (selbst geschriebene) Geschichten
   - (selbst geschriebene) Gedichte
   - Berichte von Ausflügen, Klassenfahrten, Festen, Projekten, Theaterbesuchen ...
   - Bilder und Fotos
   - Leserbriefe
   - Klassenhitparade
   - Steckbriefe

- Beschlüsse des Schulforums
- Bücher- und Filmtipps/Film- und Buchkritiken
- in-/out-Liste
- Surf-Tipps
- Rätselseite (Kreuzworträtsel, Sportquiz, Knobelaufgaben etc.)
- Interviews (mit dem Hausmeister, Lehrern, dem Rektor etc.)
- Werbung

3. Praktische Arbeit
   - Titel und Zeitungssymbol festlegen
   - Technik abklären (technische Einrichtungen in der Schule und bei den Schülern zu Hause)
   - Größe der Zeitung bestimmen
   - Umfang der Zeitung bestimmen
   - Kosten der Zeitung/Auflagenhöhe festlegen
   - Zuteilung von Ressorts
   - Zeitlichen Ablauf festlegen
   - Technische Einführung in die Textverarbeitung
   - Recherche betreiben
   - Texte entwerfen und überarbeiten
   - Texte gestalten
   - Bilder, Fotos und Skizzen einfügen
   - Drucken bzw. Kopieren

Tipps aus der Praxis an die Redaktion

→ Eure Klassenzeitung sollte einen überschaubaren Rahmen, also nicht zu viele Seiten, haben.
→ Schreibt kurze Sätze.
→ Fügt Bilder ein, die den Text verständlicher machen.
→ Lest eure Beiträge auch anderen Redakteuren vor. Besprecht euch mit ihnen und löst schwierige Probleme mit ihnen gemeinsam.
→ Stimmt das Verhältnis von Bild und Text gut ab.
→ Fotos, Bilder und Skizzen sollen immer eine Bildunterschrift tragen.
→ Die abgebildeten Personen werden dabei stets namentlich erwähnt.
→ Die Schrift muss gut lesbar sein.
→ Informationen bekommt ihr in der Bücherei, im Internet und durch die Befragung verschiedener Leute.
→ Zeitungsgröße: Kopiert zwei DIN A4-Seiten auf ein DIN A3 Blatt und faltet die Seite anschließend.

Friedlich Miteinander Lernen
Stärken · Schwächen · Anderssein

4. Sozialer Bereich

4.1 Soziales Lernen in der Schule

Unsere Gesellschaft ist eine Leistungsgesellschaft. Als Hauptaufgabe der Schule werden oft noch die Wissensvermittlung, die Erteilung von Berechtigungen und die Vorbereitung auf den Beruf gesehen. Genauso wichtig und vom Unterricht nicht zu trennen ist die Erziehung.
Die Schule muss dem Kind Hilfen zur allseitigen persönlichen Entfaltung und zur Selbstverwirklichung geben. Neben der Individualisierung hat aber auch das gemeinsame Lernen große Bedeutung. Die Kinder erfahren, dass Miteinander- und Voneinanderlernen bereichernd sein kann.
Für das tägliche Miteinander müssen Formen des Umgangs gemeinsam erarbeitet und erprobt werden *(siehe Kapitel 2.1 Rituale)*. Die Kinder sollen einsehen, dass es gilt, Kompromisse zu finden und notwendige Einschränkungen zu akzeptieren, wenn die Rechte anderer berührt werden. Sie erkennen, dass jeder auf den anderen angewiesen ist und von der Gemeinschaft profitiert. Dann sind sie auch bereit, ihren eigenen Beitrag zu einem befriedigenden Zusammenleben zu leisten.

> *Schön, dass mir die Kinder etwas Gutes gesagt haben – Lukas*
>
> Soziales Lernen ist wichtig, denn wir lernen andere zu respektieren und uns gut zu behandeln. – Cleo
>
> *Ich konnte meine Gefühle zeigen. – Denis*

Gerade beim Schulleben werden soziale Lernprozesse initiiert und unverzichtbare Werte des Zusammenlebens erfahrbar gemacht. Soziale Kompetenz wird nämlich nicht gefördert, indem man mit den Schülern über das mitmenschliche Zusammenleben redet, sondern dieses praktiziert. Die Ergebnisse der modernen Hirnforschung zeigen, dass sich nur durch eigenes soziales Handeln soziale Einstellungen verfestigen. Sie müssen wie Fertigkeiten trainiert werden. Das Schulleben bietet dazu viele Möglichkeiten.
Bei den Patenschaften *(siehe Kapitel 4.1.1)* entwickeln die Kinder Verantwortlichkeit für den anderen und Bereitschaft zur Hilfeleistung. Sie werden

für die Probleme anderer sensibilisiert und eher bereit, eigene Bedürfnisse zurückzustellen.

Die Kinder erleben täglich, dass es Konflikte und unterschiedliche Standpunkte gibt, mit denen man sich auseinandersetzen muss. Das Streitschlichtermodell *(siehe Kapitel 4.1.2)* fördert die Fähigkeit, Toleranz zu üben und Konflikte friedlich zu lösen oder auszuhalten. Durch die Anwendung sozialer Verhaltensweisen werden die Kinder auf ein Leben als Staatsbürger in einer demokratischen Gesellschaft vorbereitet.

Neues aus der Schule: Der Erste-Hilfe-Kurs

Im Rahmen der Projektwoche „Unser Körper" nahmen die Klassen 3 a und b an einem Erste-Hilfe-Kurs teil …

Die Schulsanitäter brauchen dringend Verstärkung!

In diesem Jahr verlassen viele Schulsanitäter unsere Schule. Deshalb brauchen wir Leute wie dich:

Bist du medizinisch interessiert und hast Lust, im Team zu arbeiten? Bist du verlässlich? Stehst du anderen auch in der Pause bei? Dann komm zu uns: den Schulsanitätern! Zeig dein Interesse. Sprich uns an. Wir freuen uns auf dich.

4.1.1 Patenschaften

Nina, 6 Jahre alt, ist mit Janni, 10 Jahre alt, im Pausenhof unterwegs. Es herrscht Eiseskälte. Also passt Janni auf, dass Ninas Jacke ordentlich geschlossen ist und hilft ihr mit dem widerspenstigen Reißverschluss. Dass die „Große" so fürsorglich mit der „Kleinen" umgeht, liegt am Patenschaftsprojekt an der Schule. Es ist ein ganz einfaches Instrument, aber eine Bereicherung für beide Seiten: Die Großen schulen ihre soziale Kompetenz, und die Kleinen bekommen Sicherheit.

Die Erstklässler kommen sich zu Beginn des Schuljahres noch ein wenig verloren vor, kennen die Örtlichkeiten der Schule nicht oder brauchen einen Spielpartner auf dem Schulhof. Pausen bringen ihnen manchmal nicht nur Spaß, sondern bergen auch Konfliktpotential. Jede Menge neue Herausforderungen, die es zu bewältigen gilt.

Um den Erstklässlern den Einstieg in das Schulleben zu erleichtern, stehen ihnen ältere Kinder, oft Dritt- und Viertklässler, zur Seite. So haben sie Ansprechpartner bei Problemen und erhalten Tipps für den Schulalltag. Die Paten übernehmen Verantwortung für jüngere und bekommen die Möglichkeit zu besonderem Engagement. Sie können durch eine Schulung auf ihre Aufgabe vorbereitet werden. Letztendlich lernen die Kinder, Beziehungen zu Mitmenschen aufzunehmen und zu pflegen, Erfahrungen auszutauschen und weiterzugeben. Auf diese Weise gibt die Schule den Kindern Gelegenheit, Verantwortung zu übernehmen. Der Grundgedanke dabei ist also, dass ältere Schüler den jüngeren bei der Orientierung in der Institution Schule, bei einzelnen Lernaufgaben oder beim altersgemischten Lernen als prinzipielle Daueraufgabe helfen. Ziel dieser Patenschaften ist es, den „Neulingen" erfahrene Mitschüler als Paten zuzuordnen, die ihnen mit Rat und Tat zur Seite stehen. Dadurch entsteht ein enger Kontakt zwischen jüngeren und älteren. Dies trägt zu einem besseren Verständnis untereinander bei und das Lernen fällt leichter. Es führt zu einem guten Schulklima und hilft Konflikte angemessen und gewaltfrei zu lösen.

Eine Patenschaft mit jüngeren Kindern ist ein Weg zur Entwicklung des Schullebens. Dabei wird das Prinzip, dass Kinder lieber von anderen Kindern Erklärungen oder Anweisungen annehmen, pädagogisch genutzt. Die Dienste der Paten kommen im Bus, vor Schulbeginn, in den Klassenzimmern, beim Basteln, Malen, Lesen und vielem mehr zum Einsatz. Anregungen und Ratschläge werden gegeben und wenn es Probleme gibt, sprechen die Großen erst mit ihren Zöglingen und bei Bedarf auch mit den Klassenlehrern. Die Vorbereitung auf die Verantwortung, die so eine Patenschaft nach sich zieht, beginnt schon am Ende des vorhergehenden Schuljahres. Die Schüler und Schülerinnen erarbeiten gemeinsam mit dem Lehrer die Aufgaben und damit auch die verbundenen Pflichten einer Patenschaft. Die älteren Kinder nehmen mit ihrem Engagement und ihrem Verhalten eine Modellfunktion für die Kinder der ersten Klasse ein und prägen so das weitere Verhalten der Schulanfänger über Jahre hinaus positiv. Dabei soll den Schulanfängern der Start in das Schulleben und ihre Integration in die Schule mit Hilfe eines Helfersystems erleichtert werden. Dritt- bzw. Viertklässler unterstützen die schulische Sozialisation der Schulanfänger. Sie werden sensibel für die Probleme von Schulanfängern. Die Empathiefähigkeit wird gefördert und die Vorbildfunktion durch Übernahme von Verantwortung bewusst gemacht. Die Schulneulinge sollen durch erfahrene Schüler Hilfen für den Anfang bekommen, Verantwortung übernehmen, dabei etwas lernen und anderen helfen. Dies sind ein paar Gründe dafür, warum sich Patenschaftsprojekte in den letzten Jahren sehr verbreitet haben. Mögliche Tätigkeiten von Patenschaftspaaren sind beispielsweise:

- Die älteren Schüler schreiben ihren neuen Schützlingen zum Schulanfang einen netten Brief, den die Kleinen noch vor Schulbeginn erhalten

> Lieber Maximilian,
>
> nur noch wenige Wochen und Deine Schule beginnt. Vielleicht hast Du sie Dir schon angesehen? Bestimmt findest Du schnell eine nette Freundin oder einen Freund in Deiner Klasse. Dort wirst Du Lesen, Schreiben und Rechnen lernen. Aber in der Schule bleibt Euch auch Zeit zum Singen, Malen und Spielen. Ich freue mich auf Dich und den Schulanfang. Hoffentlich freust Du Dich auch.
>
> Bis bald Dein Johannes

- Die zukünftigen Paten organisieren und gestalten noch in ihrem dritten Schuljahr die Einschulungsfeier. Am ersten Schultag können sie:
    Muffins mit einem Symbol für den ersten Schultag oder die erste Klasse darauf backen und verteilen
    eine Sonnenblume an jedes neue Kind verteilen (vielleicht mit einem Foto des Patenkindes auf der Blüte klebend).
    Lieder vorsingen
    einen Sketch vorführen
    ein Gedicht vortragen
    die Erstklässler ins neue Klassenzimmer geleiten
    selbst gebastelte Schultüten verteilen

- Die Großen holen die Schulanfänger in den ersten Tagen vor der Pause ab und führen sie nach und nach in die Pausenregelungen ein
- Die Viertklässler basteln ihren kleinen Freunden einen Patenschaftsausweis
- Beide tragen einen gemeinsam symbolisch gestalteten Patenschaftsbutton.
- Gegebenenfalls begleiten sie sich auf dem Schulweg
- Benutzen eines gemeinsamen Patenschaftsheftes, in das gemeinsame Lernaufgaben, aber auch kurze Mitteilungen und gegenseitig gewidmete Bilder eingetragen werden
- Patenschaftsklassen heften Bilder und Texte zur Dokumentation der Klassenpatenschaft an eine öffentlich sichtbaren Patenschaftswand
- Die Großen zeigen den Kleinen Pausenspiele
- Gemeinsames Verbringen der Pause
- Gemeinsames Belegen von gesunden Pausenbroten

- Vorbereitung und Durchführung von klassenübergreifenden Festen
    Weihnachtliches Singen bzw. Basteln
    Ostereierverstecken bzw. -suchen
    Halloweenparty
    Kinderdisco
    Buchstabenfest
- Die Großen lesen den Kleinen vor
- Gemeinsame Rallye durch das Schulgebäude
- Beide Klassen unternehmen gemeinsame Ausflüge
- Hilfe beim Anziehen umfangreicher Schlechtwetterkleidung
- Unterstützung bei Stationentraining und Wochenplanarbeit
- Gemeinsames Schlittenfahren

- Die Dritt- bzw. Viertklässler halten Referate vor den Kleinen
- Gemeinsame Vorbereitung und Durchführung von Projekten, zum Beispiel zum Thema „Wasser"
- Steckbriefe unserer Patenkinder
- Gemeinsames Basteln von Freiarbeitsmaterialien

- Die Viertklässler betreuen ihre Patenkinder im Computerraum
- Gemeinsames Betrachten und Beurteilen eines Märchenfilmes
- Gemeinsam Gesellschaftsspiele durchführen
- Die Patenpaare stellen sich gegenseitig auf der Schulhomepage vor
- Gemeinsames Einstudieren von Liedern und Tänzen
- Die Erstklässler singen ihren Paten am Ende der 4. Klasse ein Abschiedslied vor
- Die Erstklässler schreiben den Kindern aus der 4. Klasse Abschiedsbriefe zur Entlassung aus der Grundschule
- Gemeinsamer Schuljahresausklang

Wenn zwei sich streiten, schlichtet der Dritte!

4.1.2 Streitschlichter

Auch in Schulklassen bleiben Streitigkeiten nicht aus und beeinträchtigen immer wieder den Alltag. Dies wirkt sich besonders nachteilig aus, wenn sich die an solchen Auseinandersetzungen Beteiligten hilflos gegenüberstehen. Ohne sinnvolle Lösungsstrategien arten zunächst harmlos wirkende Meinungsdifferenzen oft in Angst und Gewalt aus. Zur Lösung solcher Unstimmigkeiten nehmen Streitschlichter eine bedeutsame Rolle ein. Ihre Aufgabe ist es, zwischen den „Kontrahenten" hilfreich zu vermitteln. Damit öffnet sich den zerstritte-

> Hallo, ich bin Alexander und gehe in die 4. Klasse.
> Meine Hobbys: Fußballspielen, Trommeln und Schnitzen. Ich bin Streitschlichter, weil ich glaube, dass Kinder ihre Konflikte selber lösen können. Wir brauchen dazu nicht die Hilfe von Erwachsenen.

nen Parteien der Weg, selbst eine gemeinsame Lösung des Konflikts zu finden. Darüber hinaus soll die Streitschlichtung das Ziel näher rücken, schon beim Auftauchen von Problemen eine gewaltfreie, konstruktive und überzeugende Kommunikation herzustellen, getragen von gegenseitigem Verstehen.

Im Falle der Erfolglosigkeit des Versuchs einer direkten Einigung übernimmt der Schlichter als Mediator die Gesprächsleitung. Schüler in dieser Rolle haben vorher die Grundsätze und Verfahren der Mediation in Projekten oder Schulungen erlernt. Partner- und Gruppenarbeit sowie Rollenspiele prägen bei dieser Ausbildung zum Streitschlichter die praktizierten Sozial- und Übungsformen.

Inhalte der Streitschlichterausbildung:
- Wahrnehmung von Gefühlen und nonverbaler Kommunikation (Mimik, Gestik, Haltung)
- Konfliktanalyse
- Einfühlungsvermögen, Toleranz und Vorurteilsabbau
- Durchsetzungsvermögen und Selbstbehauptung
- Gesprächsführung
- Aktives, reflektierendes Zuhören, Formulierung von Ich-Botschaften
- Ablauf einer Streitschlichtung
- Lösungsprozesse initiieren

Streitschlichter fördern ein friedliches Schulklima

Bereits bei Grundschülern ab der dritten Klasse ist die kognitive Entwicklung so weit fortgeschritten, dass die Kinder ihre Funktion als Streitschlichter ausüben können. Dabei ist es möglich, schon in der Eingangshalle ein informatives Plakat mit Foto, Namen und Klassenzugehörigkeit aller Schlichter zu hängen. Um sie auch bei Querelen in der Pause jederzeit zu erkennen, können die Streitschlichter eine Schärpe oder andere Merkmale tragen.

Der Ablauf des Schlichtungsprozesses in der Grundschule ist überschaubar und trägt häufig einen ritualisierten Charakter. Der von den Beteiligten und eventuellen Zeugen kurz beschriebene Konflikt und seine Auswirkungen lässt meistens nur eine begrenzte Zahl von Lösungsmöglichkeiten zu. Im Prinzip leistet der Streitschlichter den Betroffenen Hilfe, sich zu beruhigen, sich mitzuteilen, sich verstanden zu fühlen und eine Streitkultur zu entwickeln. Ort und Platz für intensivere Gespräche kann eine Friedensecke des Klassenraumes oder ein spezieller Schlichtungsraum sein. Für die Streitschlichtung während der Pause bietet sich ein besonderer Bereich des Schulhofes an. An einigen Schulen steht ein eigenes „Friedenshäuschen" für diese Gespräche zur Verfügung. Manchmal kommen sogenannte Friedenstreppen zum Einsatz. Diese symbolisieren konkret Stufe für Stufe die einzelnen Schritte des Streitschlichtergespräches. Im Idealfall treffen sich die beiden Kontrahenten auf der obersten Stufe zur Versöhnung. Die Mediation vermittelt den Kindern Schutz, Hilfe und damit mehr Sicherheit. Voraussetzung für eine effiziente Schlichtung ist ein gemeinsames Interesse und eine freiwillige Teilnahme beider Parteien an der einsichtigen und toleranten Beilegung von Streitigkeiten. In vielen Fällen gewinnen sich die Kontrahenten gegenseitig sogar positive Seiten ab. Solche Erfahrungen erleichtern es ihnen, mit Konflikten außerhalb der Schule und im späteren Leben umzugehen.

> Hallo,
> ich bin 9 Jahre alt und gehe in die Klasse 4c. Meine Hobbys sind Reiten und Tischtennis spielen. Streitschlichter bin ich geworden, weil es mich interessiert hat und weil ich Streit doof finde. Wenn ihr Streit habt, könnt ihr gerne zu mir kommen.
> Eure Lena

> Ich bin Streitschlichterin geworden, damit ich selbst ruhiger werde und damit wir Kinder unseren Streit ohne Erwachsene selbst lösen können.

Für einen erfolgreichen Ablauf der Schlichtung empfiehlt es sich, die folgenden Regeln des Gesprächs einzuhalten:

Ablauf eines Streitschlichtungsgesprächs

Einleitung
1. Vorstellung
   Der Streitschlichter stellt sich vor und erkundigt sich nach den Namen der Konfliktpartner.
2. Grundsätze
   Das Gespräch wird unparteiisch und vertraulich geführt. Der Schlichter muss deutlich machen, dass er für die Strukturierung der Konfliktverhandlung verantwortlich ist, nicht aber für die inhaltliche Lösung.
3. Gesprächsregeln
   Der Schlichter erklärt, dass der eine den anderen beim Sprechen nicht unterbrechen und ihn nicht beleidigen oder angreifen darf.
4. Bestätigung
   Die Schüler bestätigen, dass sie die Regeln verstanden haben und sie befolgen werden.

Bei der Schulung der zukünftigen Streitschlichter kann folgender Text als Hilfestellung dienen:

> Hallo,
>
> ich heiße ... und bin in der Klasse ... .
>
> Wir sind hier, um über euren Streit zu sprechen und eine Lösung zu finden. Wir wollen gemeinsam überlegen, wie ihr einen neuen Streit vermeiden könnt.
>
> Wichtig: Die Schlichtung ist freiwillig und vertraulich. Als Schlichter bin ich unparteiisch. Ich möchte nur helfen, über euren Streit zu sprechen.
>
> Regeln:
> – jeder kommt dran und darf erzählen, was er erlebt hat
> – immer den anderen ausreden lassen
> – es wird niemand beschuldigt oder verurteilt
> – es darf niemand beschimpft oder geschlagen werden
> – jeder versucht, Lösungsvorschläge zu machen
>
> Habt ihr die Regeln verstanden und wollt ihr sie einhalten? Gibt es Fragen?

Klärungen

Problemdefinition
Die Konfliktparteien haben nun die Gelegenheit, ihre Sichtweise des Konflikts nacheinander ausführlich darzustellen. Gefühle und Motive werden gegebenenfalls vom Mediator erfragt. Welche der beiden Parteien beginnt, bestimmt der Mediator.

Zusammenfassung
Der Streitschlichter fasst noch einmal die unterschiedlichen Sichtweisen zusammen, dabei wird nach Übereinstimmung zwischen beiden gesucht.

vorher   nachher

Lösungen

Kritik
Die Streitenden bekommen nun die Möglichkeit zu erklären, was sie am Verhalten des anderen gestört hat. Durch die positive Formulierung wird eine konstruktive Atmosphäre gewahrt.

Lösungsmöglichkeiten überlegen
Es geht um zwei Hauptfragen: „Was bin ich bereit zu tun?" und „Was erwarte ich vom anderen?" Die Lösungsvorschläge werden gemeinsam bewertet und die Kinder werden gefragt, ob sie die Wünsche des jeweils anderen nachvollziehen können, bzw. ob sie diese in Zukunft akzeptieren werden.
Die zwei häufigsten Lösungsmöglichkeiten:

   a. Die Konfliktpartner finden gemeinsam und mit Hilfe des Streitschlichters eine Lösung. Diese wird festgehalten.
   b. Es gibt keinen gemeinsamen Kompromiss. Die Konfliktpartner vereinbaren, sich in Zukunft aus dem Weg zu gehen.

Vertrag
Die Lösungen eines Streites können entweder mündlich vereinbart oder noch besser schriftlich in einem Vertrag festgehalten werden. Beide Seiten müssen sie akzeptieren. Gegebenenfalls wird festgehalten, was passiert, wenn eine Partei ihre Pflichten aus dem Vertrag nicht erfüllt.

Termin
Oft wird noch ein Folgetermin vereinbart, um zu überprüfen, ob die Lösung Bestand hat.

Abschluss

Verabschieden
Vielleicht bietet sich noch ein Rückblick an, wie die Konfliktpartner das Schlichtungsgespräch erlebt haben und wie sie jetzt im Augenblick die weitere Beziehung sehen. Anschließend verabschieden sich die Gesprächspartner.

© Oldenbourg Schulbuchverlag GmbH, PRAXIS Bibliothek 256, Schulleben und Schulkultur

4.2 Soziale Projekte in der Gemeinde

Zu den Merkmalen sozialer Kompetenz gehört auch Toleranz gegenüber dem Anders-Sein und Anders-Denken. Die Achtung vor dem Anderen fällt den Schülern leichter, wenn sie die Andersartigkeit und Verschiedenheit als Gewinn und Bereicherung erleben.
Wie in allen Bereichen des Schullebens ist es auch hier notwendig, Antennen zu entwickeln und Fragen zu stellen.
Wie ist in unserer Gemeinde die Situation
- der alten Menschen
- der behinderten Menschen
- der Menschen mit Migrationshintergrund
- der armen Menschen?

Wo und auf welche Weise können wir helfen?

1. Alte Menschen

Regelmäßige Besuche
Gibt es im Ort Alten- oder Pflegeheime, so können regelmäßige Besuche vereinbart und zur Tradition werden.
- Frühlingssingen im Altenheim
- Kindertag im Seniorenheim
- Sommerkonzert im Pflegeheim
- Miteinander von Alt und Jung
- Adventsingen im Seniorenheim

Schulkinder im Seniorenheim

Alt und Jung gemeinsam aktiv
- *Großelternfest:* Großeltern, Bewohner des Altenheimes und Kinder sagen Gedichte auf, singen Lieder und feiern im Klassenzimmer.
- *Jung und Alt spielen Theater:* Die Kinder der Theater AG der Grundschule und der Theatergruppe des Altenzentrums erarbeiten gemeinsam das Stück „Aschenputtel" und führen es bei verschiedenen Gelegenheiten auf.
- *Spielnachmittag:* Kinder und alte Menschen stellen sich gegenseitig alte und neue Spiele vor und spielen gemeinsam.
- *Zeitzeugen:* Alte Menschen erzählen von ihrer Jugend im Dritten Reich und von der Nachkriegszeit. Sie wirken mit bei Themen wie Schule – früher und heute, Berufe und ihre Entwicklung.

Projekttitel:	„Alt und jung spielen Theater" – Theaterworkshop für jung und alt – Eine Veranstaltung im Rahmen des Internationalen Jahres für Senioren.
Zielgruppe:	Senioren und Kinder des Stadtteils, die gerne Theater spielen
Projektablauf:	7 Proben à drei Stunden an vier Wochenenden im Juni/Juli öffentliche Auftritte (vorerst geplant): Pfarrei – Fronleichnam – Grundschule

2. Leben und Lernen mit Behinderten

Das Ziel ist die gesellschaftliche Integration von Menschen mit Behinderungen. Dafür sollen die Kinder im gemeinsamen Lernen und wechselseitigen Miteinanderumgehen sensibilisiert werden. Nur durch die echte Begegnung von Schülern mit und ohne Förderbedarf kann sich Toleranz entwickeln und richtiges Handeln gelernt werden. Vor dem ersten Treffen ist es manchmal angebracht, behutsam auf die Art der Behinderung einzugehen und zu besprechen, welche Auswirkungen sie auf das Verhalten hat. Hier können Filme über die Behinderung oder die spezielle Schule im Vorfeld wichtige Dienste leisten.
Für diese Zusammenarbeit zwischen Förderschulen und allgemeinen Schulen liefert das Schulleben eine Fülle von Möglichkeiten.
- Nahezu alle Feste im Jahresverlauf können gemeinsam gefeiert werden. Ein regelmäßiger Wechsel der Veranstaltungsorte erwies sich als günstig.
- Viele Themen und Projekte können zusammen bearbeitet werden.
- Gemeinsame Wanderungen und Schullandheimaufenthalte bieten besonders intensive Möglichkeiten des Kennen- und Verstehenlernens.

Beispiel für gemeinsame Veranstaltungen:

„Das Mädchen im Kürbis" – Theaterprojekt überwindet Grenzen
Mitwirkende
- Theatergruppe des Blindeninstituts
- Klasse 2 c einer Grundschule
- Chor und Musikgruppe des Blindeninstituts

Theaterspiel hilft blinden und sehbehinderten Menschen, durch spielerische Erweiterung eigener sprachlicher und körperlicher Ausdrucksformen auch im Alltagsleben besser zurechtzukommen. In dieser Perspektive hat das Einstudieren des Stücks den gleich therapeutischen Wert wie die Aufführungen.
Durch die Zusammenarbeit mit der Grundschule ergibt sich eine neue Dimension. Behinderte und nicht behinderte Kinder lernten, anfängliche Berührungsängste zu überwinden und gegenseitiges Verständnis für einander zu entwickeln. Die Theaterarbeit überspielte schon nach dem ersten Treffen die unterschiedliche Konstitution der Akteure.

Aufführungen
- An beiden Schulen
- Auf der Bundesgartenschau
- ...

Ausblick
Für das Jahr 2008 ist die gemeinsame Aufführung eines Grusicals geplant.

3. Menschen mit Migrationshintergrund

In allen Klassen gibt es Kinder aus verschiedenen Nationen ohne oder mit geringen Deutschkenntnissen. Die Integration dieser Schüler und ihrer Eltern wird zunehmend wichtiger. Dieses Thema ist ausführlich im Kapitel 2.5 Interkulturelle Erziehung behandelt.

4. Arme Menschen in der Gemeinde

Gelder, die bei den Veranstaltungen des Schullebens eingenommen werden, können selbstverständlich für Bedürftige in der Gemeine verwendet werden. Allerdings ist hier große Behutsamkeit notwendig, besonders wenn es sich um Kinder der Schule handelt.
Gewinne von Festen und Basaren können auf Konten des Elternbeirates und des Fördervereins überwiesen werden. In Notfällen oder wenn Eltern Pro-

bleme bei der Bezahlung von Schullandheimaufenthalten haben, kann dann schnell und möglichst diskret geholfen werden.

Auch bei Hilfeleistung außerhalb der Schule erwies es sich als günstig, bestehende Strukturen wie Pfarrgemeinden, Caritas, Innere Mission oder andere Organisationen zu nutzen, um die Spenden möglichst gezielt und effektiv einzusetzen.

> 11 Ferienpässe für Flüchtlingskinder stiftete die Grundschule …
> So können wir gemeinsam helfen, erleben und spielen …

4.3 Soziale Projekte in der ganzen Welt

Bei verschiedenen Veranstaltungen des Schullebens wie Weihnachtsmarkt, Theater- und Musikaufführungen, Versteigerungen und Sommerfest wird Geld eingenommen. Dieses kann für die Schule oder für wohltätige Zwecke verwendet werden.

Es ist notwendig, dass sich Kinder, Eltern und Lehrer Gedanken über den Verwendungszweck der Spenden machen. Sollen sie deutschen Kindern zugute kommen, da es auch mitten unter uns Not gibt? Dabei kann man an Organisationen wie Krebshilfe, Sternstunden oder Adventskalender denken. Oder helfen wir in der dritten Welt, wo die Not am größten ist? Diese Entscheidungen müssen immer wieder getroffen und überprüft werden. Angesichts der Spendenskandale sollte hier sehr sorgfältig abgewogen werden. Am günstigsten sind Bezugspersonen wie Krankenschwestern, Ärzte, Lehrer oder Patres vor Ort, die eine 100-prozentige Verwendung der Gelder sicherstellen.

In den Medien hören und lesen die Schüler von Waisenhäusern in Osteuropa, von Straßenkindern in Südamerika oder der Hungersnot im Sudan. Sie sehen Bilder von Überschwemmungen in Bangladesh, von Dürrekatastrophen in Afrika oder dem Tsunami in Indonesien. Im Zeitalter der Globalisierung sind ihnen solche Themen vertraut und sie fragen manchmal von selbst, ob die Klasse oder die Schule bei einem Unglück helfen kann. So verinnerlichen sie, dass sie Kinder einer Welt sind.

Beispiel für eine Schulprojektwoche

Mit Afrika auf du und du

Projekt „Jambo Tanzania"

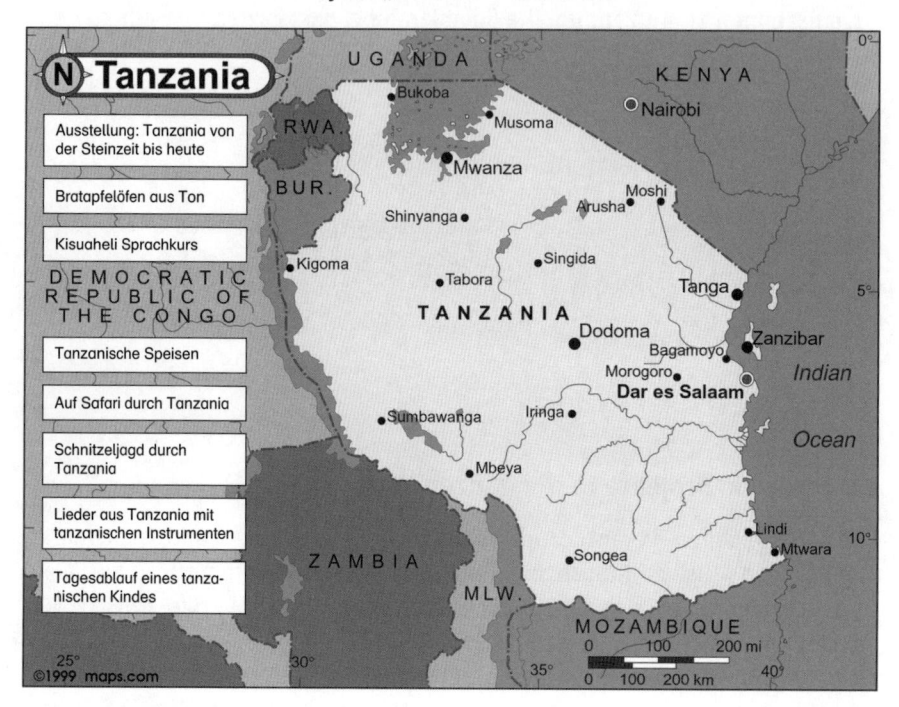

1. *Vorgeschichte*

Ein Pater, der das Projekt betreut, erzählt vom Leben der Kinder in Tansania.

2. *Planung*

So entsteht die Idee, die Projektwoche unter das Thema „Afrika" zu stellen. Der afrikanische Künstler L. S. wird eingeladen.

2.1. Thema
- Tiere in Afrika
- Speisen in Afrika
- Afrikanische Masken
- Eine tansanische Schule
- Kinderarbeit
- Afrikanische Kinderspiele
- Lieder und Tänze mit afrikanischen Instrumenten

- Kaffee im Eine-Welt-Laden
- Kakaoproduktion
- Kisuaheli Sprachkurs

2.2. Vorgehen
- Alle Fächer werden einbezogen.
- Jede Klasse berichtet über ihre Ergebnisse.

3. Die Projektwoche

3.1 Einstieg
- Täglich um 8.00 Uhr Versammlung der ganzen Schule in der Aula.
- Lied der bunten Vögel „Esche tsche kule"
- Afrika – News im „Fernsehen"

3.2 Weiterer Verlauf
- Die Klassen arbeiten an ihren Themen.
- Die Klassen stellen sich ihre Ergebnisse gegenseitig vor.
- Live – Kultur aus Afrika
- Der afrikanische Künstler L.S. erzählt, spielt und singt mit den Kindern. Seine Frau kocht das afrikanische Festmahl Joloff.

3.3 Letzter Tag: Ausstellung
- Eltern und Gäste sind zur Ausstellung eingeladen.
- Die Kinder stellen ihre Ergebnisse vor.

4. Afrikazeitung

Die Beiträge ergeben sich aus der Projektarbeit der einzelnen Klassen.

Das Redaktionsteam aus Dritt- und Viertklässlern bespricht die Gestaltung und den Inhalt mit dem betreuenden Lehrer.

Die Afrikazeitung wird beim Schulfest und anderen Gelegenheiten verkauft. Der Gewinn fließt an das Projekt.

Aus Gründen der Nachhaltigkeit ist es gut, wenn das Projekt nicht nach einer Woche endet. Im Idealfall werden Briefe und Fotos hin- und hergeschickt. Häufig besuchen auch Eltern oder Lehrer „ihre Schule" in Tansania und der Kontakt reißt nicht ab. Die Unterstützung der Kinder dieser afrikanischen Schule entwickelt sich zur Schultradition.

> Die Einnahmen von unserem Weihnachtsbazar betrugen 1060 € und wurden für Straßenkinder in Peru gespendet.

Beispiel für ein Jahresprojekt

Projekt „Waisenhaus"

„aKTION: EIN HAUS FÜR ÄGYPTEN"

Jede Hilfsbereitschaft hat irgendwo auch ein Ende. Was ihr jedoch nicht selten fehlt ist ein Anfang.

1. Vorgeschichte

- Der Erlös des Weihnachtsbasars wurde für ein SOS-Kinderdorf in Ägypten gespendet. Der große Erfolg ermutigte die Konrektorin eine Aktion für ein Haus in einem ägyptischen Kinderdorf vorzuschlagen.
- Alle Schulen des Ortes beschlossen, sich an dem Projekt zu beteiligen.

2. Vorbereitung

- Im Rathaus wurde die Wanderausstellung „SOS-Kinderdorf" eröffnet.
- Im Anschluss wurden hervorragende Lichtbilder über Ägypten gezeigt.
- Die Schüler der dritten und vierten Klassen sahen den Film „SOS-Kinderdorf".
- Alle Kinder entwickelten Ideen, auf welche Weise die Schule zum Bau eines Hauses in einem ägyptischen SOS-Kinderdorf beitragen könnte.

3. Aktionen

Viele dieser Vorschläge wurden im Laufe des Jahres verwirklicht.

- Briefmarken: In allen Klassen wurden Briefmarken für das SOS-Kinderdorf gesammelt.
- Frühlingssingen: Die Kinder der dritten Klassen sangen in der Gemeinde Frühlings- und Volkslieder.
- Geldspenden: Viele Schüler spendeten regelmäßig einen Teil ihres Taschengeldes.
- Osterhennen: Die Grundschüler bastelten 877 Osterhennen. Mit farbigen Eiern gefüllt, wurden diese von den Mitgliedern des Elternbeirates an den Tagen vor Ostern verkauft.

- Listensammlung: Die Grund- und Hauptschule führten eine vom Kultusministerium genehmigte Listensammlung durch.
- Schulkonzert: In der Pfarrkirche veranstalteten Chor und Instrumentalgruppen ein Schulkonzert.
- Basare: Viele Kinder stellten Spielsachen und Bücher zur Verfügung, die bei Basaren den Besitzer wechselten.
- Versteigerung: Der Vorsitzende des Elternbeirates versteigerte alte Schulbänke.
- Schulfest: Das Schulfest stand ganz im Zeichen des SOS-Kinderdorfes.
- Igel aus Sonnenblumenkernen: Ein Junge (Klasse 2) bastelte während der Sommerferien 70 Igel. Sein Vater verkaufte sie in seiner Firma für eine Spende von 1 €.
- Marmeladen: Mehr als 300 Gläser selbst hergestellter Marmelade stellten die Mütter der Grundschüler zur Verfügung. Die Gläser wurden bei den Schulfesten im Landkreis verkauft.
- Klöpfeln: Nach altem Brauch zogen die Kinder der vierten Klassen an den drei Donnerstagen vor Weihnachten von Haus zu Haus und sangen Adventslieder.

4. Resümee

- Das Haus im SOS-Kinderdorf in Tanta konnte auch Dank der Unterstützung aller Vereine und der gesamten Gemeinde gebaut werden.
- Alle Kinder beschäftigen sich intensiv mit Ägypten, der Armut in der dritten Welt und dem Schicksal der Waisenkinder. Sie entwickelten viele kreative Ideen, waren bereit, sich zu engagieren und zeigten ein Jahr lang bewundernswertes Durchhaltevermögen.
- Die Zusammenarbeit mit den Eltern, den Vereinen und der Gemeinde wurde durch das gemeinsame Ziel und die gemeinsamen Veranstaltungen intensiviert.
- Bei einem Ägyptenbesuch besuchte der Schulleiter die Kinderdorffamilie und besichtigte die Baustelle.
- Um die Verbindung zum Haus Oberhaching und zur Familie aufrecht zu erhalten, übernahm die Grundschule die Patenschaft für ein Kind. Seitdem werden Briefe und Fotos zwischen Yasser und einzelnen Klassen hin- und hergeschickt.

5. Musischer Bereich

5.1 Musikerziehung – Beispiel Theater- und Musicalaufführungen

Musik gemeinsam wahrnehmen, machen und erfahren leistet einen Beitrag zur Allgemeinbildung, bereitet Freude und wird für die Schüler besonders sinnvoll, wenn eine Vernetzung mit dem Schulleben stattfindet. So gestalten Chor und verschiedene Instrumentalgruppen das musikalische Rahmenprogramm auf diversen Veranstaltungen. Bei der selbstständigen Planung und Durchführung von musikbezogenen Aufführungen erfahren die Schüler über aufführungspraktische und künstlerische Aspekte hinaus auch organisatorische, ökonomische und soziale Bedingungen des Musiklebens.
Auch die Erarbeitung und die Präsentation von Theater- und Musicalstücken stellen einen Höhepunkt eines jeden Schuljahres dar.

Theater- und Musicalaufführungen

Theater- und Musicalaufführungen entfalten die kreative Fantasie der Schüler im hohen Maße. Die künstlerische Darstellung von Themen aus dem Alltag oder der Literatur schärft gleichzeitig das Gedächtnis und löst körperliche Bewegungsblockaden. Theaterspielen gilt als ideales Medium, produktives Denken in Handlungsweisen umzusetzen. Außerdem festigen die Aufführungen eine Kommunikation zwischen der Schule in Form der agierenden Kinder und den Eltern als Publikum. Schulen haben aus diesen Gründen das Theater meist als festen Bestandteil des Schullebens in ihr Programm aufgenommen.

Das Spielen verschiedener Rollen bereichert soziales Verhalten. Gleichzeitig stärkt das Bewusstsein eigener Leistung für die Gruppe und das Wissen der Abhängigkeit von den Mitspielern das Gemeinsamkeitsempfinden. Durch den bewussten Einsatz von Körper und Sprache lernen die jungen Schauspieler, sich mit Bewegung und Stimme gezielter auszudrücken. Die mit dem Theaterprojekt erlernten Fähigkeiten zu sozialer Zusammenarbeit, freier Rede und deutlicher Aussprache beschränken sich also nicht nur auf die Bühne. Die Kinder lernen Verhaltensweisen, Eigenschaften und Talente von Mitschülern kennen und schätzen. Das gemeinsam zu gestaltende Theaterstück oder Musical führt schnell zu gegenseitiger Akzeptanz und Zusammenarbeit, ohne die eine erfolgreiche Inszenierung nicht möglich ist. Die Anerkennung schafft beste Voraussetzungen für ein gemeinschaftliches Handeln, was sich wiederum auf eine entspanntere Unterrichtsatmosphäre auch in anderen Lernbereichen auswirkt. Die Kinder sehen, wie wichtig es ist, gute Ideen zu haben, gleichzeitig aber auch gute Ideen anderer gelten zu lassen. Sie machen die Erfahrung, dass eigenes Durchsetzungsvermögen in vielen Fällen genauso wichtig ist wie die Notwendigkeit, sich einzuordnen.

Die schulische Ausarbeitung von Schauspiel, Tanz oder Musiktheater, bestehend aus Dialog und Liedern mit Ensemble und Chören, soll nicht professionelle Aufführungen imitieren. Gefragt sind vielmehr persönlicher Einsatz, Originalität und Kreativität aller Beteiligten. Die jungen Darsteller interpretieren mit ihren eigenen Fähigkeiten die selbst ausgewählten oder ihnen zugewiesenen Figuren. Die Grenzen zwischen der Beteiligung von Kindern verschiedener Klassenstufen sind fließend. Fünf- bis Siebenjährige verhalten sich bei vorgegebenen Szenen und Rollen noch stark introvertiert, erleben sie intensiv und phantasievoll. Das Mienen- und Gebärdenspiel sowie die sprachliche Ausdrucksweise sind dabei manchmal eingeschränkt, die Wirkung auf das Publikum spielt häufig eine Nebenrolle. Kinder im ersten und zweiten Schuljahr passen sich viel leichter und ausdrucksvoller großräumigen Bewegungen in rhythmisierten Abläufen an.

Im weiteren Verlauf der Grundschulzeit wird den Kindern der Unterschied zwischen Spielwelt und Realität bewusst. Sie bemerken den Einfluss anschaulichen Spiels auf andere und versuchen, es auf Zuschauer auszurichten. Im dritten und vierten Schuljahr zeigen die Kinder immer mehr Verständnis für Gruppenprozesse, um mit Hilfe der Spielleitung auch komplexere Ideen im Ensemble zu verwirklichen. Für Teilaufgaben des Projekts übernehmen sie in kleinen Gruppen oder bereits allein die verantwortliche Regie, wobei zunehmend schauspielerische Ausdrucksmittel eingesetzt werden. Gewöhnung und einfühlsame Proben übermitteln den kleinen Darstellern mehr Sicherheit, sich in Sprache, Mimik und Gestik besser und differenzierter auszudrücken.
Die Integration in den gemeinschaftlichen Arbeitsprozess öffnet sie nach außen. Sie begreifen sich als Teil des Ganzen. Arbeitsteilung, individuelles Bemühen und Kooperation kennzeichnen die Proben.
Wort, körperlicher Ausdruck, Musik und Tanz eröffnen ein breites Spektrum an Lernzielen. Sie erschließen den Kindern eigene körperliche Veranlagungen und zeigen den Weg, sie als Ausdrucksmittel einzusetzen. Hemmungen werden dabei abgebaut, eigene Gefühle und Stimmungen aufgenommen, das Selbstwertbewusstsein gestärkt. Mitglieder des Ensembles nehmen sich vor, in jeder Arbeitsphase zuverlässig und beständig zusammenzuarbeiten. Sie hören und schauen ihren Schauspielkollegen konzentriert zu, reagieren aber auch kritisch auf ihr Verhalten. Als Teil des Ganzen versuchen sie kreativ, von eigenen Vorschlägen zu überzeugen. Zu den Lernzielen gehört aber auch der Rahmen, in dem sich das Bühnenleben abspielt. Er reicht von Organisation, Theater- und Produktionsformen über Requisiten, Kostüme und Masken bis zu Bühnenbild und Beleuchtung.
Konkretes Ziel aller Beteiligten bei der Gesamtproduktion ist meistens die Öffentlichkeit und ihre Reaktion. Eine gelungene Aufführung vor einem hauptsächlich aus Eltern bestehenden Publikum motiviert und aktiviert zu neuen (Musik-)Theaterspielen. Der Applaus dankt nicht nur den Kindern für ihre Leistungen, sondern auch dem Schauspielhaus – der Schule.

Die Wahl des Stückes

Bedürfnisse der Kinder und deren aktuelle Probleme sind entscheidende Punkte bei der Wahl eines Theaterprojekts. Schülerorientiert und auf sie zugeschnitten soll das Thema des Theaterstücks oder Musicals das Interesse aller Kinder wecken sowie genügend Raum zur kreativen Entfaltung bieten. Bei Inszenierungen in der Grundschule geht es dabei thematisch oft um altersgemäße Auseinandersetzungen mit Motiven wie Hexen, Ritter, Geister, Clowns. Bei Märchenfiguren dreht sich die Geschichte fast immer um existentielle menschliche Fragen. Helden verkörpern stets das Gute, sie präsentieren eine lebensbejahende Philosophie. Ähnliches gilt für Stücke nach Sagen, Literaturvorlagen, modernen Fabeln, Comics, Alltagserzählungen, Fantasy, historischen und biblischen Stoffen. Ebenso beliebt sind aber auch Themen wie Schule, Familie, Freundschaft, Fremdheit, Träume, Tiere und Abenteuer.

Die Wiedergabe des vorgesehenen Stücks sollte die Vorstellungen des Ensembles mitberücksichtigen. Eine Abstimmung auf die Darsteller kann es notwendig machen, Änderungen oder Kürzungen vorzunehmen. Bereits bei der Planung ist außerdem davon auszugehen, dass die Proben für ein größeres Projekt mindestens ein halbes Jahr in Anspruch nehmen. Knappe Mittel stehen einer ansprechenden Aufführung nicht im Weg. Es ist das Thema, welches mit witzigem Text in lebendiger Sprache verarbeitet wird und somit motiviert und interessiert, sowohl in Hinblick auf die Darsteller als auch auf das spätere Publikum. Bei der Wahl eines Musicals tragen zur Begeisterung von Schauspielern und Publikum meistens moderne Lieder aus den Bereichen Pop, Rock und Hip-Hop bei. Falls Bedarf besteht kann zu den Liedern als Begleitung bei Proben oder auch der Aufführung eine Playback-CD gekauft werden.

Für musikalisch hohe Ansprüche, zum Beispiel bei der Instrumentalbegleitung, empfiehlt sich die Mitwirkung musikalisch versierter Eltern. Zu beachten ist der urheberrechtliche Schutz von Theater- und Musiktheaterstücken: Aufführungen mit eingeladenen Gästen zählen zu öffentlichen Veranstaltungen und unterliegen der Einwilligung des Rechteinhabers. Bei Unsicherheit ist es deshalb ratsam, sich bei den angegebenen Verlagen über die Rechtslage zu erkundigen.

Folgend eine Auswahl geeigneter Theater- und Musiktheaterstücke für die Grundschule:

Theaterstücke	Singspiele bzw. Musicals
Hanisch: Der Heultopf	Krüss: Der Sängerkrieg der Heidehasen
Zeichner: Otto und die Flugmaschine	Zuckowski: Der kleine Tag
Hentschel: Regenschirme und Rubine	Hilbert/Janosa: Ritter Rost
Thiesmeyer: Leg das Buch weg, Boris!	Hüttenhofer: Robinson Luftballon
Riethmüller: Die Elterntauschbörse	Wilson/Jost: Mose – ein echt cooler Retter,
Krenzer: Die Bremer Stadtmusikanten, Der dicke, fette Pfannekuchen	Joseph – ein echt cooler Träumer
Lionni: Frederik	Götz: Aber Wolfgang!
Kästner: Emil und die Detektive	Rehm/Gräf: Die rote Katze
Hüttenhofer: Das Drachenei	Wirth: Die goldene Gans
Steinl/Steinl: Der Wettlauf	Pfister/Jöcker: Der Regenbogenfisch
Thurber: Ein Mond für Leonore	von Schoenebeck: Als die Tiere die Schimpfwörter leid waren
Sommer-Bodenburg: Der kleine Vampir	Engelhardt/Schulte: Tuishi pamoja
Heller: Die wahre Geschichte von allen Farben	Schreiber: Schule der Träume
Friedrich: Der Weihnachtstraum. Theaterstück zur Weihnachtszeit	Israel/Stallmann/Grote: Vampir Winnie Wackelzahn
	Buring: Ferdinand, der Stier
...	...

Sammlungen

Enders/Enders/Krause: Theaterstücke für Schulfeste

Maar: Neue Kindertheaterstücke

Lindgren: Kindertheaterstücke

Lins/Rieper-Bastian: Kindertheater aus der Märchenwelt. 13 kurze Rollenspiele

Geuenich: Theater! Theater! Acht kurze Stücke für die Grundschule

Krenzer: Wir spielen unsere Märchen. Kleine Theaterstücke für Kindergarten und Grundschule

Birgit Brandstaetter-Schwartz: Märchen-Theater incl. CD

von Schroeter: Bühne frei – Theaterstücke für die Grundschule

Schulte: Komm, wir spielen Märchen

Krause/Simon: Theaterstücke für den Schulanfang

Lins/Trapp: Kindertheater zur Weihnachtszeit. 13 kurze Rollenspiele

Enders/Enders/Eucker: Theaterstücke für die Weihnachtszeit

Kohler: Theater spielen zu Weihnachten

...

Der Lehrer

Die Entwicklung eines Gruppenklimas, in dem Darstellung und Eigeninitiative ohne Komplexe und Angst gewagt werden, ist eine der Hauptaufgaben des Lehrers, der die Spielgruppe leitet. Zur Zielfindung unterbreitet er dem Alter der Kinder und der Zusammensetzung der Gruppe angemessene Vorschläge. Die Angebote sehen vor, dass alle Kinder ihrem Talent entsprechend in das Vorhaben aufgenommen werden und jeder seiner Rolle gewachsen ist. Bei Störungen greift der „Regisseur" ein, klärt die Ursachen und beruhigt nicht zuletzt mit konstruktiven Impulsen die Gemüter. Wesentliches Ziel ist es dabei, die Balance zwischen Förderung des Einzelnen, der Weiterentwicklung des Gruppenprozesses sowie den Anforderungen an die ästhetische Gestaltung zu wahren. Voraussetzung dafür ist wiederum das Vertrauen, das die Schüler ihrem Theaterleiter und seiner Kompetenz entgegenbringen. Positiv wirkt sich für die Erfahrung auch der Besuch von Schauspielaufführungen anderer Schulen und professionellen Theaterhäusern aus. Ideen können übernommen, unterschiedlichste Genres kennen gelernt werden. Der Gesamteindruck lässt sich abgewandelt auf eigene Initiativen übertragen.

Die Mitwirkenden

Es gibt die Möglichkeit, mit einer Klasse ein Stück einzuüben. Oft existiert aber auch eine Theater-Arbeitsgemeinschaft, die sich aus Kindern verschiedener Jahrgänge zusammensetzt.
Die Rollenverteilung unter den Darstellern orientiert sich im zuletzt genannten Fall an altersbedingtem Können und Einsatzfreude der Mitwirkenden. Der Spielleiter soll deshalb den Kindern bereits zu Beginn der Vorbereitungen erklären, welche Aufgaben auf sie zukommen. Dadurch melden sich vor allem diejenigen, die sich eine ihnen zugeteilte Rolle zutrauen und die damit verbundenen Anstrengungen in Kauf nehmen. Gerade bei Musicals oder Kinderopern erweist sich ein Vorsingen der Bewerber als vorteilhaft. In Theatergruppen ist ein Vorsprechen nicht immer notwendig, da manche Kinder erst während der Proben das nötige Selbstbewusstsein für den verbalen Ausdruck bekommen. Der Chor sollte dagegen beliebig vielen Kindern aus allen Klassen offen stehen.
In Theatergruppen hängt die Zahl ihrer Mitglieder vom Stück und von der Bühnengröße ab. Bei der Rollenverteilung gebührt den Kindern ein Mitspracherecht, wobei bei zu vielen Bewerbern Viertklässler bevorzugt werden sollten: Zumindest in der Grundschule haben sie zum letzten Mal die Chance, auf der Bühne zu stehen. Ihr Alter und ihre Entwicklung erlauben ihnen auch die Übernahme von oft anspruchsvollen Rollen. Natürlich kann auch einfach ausgelost werden.

Vorhang auf! Achtung, Theater!

Für alle Darsteller von Sprech- und Singrollen bei Aufführungen gilt ein Gebot: Ihr Part muss auch in der letzten Reihe des Publikums noch laut und deutlich vernehmbar sein, wenn man auf elektronische Verstärkung verzichtet. Eine Beteiligung am gesamten Spielvorhaben steht sowieso allen Kindern zu, auch wenn sie keine darstellende Rolle übernehmen. Sie werden in zahlreichen Funktionen als technische Helfer gebraucht: Beleuchtung und CD-Player betätigen, Vorhang bedienen, Kulissen hängen und schieben, Requisiten bereitlegen, soufflieren etc.

Information der Eltern

Durch einen Elternbrief holt man sich das Einverständnis der Eltern für die Teilnahme ihres Kindes an dem Projekt ein: Darin wird klar formuliert, dass die Anmeldung für das Projekt verpflichtend und somit ein Fehlen anzumelden ist. So kann eine regelmäßige Probenarbeit gewährleistet werden. Außerdem kann bei dieser Gelegenheit gefragt werden, wer Lust und Zeit hätte, bei diesem Projekt mitzuhelfen.

Hilfe

Je mehr Hilfe von Eltern, Großeltern und Kollegen geboten wird, desto besser. Die Arbeitsgemeinschaften Kunst oder textiles Gestalten können das Projekt

ebenso begleiten. Eine Auswahl an Arbeitsfeldern, bei denen eine Unterstützung sehr förderlich sein kann:
- Technik
- Musikalische Gestaltung
- Nähen von Kostümen
- Herstellung des Bühnenbildes
- Hilfe zur Betreuung (während beispielsweise die eine Gruppe mit dem Lehrer probt, arbeiten Eltern oder Großeltern im Nebenraum mit den übrigen Kindern an den Kulissen)

Musikalische Gestaltung

Musik im Theater bildet ein Element der Szenengestaltung. Die gemeinsam erprobte Musik in unterschiedlichen Einsatzformen und -rhythmen setzt szenische Impulse, unterstützt die Aktionen und verstärkt die von der Bühne ausgehende Stimmung und Ausdruckskraft.
Bei Liedern besteht die Möglichkeit, live begleitet zu werden. Oft bilden Lehrer, Schüler und Eltern den musikalischen Hintergrund der Sänger auf der Bühne. Orff-Gruppen innerhalb der Schule bereichern solche Auftritte. Tonträger sind wie oben schon beschrieben ebenfalls verwendbar. Zumindest in der Probezeit erweisen sich Playback-CDs als sehr hilfreich. Kinder können ihre Stücke zu Hause alleine üben. Vor allem Sololieder werden in Einzelproben erarbeitet, bevor sie mit dem Gesamtstück verschmolzen werden. Nur gemeinsam, wenn auch getrennt von der Theatergruppe, verlaufen dagegen die ersten Proben eines Chors. Es ist schon alleine wegen der Geduld der Kinder ratsam, die beiden Gruppen erst zusammenzuführen, wenn sie ihre Aufgabe einigermaßen beherrschen.

Proben

Proben unter Zeitdruck können den Kindern genauso die Lust am Vorhaben nehmen wie zu langwierige Probezeiten. Eine annähernd termingerechte Festlegung der einzelnen Einstudierungsphasen wie Ausarbeitungs-, Stell- und Durchlaufproben über technische Einstellungen bis hin zu Haupt- und Generalproben hilft zur Übersicht und Organisation des Vorhabens. Voraussetzung für eine gute Zusammenarbeit ist jedoch, dass die Kinder Kontakt zueinander finden. Mit einfachen Programmen in den ersten Proben, beispielsweise Kennenlern-, Interaktions- und Bewegungsspielen, lernen sie den Umgang miteinander und gewinnen Freude am gemeinsamen Spiel. In den nächsten Proben nimmt die Anwärmphase theatralischen Charakter an. Durch Schulungen verbinden die Kinder Spaß mit Ernst und verbessern ihre Wahrnehmungs- und Ausdrucksfähigkeit. Mit Improvisationen, Stegreif- und Rollenspielen sowie mit Dialogen und Pantomime üben sie ihre Geschicklichkeit und leisten die Grundarbeit für szenische Aufgaben. Sie bereiten sich darauf vor, mit Körper, Sprache, Gestik und Mimik andere Figuren glaubwürdig zu spielen.

Auch während der Einstudierung des Stücks gehören Improvisations- und Sprechübungen zum Arbeitsprogramm. Tipps und Anregungen finden sich in zahlreichen Theaterbüchern. Den Kindern sollte nun der Gesamtinhalt und die Thematik des Werkes geläufig werden. Der Lehrer unterlegt seine Erzählungen über das Stück eventuell mit gesungenen Liedern. Die Einstimmung der Kinder auf das Werk und die Motivation für weitere Proben nehmen zu. Ist der Inhalt des Theaterspiels oder Musicals allen bekannt, wird der Text mit verteilten Rollen gelesen, kurz darauf in Ausschnitten gespielt. Als Starthilfe benötigen sie das Textheft. Den jungen Darstellern muss rechtzeitig klar sein, dass sie ihre Texte selbst auswendig lernen müssen. Zu einer sinnvollen Einfühlung in die Rolle und deren Ausarbeitung bereits beim Erlernen des Textes helfen W-Fragen: Wer ist die Figur? Wo und wann lebt sie? Was ist ihr mit welchen Folgen passiert? Warum handelt sie nun so?

Falls bei den Proben keine Bühne zur Verfügung steht, kennzeichnen Klebebänder auf anderen Flächen (Turnhalle, Klassenzimmer) ihre Größe. Die Kinder beschränken sich so rechtzeitig auf die Bodenbegrenzung des Spiels. Auch die wichtigen Positionen der einzelnen Darsteller sollen relativ früh mit Klebeband markiert und verbindlich festgelegt werden. Verlässliche, feste Positionen der Nachbarn stärken Selbstsicherheit bei den Aufführungen.

Schon Wochen vor dem großen Auftritt machen sich der Spielleiter und die Kinder bei den Proben gemeinsam Gedanken über das Endergebnis. Es bedarf der Klärung, wann die Szenenfolge Auftritte und Abgänge erfordert, einen Kostümwechsel ermöglicht und Umbauten zulässt. Besonderes Engagement der Darsteller an der Inszenierung ruft der Spielleiter hervor, wenn er auf Anregungen aus seiner Gruppe eingeht und Experimente zulässt. Auch bei Tanzeinlagen zählt die eigene Kreativität der Ausführenden als wichtiges Element. In beiden Fällen fühlen sich die Darsteller ernst genommen und entwickeln Verantwortung für die Aufführung.

Schließlich werden die einzelnen Abschnitte des Werkes zu einem Ganzen verbunden. Bauprinzipien wie Steigerung, Wiederholung, Spannung und Gegensatz leuchten den Kindern ein, sie lernen einfache Prinzipien wie Anfang, Höhepunkt und Schluss kennen. Die Komposition der eigenen Schauspielelemente steigert noch einmal die Motivation.

Die Bühne

Jeder Raum kann zur Bühne werden. Dennoch bedarf es der grundsätzlichen Klärung von Bedingungen, unter denen ein Theaterstück einstudiert und öffentlich gespielt werden kann. Ein ausreichend großes Schulzimmer oder ein passender Saal soll für Proben und Aufführungen regelmäßig zur Verfügung stehen. Falls der Raum nicht von vornherein durch seine Dauerfunktion und Ausstattung deutlich als Schauspielplatz fungiert, wird er durch geeignete Merkmale von außen markiert. Klebebänder (Seile) verweisen auf den bis zur Premiere nur den Schauspielern und Sängern offen stehenden Schauspielplatz.

HINTER DIE KULISSEN GESCHAUT ...

Technik

Die Technik steht beim Theater nicht im Vordergrund, bildet aber einen wichtigen Bestandteil von Aufführungen. Lichteffekte, Tonverstärkung, PC-Musik und andere Geräusche sind zwar oft nur Randerscheinungen, verdeutlichen aber immer wieder Schwerpunkte der Inszenierung. Je nach Ausmaß des Spielraumes bedürfen evtl. Text oder (Solo-)Gesang der Kinder einer Verstärkung. Die Tonwiedergabe würde dadurch an Natürlichkeit zwar geringfügig verlieren, wäre aber gerade in großen Räumen überall gut hörbar wahrzunehmen. Gleichzeitig stehen der Technik zahlreiche Möglichkeiten offen, die Dramaturgie der Aufführung mitentscheidend zu beeinflussen.
Eine gut ausgestattete Technik erfordert ein ebenso gutes, auch mit Kindern besetztes Personal. Sie werden dabei mit den Geräten vertraut und lernen den Umgang damit. Disposition, Ablauf und praktischer Einsatz der elektrischen Bühnenbestandteile stehen bereits frühzeitig auf dem Probenplan. Wenn die Schule mit technischen Geräten nicht gut bestückt ist, besteht vielerorts die Möglichkeit, zumindest für die Generalprobe und die Aufführung Zusatzgeräte auszuleihen.
Bei der Schulung mit CD-Playern, Mikrofonen und anderen Geräten lernen die Schauspieler und Sänger den richtigen Umgang mit den technischen Einrichtungen. Rasch bemerken sie so, dass erst ein bestimmter Abstand zum Mikrofon eine klare Tonwiedergabe gewährleistet. Klar verständliche Qualität

setzt außerdem eine klare Aussprache voraus. Ungewollte Nebengeräusche reduzieren die Hörqualität der Aufführung erheblich. Um auch andere Fehler zu vermeiden, sollte der richtige Umgang mit Musikanlage, Lautsprechern, Mischpult und Mikrofonen schon früh geprobt werden. Dadurch gewöhnen sich die Schauspieler und Sänger leichter an die ungewohnte Lautstärke und den leicht veränderten Klang ihrer Stimmen. Schon aus Zeitersparnis für alle Beteiligten sollte die Mischpulteinstellung nach dem Soundcheck eines jeden Kindes nicht geändert werden. Erneute Einstellungen von Lautstärke, Höhen und Tiefen sind dadurch überflüssig.

Bühnenbild und Requisiten

Bühnen gewinnen vor allem durch das Spiel an Raum. Eine zu umfangreiche Ausgestaltung der Spielfläche behindert die Darbietung, die Spannung geht durch zu langwierige Umbauten verloren. Sparsame Raum- und Inventarandeutungen konzentrieren die Aufmerksamkeit dagegen auf Inhalt und Darstellung. Die Notwendigkeit von Bühnenbild und Requisiten beschränkt sich deshalb auf ihren klaren Aufbau und ihren Gebrauchswert.

Das Experimentieren mit multifunktionalen Bühnenbildelementen regt bei den Kindern ihren Gestaltungsdrang an. Das Bauen, Stellen und Schieben von Gerüsten, Wänden, Leitern, Podesten und Kästen weckt Verständnis für Raumgestaltung, funktionelle Fantasie und lässt sie neue Spielmöglichkeiten entdecken. Sie improvisieren mit Materialen wie Stoffen oder Folien und entwickeln Verbindungen und Lösungen in freier oder gezielter Form. Als Ergänzung der Kulissen vervollständigen Requisiten wie Teppiche, Mülleimer, Bälle, Seile, Obst und Gemüse je nach Bedarf die Szenerie. Die Utensilien müssen während der Aufführung jederzeit griffbereit zur Verfügung stehen. Bei Umbaupausen sollten Kinder für ganz bestimmte Requisiten zuständig sein, was im Vorfeld festgelegt wird. So gibt es keine Missverständnisse und Diskussionen hinter dem Vorhang. Da Schauplätze und ihre Umgebung wesentliche Elemente und Stimmungsbilder einer Handlung präsentieren, sollten entsprechende Entwürfe und ihre Ausarbeitung bereits in das Gesamtkonzept einbezogen werden.

Basteln steht in der Bühnenwerkstatt hoch im Kurs. Aus je nach Größe der Bühne zwei bis vier Meter langen Holzleisten nageln die Kinder Stellwände. Die so entstandenen Rahmen bespannen sie mit weißen zusammengenähten Bettlaken, die sie der Szene bzw. dem Theaterstück entsprechend mit Stofffarben bemalen. So lernen sie die Bedeutung des Zusammenwirkens von Spiel und Umgebung kennen.

Kostüm

Kostüme verwandeln die Darsteller, charakterisieren andere Zeitalter und Welten. Sie lassen die Kinder verstehen, dass die Art von Bekleidung auf der Bühne den Charakter der dargestellten Figur unterstützt. Das Tragen einzelner Kostümteile wie Hüte, Handschuhe oder Mäntel weckt ihr Verständnis für die Symbolhaftigkeit von Kleidung. Schon bei den Proben nehmen sie die Wirkung der Verwandlung in Form von Gesprächen und visuellen Experimenten ins Blickfeld und werden ermuntert, eigenständige kreative Lösungen für Herstellung und Verwendung stilgerechter Kostüme zu kreieren. Mithilfe ihrer Eltern machen sie sich dann selbst an die Schneid- und Näharbeiten, bei denen einer ihren Rollen angepassten Phantasie keine Grenzen gesetzt sind.

Möglichkeiten der Werbung

- Plakate, von den Kindern selbst gemalt, mit zum Thema passenden Motiven
   Tipps:
   Je auffälliger die Gestaltung – desto höher die Aufmerksamkeit.
   Je einfacher die Botschaft – desto größer der Effekt.
   Je kürzer der Text – desto besser.
- Homepage
- Flyer
- (Stadtteil-) Zeitung
- Elternbrief
- ...

Eintrittskarten

Wenn das Stück nur einmal aufgeführt wird oder der Theaterraum grundsätzlich von den Plätzen her sehr begrenzt ist, ist es wichtig, den Einlass nur mit Eintrittskarte zu gewähren. Dadurch wird eine Überfüllung vermieden, die rechtlich nicht zugelassen ist und den Gästen die Stimmung verderben kann. Es hat sich bewährt, in den Tagen vor der Aufführung im Unterricht Bestellungen entgegenzunehmen. Wenn insgesamt zu viele Karten gewünscht werden, bekommen letztendlich diejenigen weniger Karten, welche am meisten bestellt haben. Es ist ratsam für eine Eintrittskarte Geld zu verlangen, auch wenn es nur ein Mindestbetrag von 1–2 Euro ist, da so vermieden wird, dass einige unüberlegt viele Karten bestellen, obwohl sie sie schließlich gar nicht nutzen. Wenn man sich auf einen geringen Preis der Karten einigt, können ein paar Schauspieler nach der Aufführung zusätzlich mit Hüten oder Körbchen am Ausgang stehend Spenden einsammeln. Mit einem Teil des Geldes gehen alle an der Aufführung Beteiligten z. B. zum Eisessen.

Die Aufführung

Die Aufführung ist der Höhepunkt der gesamten Arbeit. Als günstig erweisen sich Abendtermine. Zu den Vorstellungen werden Kinder, Geschwister, Eltern, Großeltern, Ehemalige, Freunde der Schule, Kollegen von Nachbarschulen und Bewohner des Schulviertels eingeladen.
Die Theater- und Musicalaufführungen können auch im Kindergarten, im Altenheim, bei Stadtteilfesten und Gemeindejubiläen in geeigneten Sälen stattfinden.

Für die Kinder gelten bei der Aufführung folgende Regeln:

1. Du musst vom Publikum zu sehen, zu hören und zu verstehen sein.
2. Sprich nach vorne in Richtung Publikum.
3. Sage auf der Bühne nicht einfach deinen Text auf.
4. Achte immer auf deine Mitspieler.
5. Sprich deutlich und schreie nicht.
6. Stehe deinen Mitspielern nicht im Licht und verdecke sie nicht.
7. Winke keinen Gästen von der Bühne aus zu.

Pause

In der Pause kann der Elternbeirat Getränke wie Wasser (Orangensaft, Sekt ...) und Fingerfood (kleine Snacks, die man ohne Teller und Besteck einfach von der Servierplatte nehmen kann) im Theatersaal selber oder in einem Nebenraum / anliegenden Gang verkaufen. Die Gäste freuen sich über den Gaumenschmaus und gleichzeitig wird zusätzlich Geld für die Schule eingenommen. Da die meisten Gäste nach dem langen Sitzen während ihrer Gespräche untereinander stehen wollen, sind Stehtische angebracht.

Struwwelpeter -
eine szenische Kantate

Das Märchen vom dicken fetten Pfannenkuchen -
personales Theater

Wo die wilden Kerle wohnen -
personales Spiel

Till Eulenspiegel will fliegen -
ein Singspiel

Tabaluga und Lilli -
ein Schattenspiel

Swimmy -
ein szenischer Tanz

Laute, Schwert und Gift -
ein Ritter-Schauer-Drama in Versform

> Hand in Hand zum Ziel, fair geht vor im Spiel!

> Alle Beteiligten nahmen mit Feuereifer an der Schülerolympiade teil.

5.2 Sporterziehung – Beispiel Sportfest

Angesichts der veränderten Lebensbedingungen der Kinder muss die Schule dem Bewegungsmangel entgegenwirken und der Bewegung im gesamten Schulleben einen hohen Stellenwert einräumen.

Sporterziehung kann erheblich dazu beitragen, ein positives Klassen- und Schulklima zu schaffen. Sie bietet den Kindern eine hervorragende Möglichkeit, sich mit ihrer Schule zu identifizieren. Die soziale Kompetenz wird dabei gefördert: Die Kinder lernen, Haltungen und Einstellungen des kooperativen, fairen Miteinanders zu erproben und zu festigen. In vielfältigen Interaktionen und Sozialformen entwickeln sie die Einsicht in die Notwendigkeit und das Einhalten von Regeln. Darüber hinaus lernen sie, sich einzuordnen, gegenseitig zu helfen sowie Rücksicht und Toleranz zu zeigen.

In der bewegungsfreudigen Schule werden Anlässe wie Schulfeste und Klassenfeiern genutzt, um Eltern, Kinder und Lehrer zu gemeinsamen Bewegungsaktivitäten zu motivieren. Sportfeste und Vorführungen im Bereich der Bewegungskünste sollen allen Gelegenheit bieten, am Schulleben aktiv teilzunehmen. Wichtig ist dabei auch ein bewegungsfreudiges Schulgelände *(siehe auch Kapitel 6.3 Schulhof)*.

Sport wird getrieben
- im Basissportunterricht
- bei Bewegungsaktivitäten zur Rhythmisierung des Lernens in anderen Fächern
- in Arbeitsgemeinschaften *(siehe auch Kapitel 2.4 Arbeitsgemeinschaften)*
- beim Pausensport
- Schulfahrten mit sportlichem Schwerpunkt
- bei Turnieren
- bei Festen
- ...

Die Organisation und der Ablauf eines Sportfestes sollen nun näher betrachtet werden.

Sportfest

Sport ist nicht nur Unterrichtsfach, sondern ein wesentlicher Bestandteil des Schullebens. Sportfeste bieten den Kindern die Möglichkeit, Gelerntes zu präsentieren, sich mit anderen zu messen, gemeinsame Aufgaben zu lösen und zusammen zu feiern.

Zugleich ist Vorsicht allerdings geboten, da Sportfeste die Konkurrenz untereinander schüren können. Mühevoll angebahnte soziale Verhaltensweisen stehen auf dem Spiel. Deshalb sind lustige Wettbewerbe (siehe New Games) zwischen Klassen oder Gruppen meist vorzuziehen. Sie haben Vorrang vor Einzelaufgaben. Das Schulsportfest hebt zwar weitgehend die Leistung der Besten hervor, aber auch die Anstrengungen sportlich weniger Begabter dürfen nicht als Nebensache missachtet werden. Das gemeinsame Erlebnis steht im Vordergrund. Spiele ohne Verlierer führen am ehesten zur erstrebten Kooperation. Doch ist es auch wichtig, dass Kinder lernen zu gewinnen und zu verlieren. Spielen mit Kreativität, Geschicklichkeit, Spontaneität und Sozialverhalten gebührt dabei die gleiche Berücksichtigung wie sportlichen Leistungen beim Laufen, Springen und Werfen. Alle Anwesenden, auch die Lehrer, sind aktiviert und integriert. Oft können sich auch Eltern als Kampfrichter oder auch als Teilnehmer bei Spielen beteiligen.

Völkerball Mädchen
Stadtmeisterschaften
Fußball-Bezirksfinale
Pendelstaffel
Tauziehen
Alpiner Skilauf – Bezirksfinale in Bayrischzell
Mannschaftswettbewerb Leichtathletik
Tischtennis-Bezirksfinale
Schwimmen Freistilstaffel 4 x 50 m
Mädchen-Fußball – Südbayerisches Finale
Sportliche Erfolge
Leichtathletik – Bezirks-Stadtmeisterschaft

Planungsschritte des Organisationsteams

- Motto festlegen, z. B.
    „Gemeinsam sind wir stark"
    „Play fair and have fun"
- Thema bestimmen, zum Beispiel Dschungel-, Piraten- oder Ritterspiele
- Zeitlichen Ablauf und Ort mit dem Elternbeirat fixieren
- Räume, Sporthalle oder Sportplatz rechtzeitig vormerken, wenn sie auch von anderen Schulen in Anspruch genommen werden
- Die unterschiedlichen Wettkampfstationen bestimmen (siehe unten)
- Raumplan für die Platzierung der einzelnen Stationen erstellen
- Betreuung der einzelnen Wettbewerbe absprechen
    Jede Klasse geht mit ihrem Lehrer von einer Station zur anderen
    Dort bewerten zwei bis drei Betreuer die jeweiligen Leistungen
- Rechtzeitige schriftliche Information für Kinder und Eltern über den Termin und den geplanten Ablauf. (Bitte den Kindern genug zum Trinken und eine Kappe als Sonnenschutz mitgeben.)

- Gegebenenfalls Sanitäter und Presse verständigen
- Notwendige Materialien beschaffen
- Bewertungsmaßstäbe vereinbaren: Wenn innerhalb einer Klasse oder einer klassenübergreifenden Gruppe alle Punkte addiert werden und ein Durchschnittswert berechnet wird, kommt es auf jedes Kind an. Dabei spielen auch leistungsschwächere Kinder eine große Rolle. Alle Teilnehmer der Klasse oder der Gruppe spornen sich gegenseitig an, um einen möglichst hohen Durchschnitt zu erzielen.
- Dekoration
  Gemeinsam fertigen die Kinder ihr Klassen- oder Gruppenschild. Darauf werden in den Einzelwettbewerben erzielte Punkte geschrieben.
  Selbst gemaltes oder selbst gebasteltes Maskottchen
  Selbst gemalte Plakate als Orientierungsschilder oder Werbung für eine Klasse bzw. Gruppe
  Geschmücktes Siegerpodest
  Eine Klasse oder eine Gruppe trägt farblich abgestimmte T-Shirts.
  ...
- Preise
  Medaillen. Sie werden im Werkunterricht von den Kindern selbst gestaltet.
  Lorbeerkränze
  Urkunden
  Kleine Pokale fürs Klassenzimmer
  Gutschein für einen Museumsbesuch...
  Extra dafür bedrucktes Gewinner-T-Shirt oder Cap
  Computerlernspiel
  Geldgutschein, einzulösen beim Pausenverkauf
  ...
- Letzte Besprechung
  Kurz vor dem Spiel- und Sportfest werden in einer Dienstbesprechung alle Lehrer und Eltern in ihre Aufgaben eingewiesen. Die Spielebeschreibungen und Wertungskriterien sollten allen schriftlich vorliegen.

Ablauf am Beispiel „Olympische Spiele"

Gemeinsame Eröffnung
- Schüler tragen eine olympische Fackel zum Wettbewerbsplatz und entzünden ein Dauerfeuer. Ihr Lauf kann vorher um das Schulgelände, eventuell auch durch Ortsteile führen.
- Olympische Fanfare (beispielsweise auf Trompete gespielt oder von CD)

- Gemeinsames Lied
- Jede Klasse trägt ihr gebasteltes Klassenschild, auf dem später ihre Punkte ersichtlich sein werden.
- Ein Kind spricht den „Olympischen Eid" mit dem Versprechen, die Regeln einzuhalten.
- Die Zahl Olympischer Ringe symbolisiert die Teilnahme der verschiedenen Klassen. Jeweils zwei Schüler daraus legen Hula-Hopp-Reifen oder selbst gebastelte Ringe vor das Siegerpodest auf den Boden.

Hauptteil
- Gemeinsame oder klassenweise Aufwärmphase
- Zeitraum pro Station ca. 15 Minuten
- Nach vier Spielorten 15 Minuten Rast
- Lehrer oder Eltern kümmern sich um die Stationen.
- An den Stationen tragen die Kinder ihre für Leistungen vergebenen Punkte selbst in ihre Liste auf dem Schild ein, ein Lehrer zeichnet sie ab. Zur Gesamtbewertung überreicht jede Klasse oder Gruppe ihr Schild der Jury.

Gemeinsame Schlussfeier
- Schulleiter und Schülersprecher würdigen die Leistungen.
- Verleihung der Preise (Medaillen etc.)
- Fanfare
- Gemeinsames Abschlussspiel oder -lied
- Das Olympische Feuer wird gelöscht.

8.00 – 8.20 Uhr:	Eröffnung
8.20 – 8.30 Uhr:	Die Klassen wärmen sich entweder getrennt voneinander oder gemeinsam auf.
8.30 Uhr:	Die Schüler begeben sich an ihre Stationen: Klasse 1a/b: Station 1 Klasse 1c/d: Station 2 Klasse 2a/b: Station 3 …
8.40 – 12.00 Uhr:	Die Schüler treiben an den verschiedenen Stationen Sport. Wenn alle Kinder fertig sind, begibt sich die Gruppe geschlossen zur nächsten Station.
12.00 – 12.30 Uhr:	Schlussfeier mit Siegerehrung

Wettbewerbe

Hindernislauf
Kinder merken sich auf einer Strecke mit Flaschen als Hindernissen deren Position. Dann versuchen sie, mit verbundenen Augen die Flaschen bis zum Ziel zu überschreiten. Keine soll dabei umfallen. Als Gag für die Zuschauer können die Flaschen nach einiger Zeit heimlich entfernt werden, so dass die Teilnehmer wie Störche auf dem Weg dahinstolzieren.

Reifenzielwurf
Die Kinder zielen mit Frisbeescheiben durch einen aufgehängten Reifen. Die bei drei Würfen pro Durchlauf erzielte Trefferzahl wird notiert.

Besenbalancieren
Der „Hexer" stellt einen Besen mit dem Stielende nach unten auf seinen Fuß. So probiert er, ihn möglichst lang zu balancieren. Der Beste von zwei Versuchen zählt. Das Spiel kann auch paarweise unternommen werden.

Becherstaffel
Der Spieler hält einen Plastikbecher mit den Zähnen, mit dem er möglichst schnell eine nahe Wasserwanne ansteuert und ihn ohne Einsatz der Hände füllt. Nach einem Spurt von etwa zehn Metern leert er den Becher – ebenfalls ohne Hilfe – in einen dort bereitstehenden Eimer. Sieger ist die Gruppe, deren Kübel als erster überläuft oder nach fünf Minuten am vollsten ist.

Kegelschießen
Die Kinder sollen nacheinander vom gleichen Ausgangspunkt mit einem Gymnastikball einen Kegel treffen. Nach jedem Wurf holt der Werfer den Ball schnell zurück und übergibt ihn dem nächsten Teilnehmer. Wer den letzten der fünf Kegel getroffen hat, stellt alle wieder auf. Nach fünf Minuten Spieldauer steht fest, welche Klasse/Gruppe die meisten umgeworfen hat.

Großseilspringen
Gleich fünf Schüler springen gleichzeitig in einem Schwungseil, zwei andere schwingen es. Gefragt ist das Team mit den meisten Sprüngen in Folge ohne Fehler.

Schneckenfahren
Der Langsamste ist der Beste. Auf einer fünf Meter langen festgelegten Strecke sollen die Schüler so langsam wie nur möglich radeln. Jeder darf es einmal probieren, der zweite Versuch gilt.

Staffellauf
Alle Gruppen teilen sich in zwei Abteilungen auf, die sich im Abstand von mindestens 50 Metern gegenüberstehen. Mit einem Staffelholz in der Hand laufen die zwei ersten der Riegen aufeinander zu, tauschen bei der Begegnung die Stäbe aus, kehren zu ihrer Mannschaft zurück und übergeben sie dem jeweils Nächsten. Bewertet wird die Gesamtzeit der Gruppe. Statt Staffelhölzer können auch Gegenstände wie Luftballons und Medizinbälle eingesetzt werden, deren Transport und Übergabe besondere Geschicklichkeit erfordern.

Oktoberfest-Zielschießen
Ein auf dem Hals einer leeren Flasche liegender Tischtennisball ist das Zielobjekt. Mit einer Wasserpistole soll er aus einer Entfernung von zwei Metern weggeschossen werden.

Gruppensprung
Jeder Schüler einer Gruppe springt vom „Landeplatz" seines Vorgängers ab. Welche Staffel fliegt am weitesten, lautet die Frage.

Streckenflug
Aus Blättern bastelt jedes Team Papierflieger, die nach fünf Minuten zum Streckenflug starten. Als Flughäfen dienen Landezonen. Je nach deren Lage werden auch Punkte verteilt.

Gummistiefelweitwurf
Aus Finnland stammt der Sport, Gummistiefeln das Fliegen beizubringen. In freier Technik versucht der Teilnehmer, den Nässeschutz so weit wie möglich fortzuschleudern. Die Entfernung wird bewertet.

Papiertütenlauf
Zwei Spieler aus jeder Mannschaft sausen zum markierten Ziel und schnappen sich dort eine Papiertüte. Auf dem Rückweg blasen sie den Beutel auf, um ihn platzen zu lassen. Der Knall lässt den nächsten Läufer der jeweiligen Mannschaft starten, um dasselbe Programm zu wiederholen.

Ballonwettrennen
Der Luftballon tanzt auf dem Handrücken. Vom Kind wird er auf einer vorgegebenen Strecke zwar immer wieder nach oben geschubst, darf aber nicht festgehalten werden und nicht zwischenlanden.

Zusammensetzung der Mannschaften

Bei Staffeln, Ballspielen und Wettbewerben kämpfen oft Kinder gegen Lehrer oder Eltern. Lustiger sind meist gemischte Mannschaften. So spielen Mutter und Söhne beim Völkerball gegen Töchter und Väter. Beim Tauziehen bilden sechs Kinder, drei Eltern und drei Lehrer eine Mannschaft.

5.3 Kunsterziehung – Beispiel Kunstprojekte

Das Fach Kunsterziehung leistet einen wesentlichen Beitrag bei der Gestaltung und Präsentation des Schullebens. Es fördert die Kreativität und vermittelt den Schülern Erkenntnisse, Einsichten und Fertigkeiten, die sich auch in den anderen schulischen Fächern und bei schulischen Events positiv auswirken.

Auch hier gilt: Die Kinder entfalten ihr bildnerisch-kreatives Potential am besten, wenn die Gestaltungsanlässe, Themen und Motive auf ihren Interessens- und Erfahrungshorizont bezogen sind (Beispiel „Schulhofgestaltung"). Sie werden zur aktiven Teilnahme an der künstlerischen Auseinandersetzung mit der natürlichen und gestalteten Umwelt in und außerhalb der Schule befähigt.

Bei der Arbeit an verschiedenen das Schulleben fördernden Projekten erkennen die Schüler die Bedeutung von Kooperations- und Teamfähigkeit des Einzelnen. Einige Projektideen werden nun näher beschrieben.

Kunstprojekte in der Schule

Bei Kunstprojekten wird ein Vorhaben über den Plan bis hin zum fertigen Objekt entwickelt. Die Dauer der Projekte kann variieren, meist sind sie aber längerfristiger angelegt.

Anlässe bieten sich in Hülle und Fülle. Flure, Treppenaufgänge und andere Bereiche im Schulhaus und auf dem Schulgelände „schreien" manchmal förmlich nach einer künstlerischen Gestaltung. Graue Unterführungen und triste Bauzäune in der Gemeinde fordern eine Bemalung geradezu heraus.

Eine Unterrichtsstunde über einen berühmten Künstler weckt oft den Wunsch, sich länger mit ihm zu beschäftigen und führt so zu einem Kunstprojekt.

Unter dem Motto „Kinder treffen Künstler" arbeiten viele Schulen meist ein Jahr lang mit Künstlern aus der Umgebung zusammen. Jede Klasse besucht „ihren Künstler" im Atelier und realisiert mit ihm gemeinsam an der Schule die Kunstprojekte. Diese werden am Ende des Jahres in einer großen Ausstellung präsentiert. Die Begegnung mit der zunächst weniger vertrauten „modernen Kunst" entwickelt bei Kindern und auch Eltern ein bisher oft nicht vorhandenes Verständnis. Die Schüler erhalten Gelegenheit, Dinge neu zu sehen, zu gestalten und mit kognitiven Erkenntnissen zu verbinden. Dabei kommen häufig schlummernde Fähigkeiten zum Vorschein und ein kritisches Kunstverständnis kann entstehen. Als weiteres Kunstprojekt bietet sich ein Buch mit der Dokumentation „Kinder treffen Künstler" an. Jubiläen der Schule und der Gemeinde, Gedenktage und Geburtstage berühmter Persönlichkeiten regen zur künstlerischen Auseinandersetzungen an. Die Aufgabenstellungen sollen die Interessen und Neigungen der Schüler berücksichtigen. Den Kindern steht es dabei weitgehend offen, wie sie an „ihr" Thema, z. B. „Astrid Lindgren – 100 Jahre" herangehen.

„Kinder treffen Theaterleute"

„Kinder treffen Musiker"

DAS KONZEPT
7. Projektschritte:
7.1 Kollegium, Künstlergruppe und ein Team aus dem Elternbeirat lernen sich in der Schule in einer offenen Gesprächsrunde kennen.
7.2 Der Künstler besucht die Klasse in der Schule.
7.3 Die Klasse besucht den Künstler im Atelier/in der Werkstatt.
7.4 Gemeinsamer Besuch einer Galerie, einer Ausstellung mit moderner Kunst.
7.5 Künstler und Kinder arbeiten zusammen.
7.6 Abschluss des Projekts mit einer Präsentation in der Schule

Kinder treffen Künstler

Sinn der Kunstprojekte ist es, kindliche Kreativität aufzugreifen und zu fördern, die Wahrnehmungsfähigkeit zu erweitern und die persönliche Ausdruckskraft zu entwickeln. Projektorientierter Unterricht verstärkt das persönliche Engagement und die Bereitschaft zu praktischer Kooperation. Alle Kunstprojekte, besonders aber die klassenübergreifenden zur Gestaltung der Schule, vertiefen das Gefühl der Zugehörigkeit, die Corporate Identity.

Projektideen aus der Kunsterziehung

Im Bereich der Gemeinde
Gemeinden und Bezirksausschüsse nehmen Anregungen zur Verschönerung von unattraktiven Stellen oft bereitwillig an.
- Das Wartehäuschen am Bahnhof erhält einen Fries aus gebrannten Kacheln.
- Die Bänke im Park werden mit Acrylfarben bemalt.
- Wettbewerb: Ein Turm wird neu gestaltet.
- Eine Unterführung verwandelt sich in eine Unterwassermosaiklandschaft.
- Der Dschungel ruft: Wir bemalen einen Bauzaun.
- Aliens aus dem Weltraum im Untergrund: Wir dürfen in einer zugewiesenen U-Bahnstation sprayen.
- ...

Bauzaun-Kunst

Im Bereich der Schule
Diese Kunstprojekte eignen sich meist hervorragend für die Zusammenarbeit mit den Eltern, die bei der technischen Realisierung wichtige Aufgaben übernehmen können.
- Unser Schulhof soll schöner werden
- Große Kunst Graffiti: Wir sprayen die Betonwand der Turnhalle.
- Die Riesenschlange Alfonsa kriecht durch den Schulhof: Wir bauen eine Sitzgelegenheit.
- Dreidimensionales Arbeiten: Modellieren von Großplastiken mit Ton und Gips nach Niki de Saint Phalle für die Aula.
- Der Wandteppich „1000 und eine Nacht" für das Treppenhaus wird gewebt.
- Bunte Stühle laden zum Sitzen ein: Alte Schulstühle werden bemalt.
- Turnhallendekoration: Umrisse der Kinder werden auf Papier gezeichnet und als Sportler ausgemalt.

- Bunte Fenster leuchten: Die Fenster im Treppenhaus werden mit farbigem Glas gestaltet.
- Wir gestalten die Schulhofmauer nach Hundertwasser mit Farbe, Mosaiksteinen, Spiegel- und Fliesenscherben.
- Der Abschied naht – die Erinnerung bleibt: Die Viertklässler kleben in Gruppen mit Acryl-Dichtmasse Erinnerungen an die Grundschule auf eine dünne Holzplatte. Getrocknet wird dieses Gebilde mit Acrylfarben bemalt. Die Kunstwerke werden bei der Abschlussfeier präsentiert.
- Dino und Drago hängen an der Decke: Die Kinder formen aus Pappmaché Drachen und Dinosaurier, bemalen sie und hängen sie an die Decke.
- Eine Verkehrsaktion mit bemalten Skulpturen, welche die Autofahrer zur Vorsicht aufrufen.
- Ausstellungen zu einem bestimmten Thema. Die Kinder erhalten Tipps, Tricks und Materialien. Die kreative Umgestaltung ist ihnen überlassen.
  Mögliche Themen sind:
  Der Wald
  Miteinander in Frieden leben
  Meine Traumschule
  Die Welt in 50 Jahren
  ...
- Marionettenausstellung: Aus selbst gebatikten Tüchern, Zeitungspapier und Kleister entstehen zauberhafte, fast lebende Figuren. Eine Vorführung in Form eines Marionettentheaters rundet das Ganze ab.
- Die große Modenschau: Modische Traumkleider werden entworfen, geschneidert, ausgestellt und bei einer Modenschau vorgeführt.
- Kunstwerke für den Ostermarkt, das Sommerfest, den Herbstmarkt, den Weihnachtsbazar etc. werden für einen sozialen Zweck verkauft.
- Spiel doch mal: Selbst gefundene und schon bekannte Gesellschaftsspiele (Spielbrett, Spielfiguren, Würfel etc.) und Spielzeug (Hand-

schmeichler, Autos etc.) werden hergestellt, bei einem Spieleabend präsentiert und anschließend verschenkt oder verkauft.
- Wettbewerb: Wir gestalten ein eigenes Schulwappen
- Kunstprojekte zu berühmten Künstlern: z. B. Dürer, Kandinsky, Klee, Marc, Man Ray, Picasso, Goldsworthy (Land Art-Künstler)
- Entwürfe und Herstellung der Kostüme und Bühnenbilder für Theateraufführungen
- Kunst aus Müll: Dosen, Alufolien, Kronkorken, Tetrapaks, Jogurtbecher etc. Oder Müllroboter bauen und ausstellen
- Kunst und Natur: Kunstwerke entstehen aus natürlichen Materialien. Pinsel und Farben werden selber hergestellt.
- Land Art: Ein Riesen-Mandala entsteht in Gemeinschaftsarbeit und wird fotografiert.
- …

Im Bereich der Medien
- Ein Bilderbuch selbst gestalten
- Einen Jahreskalender zu einem bestimmten Thema herstellen
    Unsere Pfarrkirche feiert Jubiläum
    1000 Jahrfeier unserer Gemeinde
    …
- Festschrift zum Jubiläum unserer Schule
- Jahrbuch
- Dokumentationen:
    Kinder treffen Künstler
    Kinder treffen Musiker
    Kinder treffen Schauspieler
    „Eltern sind nicht nur Eltern" – Eltern stellen in den Klassen ihre Berufe vor.
    …

FESTSCHRIFTKALENDER

Fotobücher zu Ausstellungen
- Fotobücher zu Ausstellungen:
    Wir fotografieren digital und genial.
    Land Art im Jahreslauf
    Unsere große Kunstausstellung
    …
- Entwürfe und Herstellung von Plakaten und Schautafeln für Schule, Rathaus, Kindergarten etc.

- Wettbewerb: „Logos und Gestaltung unserer Homepage"
- Wir schreiben, drehen und vertonen einen Film.
- Wir erfinden und vertonen ein Hörspiel.
- Die Schülerzeitung und den Schuljahresbericht kreativ gestalten
- ...

Zur Präsentation

Eine Kunstausstellung dauert in der Regel zwischen drei und sieben Tagen. Besucht wird sie von Schülern, Lehrern, Eltern, Bekannten und Verwandten und interessierten Menschen (ohne direkten Bezug zur Schule). Wenn der Ausstellungszeitraum Wochenendtage mit einschließt, wird allen ein Besuch ermöglicht. Die Kunstwerke können in einzelnen Räumen, in Stockwerken oder aber auch in der ganzen Schule ausgestellt werden. Außerdem bieten sich andere Gebäude, beispielsweise das Rathaus oder ein Einkaufszentrum als Örtlichkeiten an. Dabei bedarf es Lehrer oder Eltern als Aufsichtspersonen. Die Künstler, die Schüler einer Kunst-Arbeitsgemeinschaft oder einer Klasse, betreuen einen Raum bzw. Teilbereich der Ausstellung. Sie geben Auskünfte über den Namen, die Bedeutung, die Entstehung und die Technik der jeweiligen Kunstwerke. Außerdem informiert darüber zusätzlich ein Schild, das unter dem Bild hängt oder neben der Skulptur liegt. Auch eine Fotoreihe über die Entstehungsgeschichte bereichert die Präsentation der Arbeiten. Visuell betont werden die Exponate durch Displayleuchten. Wenn es zu wenig Ausstellungsflächen geben sollte, hängen die Bilder an Pinwänden oder Karton-Kistensäulen. Bei einer Karton-Kistensäule handelt es sich um ungefähr fünf aufeinander gestellte Umzugkartons. Hier ist es möglich, auf geringem Raum eine Vielfalt von Bildern unterzubringen. Außerdem können die Bilder der Kinder in Form von Internetausstellungen ins Netz gebracht werden (Urheberrechte berücksichtigen!).

6. Gestaltung

Eine Schule, die den Bildungs- und Erziehungsauftrag richtig begreift, kann nie nur eine Stätte der reinen Wissensvermittlung sein. Sie wird sich immer mit den Fragen der optimalen Gestaltung des Lebensraumes Schule auseinandersetzen. Wie kann dieser so kindgerecht, angstfrei, interessant, umweltbezogen und gesundheitsfördernd sein, dass sich alle Kinder und Lehrer, alle an der Schule beteiligten Menschen, wohl fühlen.

Mögliche Fragen zur Evaluation

Die Kinder verbringen einen erheblichen Teil des Tages in der Schule. Sie sollen sich deshalb darin wie in einem zweiten Zuhause fühlen. Bei der Gestaltung dieses Lebensraumes brauchen sie daher ein gewisses Mitspracherecht. Ihre Wünsche und ihre Vorstellungen fließen in die Realisierung ein. So kann sich ein Gefühl der Geborgenheit und der Zusammenarbeit entwickeln. Bei der Umsetzung der kreativen Anregungen in der direkten Umgebung zeigen sie Fantasie und Freude. Es entstehen Bereiche, die ein Lernen und Leben in einer Wohlfühlatmosphäre ermöglichen. Zur Vorbereitung entsprechender Initiativen dient ein Fragebogen (siehe S. 140f.), in dem die Kinder ihre Vorstellungen darlegen können. Seiner Auswertung und einem gemeinsamen Gespräch folgt die Verwirklichung praktikabler Ideen.

6.1 Klassenzimmer

Das Klassenzimmer soll zum konzentrierten, effektiven Arbeiten und Lernen anregen, aber auch Erholung und Entspannung ermöglichen. Der Raum soll zudem Geborgenheit ausstrahlen und den Mädchen und Jungen ein zweites Zuhause bieten, mit dem sie sich identifizieren können.

Das Klassenzimmer als Lebens- und Lernort sowie als Kern eines vielschichtigen Netzes von Tätigkeiten, Begegnungen und Empfindungen ist der wichtigste Raum. Er braucht eine gewisse Ordnung und Strukturen, die den Kindern Sicherheit vermitteln. Zu den bedeutendsten Aufgaben seiner Gestaltung unter Mitwirkung aller gehört die Zielsetzung, selbstständiges ebenso wie gemeinsames Lernen und Arbeiten in den verschiedenen Sozialformen zu ermöglichen und zu erleichtern. Je differenzierter der Raum konzipiert ist, umso intensiver kann das Kind seine Lernfreude und Leistungsbereitschaft entwickeln, sein Wissen erweitern, individuell agieren und seine Fähigkeiten weitergeben.

Die Arbeitsweisen in Schulen haben sich in den letzten Jahrzehnten immer wieder gewandelt. Dem klassischen Frontalunterricht, bei dem der Lehrer fast unbeweglich neben seinem Podest stehend zu seinen Schülern und Schülerinnen sprach, folgten längst aufgelockerte Unterrichtsformen, Gruppenarbeiten

Möglicher Fragebogen

Mir gefällt unser Klassenzimmer…	❏ sehr ❏ mittelmäßig ❏ nicht
Unser Klassenzimmer finde ich _____ gemütlich.	❏ sehr ❏ teilweise ❏ nicht
Im Klassenzimmer kann ich mich _____ konzentrieren.	❏ gut ❏ mittelmäßig ❏ schlecht
Ich kann _____ zur Tafel schauen.	❏ gut ❏ mittelmäßig ❏ schlecht
Was ich am liebsten im Unterricht mag:	❏ Einzelarbeit ❏ Partnerarbeit ❏ Gruppenarbeit ❏ Gemischt
Welche Sitzordnung ich am liebsten mag:	❏ Einzeltische ❏ Gruppensitzordnung ❏ Hufeisenform
Welche drei Möglichkeiten wünsche ich mir für unser Klassenzimmer?	❏ Computer-Ecke ❏ Lese-Ecke ❏ Experimentier-Ecke ❏ Pflanzen ❏ Haustier ❏ Präsentationstisch ❏ _____ ❏ _____
Die Gestaltung der Wände in unserem Klassenzimmer gefällt mir…	❏ sehr ❏ mittelmäßig ❏ nicht
Mir gefällt das Schulgebäude…	❏ sehr ❏ mittelmäßig ❏ nicht

Mir gefällt der Schulhof…	❏ sehr ❏ mittelmäßig ❏ nicht
Die Schule ist sauber.	❏ Das ist richtig. ❏ Das stimmt nicht immer. ❏ Das ist nicht richtig.
Das gefällt mir gut an unserer Schule: 	
Das gefällt mir nicht an unserer Schule: 	
So stelle ich mir meine Traumschule vor: 	
Meine Mitschüler finde ich…	❏ freundlich ❏ nicht immer freundlich ❏ nicht freundlich
Mit dieser Regel würde ich gerne den Klassenvertrag ergänzen. 	
Schule macht mir …	❏ Spaß ❏ nicht immer Spaß ❏ nicht Spaß
Was sind deine drei schönsten Erinnerungen an deine bisherige Schulzeit? 	

oder Stillarbeitsphasen. Bei allen Modellen sind jedoch gleichermaßen die Arbeitsbedingungen entscheidend für den pädagogischen Erfolg. Das Klassenzimmer als Zentrum der Zusammenarbeit muss den verschiedenen Situationen entsprechend gebaut und eingerichtet sein. Unabdingbare Grundvoraussetzungen für einen erfolgreichen Lernprozess sind dabei bereits müheloses Sehen und Hören. Ein akustisch hervorragend konstruierter Raum fördert nachweisbar die intellektuelle Aufnahme- und Leistungsfähigkeit ebenso wie die Konzentrationsfähigkeit aller Beteiligten.

Die lange Zeit, die Grundschulkinder und Lehrer im Klassenraum verbringen, spielt auch unter rein sachlichen Aspekten bei der Ausgestaltung des Zimmers eine große Rolle. Schon aus gesundheitlichen Gründen ist zu beachten, dass die Kinder nicht „aufeinander sitzen". Dimension und wohnliche Einrichtung sind nach Größe der Kinder, ihrem Verhalten, ihren Vorstellungen und Ansprüchen zu bewerten. Natürlich gehören dazu auch Tische und Stühle, die bewegt werden können. So lässt sich mehr Platz für verschiedene Gegebenheiten gewinnen.

Da die Kinder eigene Interessen und Vorstellungen einbringen durften, suchen sie ihr Klassenzimmer gerne auf und fühlen sich darin wohl. So kann es ihnen eine zusätzliche Heimat und unterschiedlichen Bedürfnissen und Anforderungen gerecht werden. Vor allem bei einem Neubezug sollten alle Wünsche der Kinder gesammelt und auf ihre Realisierbarkeit überprüft werden. Ihre Mitarbeit bei der Aus- oder Umgestaltung des künftigen Schulraums stärkt erneut das Gruppengefühl, insbesondere, wenn sie bewusst in Verantwortung genommen und ihnen bestimmte Aufgaben übertragen werden.

Elemente einer Klassenzimmereinrichtung

Sitzordnung
Die Sitzordnung darf nicht starr sein, damit die Arbeitsplätze schnell und leise gewechselt, Sozialformen modifiziert oder die Stühle ohne Zeitaufwand zu einem Sitzkreis zusammengerückt werden können. Die Anordnung von Tischen und Stühlen im Klassenzimmer ist variabel und orientiert sich an den jeweiligen Zielvorstellungen. Die auf den Lehrer ausgerichtete Frontalsitzordnung ist raumsparend und bietet die günstigste Beleuchtung. Sie eignet sich ebenso gut für Partnerarbeit wie für Darbietungen und Vorführungen. Bei Hufeisenform und Halbkreis sieht jeder jeden, wodurch der Kontakt der Klassengemeinschaft gefördert wird. Bei Gesprächen und Experimenten entsteht eine direkte Querverbindung zwischen allen Teilnehmern, allerdings mit der Einschränkung, dass einige gegen das Licht sitzen und die Möbelkonstellation sehr viel Platz braucht. Eine Sitzordnung in Form von Gruppentischen bietet die beste Möglichkeit für Teamarbeit, schwächt aber den Kontakt mit dem Rest der Klasse. Zudem müssen sich die Kinder oft umständlich zur Tafel drehen.

Mögliche Sitzordnungen

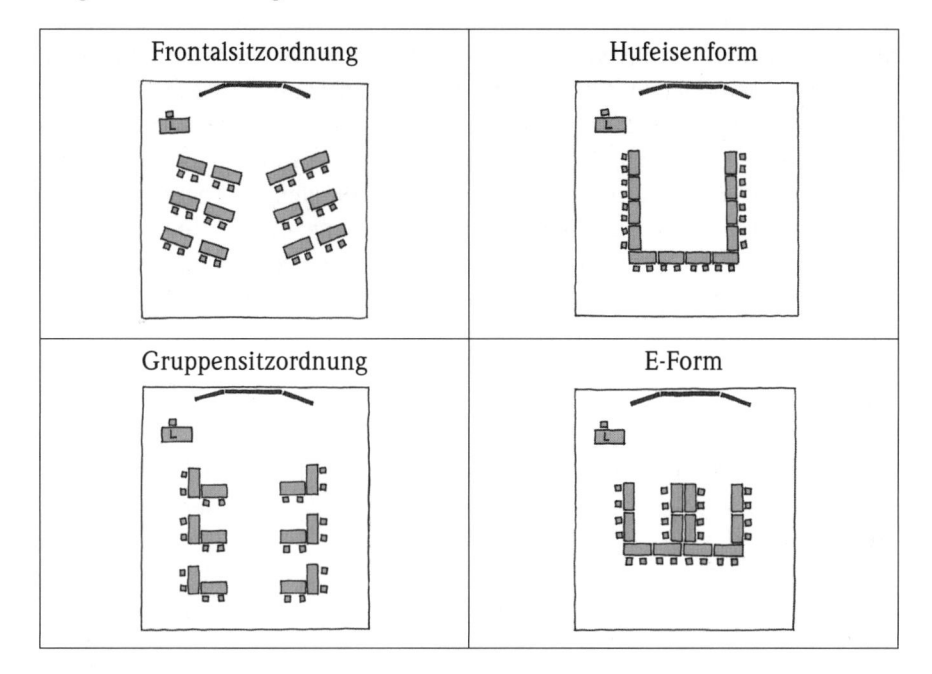

Frontalsitzordnung	Hufeisenform
Gruppensitzordnung	E-Form

Schaukasten
In Schaukästen vor direktem Zugriff und Schmutz geschützte Objekte senden Anregungen und Signale aus, die informieren und weiteres Interesse wecken. Kunstwerke der Kinder dienen als Dekoration, themenbezogene Ausstellungen führen durch die Jahreszeiten oder ergänzen den Sachunterricht. Die Rückwand des Kastens kann mit Fotos, Plakaten oder Schülerbildern einbezogen werden, während davor stehende Stücke wie Figuren und Modelle zusätzlich Aufmerksamkeit auf sich lenken.

Präsentationstisch
Für neu eingeführte Buchstaben, Experimente und aktuelle Langzeitbeobachtungen eignet sich ein Tisch auf Rollen, der so leicht seine Position verändern kann. Schnell vorliegende Ergebnisse und der Verlauf von längerfristigen Untersuchungen können von allen betrachtet bzw. verfolgt werden.

Seitentafel
Die Kinder wissen, dass sie auf der Seitentafel stets aktuelle Informationen finden. Sie eignet sich zur Notierung von Hausaufgaben, Wochenmottos, Informationen über geplante Unternehmungen oder andere Mitteilungen.

Die Wand als Ausstellungsfläche

Auf Wänden mit Korkplatten können zügig Schülerarbeiten und Informationsmaterial ausgetauscht werden. Zur Erleichterung des Überblicks trägt eine Gliederung der Flächen nach den verschiedenen Unterrichtsbereichen bei. Besondere Schmuckstücke zur Dekoration der Wände des Klassenzimmers stellen selbst gefertigte Bilder der Kinder dar. Auch quadratmetergroße Bilder zu Themen wie Dschungel, planetenübersätes All oder Unterwasserwelt beeindrucken und machen als Gemeinschaftsaufgabe bei der Herstellung großen Spaß. Bei dieser Art von Ausstellung beziehungsweise Dekoration des Klassenzimmers ist es wichtig, dass sich jeder kleine Künstler mit einem seiner Werke wiederfindet, nicht nur die Klassenbesten.

Plakate

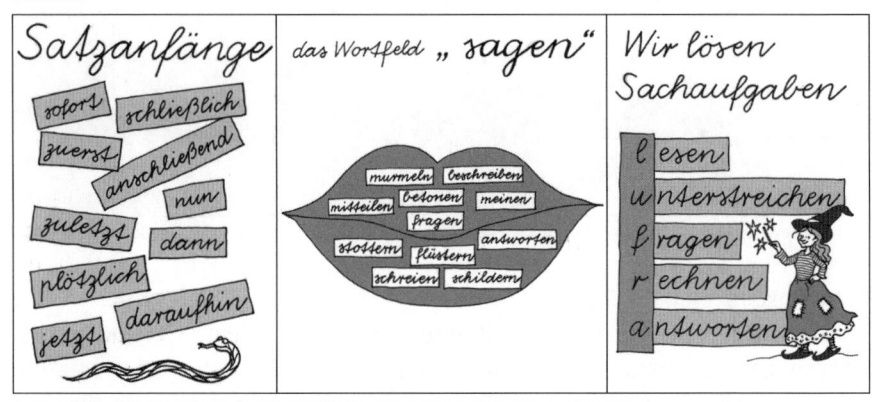

© Oldenbourg Schulbuchverlag GmbH, PRAXIS Bibliothek 256, Schulleben und Schulkultur

Gut sichtbar für jeden Schüler sollen die von ihnen oder dem Lehrer angefertigten Plakate mit wichtigen Lernessential angebracht sein. Merkregeln für die Rechtschreibung oder zur Grammatik, Hilfen beim Verfassen von Texten oder mathematische Rechengesetze haben ihren Platz im direkten Blickfeld eines jeden Schülers. Besonders dafür geeignet sind die oberen Wandbereiche, da dort nur selten Material ausgetauscht wird.

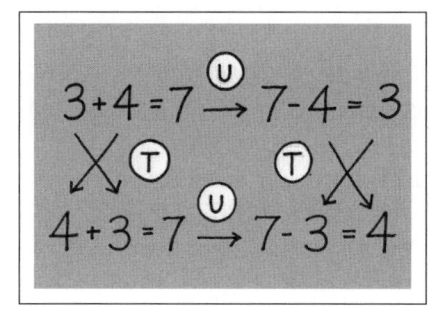

Regale

Regale bewahren häufig benötigte Materialien griffbereit und optisch präsent auf. Ihr offener Zugang erleichtert nicht nur einen schnellen Zugriff, er erzieht auch zur Ordnung, an der sich alle beteiligen sollen.

Klassendienste

Das Klassenzimmer und seine Einrichtung muss gepflegt und betreut werden. Jeder hat dazu für einen festgelegten Zeitraum mindestens einen Dienst und die Zuständigkeit für einen Bereich zu übernehmen. Damit verbunden ist Verantwortlichkeit für das eigene Handeln und gegenseitige Rücksichtnahme. Sehr geeignet für eine Visualisierung ist eine Liste oder Bilderreihe der Klassendienste, in der die Verantwortlichen ihren Aufgaben zugeordnet werden können. Die Namen stehen z. B. auf Wäscheklammern.

Austeildienst	Blumendienst
Tafeldienst	PC-Dienst (Computerdienst)
Putzdienst	Kunstdienst
Datumsdienst (Kalenderdienst)	Pflanzendienst
Garderobendienst	Türdienst
Pausenkorbdienst	Temperaturdienst (Wetterdienst)

Klassenvertrag

Eine Art Beteuerung der Verantwortung für eigenes Handeln und Respekt vor anderen Menschen auch unterschiedlicher Herkunft, vor deren Kultur, Sprache und Fähigkeiten ist Kernpunkt eines Klassenvertrags. Als Hilfestellung dazu werden die Rechte und Pflichten der Kinder in der Klassengemeinschaft entwickelt. Ausgangspunkt sind die Kinderrechte der UN-Rechte von 1989, die für alle verbindlich und einklagbar sind. Durch Unterschriften wird die Einwilligung des Einzelnen festgehalten *(siehe S. 147)*.

Gesprächsregeln

Regeln guter Kommunikation, die Gesprächsregeln, verbessern den Informations- und Meinungsaustausch. Die Kinder erarbeiten Vorschläge und beschließen, welche auf ein Plakat geschrieben und für alle sichtbar ausgehängt werden. Die bewusste Entwicklung, das Einüben und Einhalten dieser sprachlichen Vereinbarungen sollen ihnen die Erkenntnis vermitteln, dass eine erfolgreiche Gesprächsführung an Regeln gebunden ist, die allen Teilnehmern geläufig sind und die von allen befolgt werden. Vorlagen dazu finden sich auch häufig in Sprachbüchern oder den entsprechenden Lehrerhandbüchern für die Schule.

- Wir lassen den anderen aussprechen.
- Wir lachen keinen aus.
- Wir sprechen nicht dazwischen.
- Wir hören gut zu, wenn einer spricht.
- Wir melden uns.
- Wir gehen auf den anderen Gesprächspartner ein.
- Wir sprechen zur Sache.
- Wir sprechen laut und deutlich.

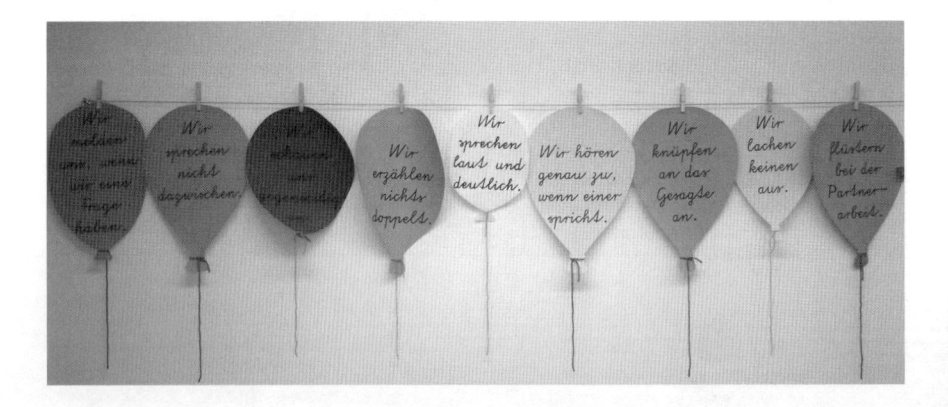

Beispiel für Klassenvertragsregeln

Klassenzimmer:
1. Wir sind pünktlich.
2. Wir nehmen Rücksicht aufeinander. Wir lachen niemanden aus, beleidigen niemanden und stellen niemanden bloß.
3. Wir nehmen niemandem etwas weg oder beschädigen es.
4. Wir stören niemanden beim Lernen und Arbeiten.
5. Wir helfen anderen, wenn sie mit den Aufgaben nicht zurechtkommen.
6. Wir versuchen zuerst Aufgaben alleine zu lösen, bevor wir Hilfe anfordern.
7. Wir halten uns an die gemeinsam entwickelten Gesprächsregeln.
8. Wir sind ehrlich und offen zueinander.
9. Wir geben acht auf Materialien, Geräte und Möbel.
10. Wir hinterlassen den Arbeitsplatz aufgeräumt.
11. Wir übernehmen Dienste für die Gemeinschaft.
12. Wir arbeiten im Unterricht aktiv mit, bringen unsere Meinungen ein und denken mit.
13. Wir stören den Unterricht nicht durch unnötigen Lärm.
14. Wir sagen offen und höflich, wenn etwas nicht in Ordnung ist.
15. Wir entschuldigen uns, wenn wir etwas falsch gemacht haben.
16. …

Schulhaus:
17. Wir gehen langsam und leise durchs Schulhaus.
18. Wir grüßen einander, sind höflich und hilfsbereit.
19. Wir kümmern uns gemeinsam um Ordnung und Sauberkeit im Schulhaus.
20. Wir verlassen die Toilette sauber und waschen uns die Hände.
21. Wir müssen für den Schaden aufkommen, wenn wir Sachen beschädigen.
22. Wir drängeln uns beim Pausenverkauf nicht vor.
23. Wir bleiben bei den Hauspausen in den Klassenzimmern.
24. …

Pausenhof:
25. Wir spielen in der Pause so, dass wir andere nicht stören.
26. Wir sind für unsere Spielgeräte verantwortlich.
27. Wir geben beim Gong am Ende der Pause die Spielgeräte ab und stellen uns am Aufstellpunkt zu zweit an.
28. Wir werfen unseren Abfall in den Mülleimer und helfen mit, unseren Pausenhof sauber zu halten.
29. Wir halten die Absperrungen ein.
30. Wir tragen Streit auf eine friedliche Art aus. Hilfe bekommen wir von den Streitschlichtern oder den Lehrern.
31. Wir achten auf die Bäume und Sträucher im Schulgelände.
32. Wir werfen im Winter keine Schneebälle.
33. Wir treten bei Schmutzwetter unsere Schuhe vor dem Betreten des Schulhauses gründlich ab und unterstützen so unser Reinigungspersonal.
34. …

Sonstiges:
35. Wir nehmen auch auf dem Schulweg Rücksicht aufeinander.
36. Wir lösen die Hausaufgaben selbstständig, zuverlässig und regelmäßig.
37. …

Wir haben die Regeln aufmerksam gelesen und werden uns bemühen, diese im Schulalltag zu befolgen.

(Unterschriften der Kinder)

© Oldenbourg Schulbuchverlag GmbH, PRAXIS Bibliothek 256, Schulleben und Schulkultur

Geburtstagskalender

Eine Geburtstagsliste der Klasse lässt sich auf verschiedene Arten aus Tonpapier und anderen Materialien basteln.

Eine Ideensammlung für mögliche Motive:
- Unterwasserwelt (je Kind ein Fisch oder eine Luftblase)
- Lokomotive (je Kind ein Wagon)
- Baum (je Kind ein Baumblatt oder eine Frucht)
- Haus (je Kind ein Fenster)
- Jahresuhr (Auf einen Pappkreis werden vier Viertelkreise – farblich zu den Jahreszeiten passend – geklebt und am Kreisrand die Monate eingetragen. Jedes Kind klebt ein Bild von sich mit Geburtsdatum zum passenden Monat. Ein Zeiger zeigt auf den aktuellen Monat, also auch auf die jeweiligen Geburtstagskinder. Er wird mit Hilfe einer Briefklammer in der Mitte befestigt.)
- Tausendfüßler (je Kind ein Körperteil des Tausendfüßlers)
- Heißluftballons (je Kind ein Ballon)
- Segelschiff (alle Kinder auf dem Segel)
- Blumenwiese (je Kind eine Blume)

Das bunte Brett

Kinder wollen ihre Interessen auch öffentlich zum Ausdruck bringen. Gelegenheit dazu finden sie auf dem bunten Brett, das sie eigenverantwortlich gestalten können. Das Spektrum auf der Pinnwand reicht von aktuellen Informationen wie Zeitungsausschnitten über Fotos, Bilder, Poster, Tabellen und Einladungen bis zu Witzen. Diese „Reißnägellandschaft" kann jederzeit erweitert werden. Ein Dienst (zwei Kinder) sorgt für Ordnung, Niveau und Ästhetik.

Fensterbank

Auf Fensterbänken gedeihen in erster Linie das Klassenzimmer belebende Pflanzen. Sie bieten aber auch Platz für andere Gegenstände. Schülerarbeiten aus dem Werkunterricht können dort ebenso präsentiert werden wie Ausstellungen zu einem ausgewählten Thema. Bücher und Zeitschriften mit aktuellen Inhalten sind für alle zugänglich. Die Fensterbank dient auch für Freiarbeitsmaterial oder als Platz für eine Station bei einem Lernzirkel. Freilich dürfen die Objekte die Fenster nicht derart verdecken, dass nicht mehr gelüftet werden kann, der Blick nach Außen versperrt ist oder die Kinder im Dunkeln sitzen.

Fensterschmuck

Auch Fensterbilder, ein beliebtes und von den Motiven her saisonal variables Dekorationselement, dürfen die Klassenzimmer nicht verfinstern. Ihre unterschiedlichen Materialien wie Window-Colours, Transparentpapier und Seide sollten deshalb nicht zu großflächig eingesetzt werden. Geeignet sind auch Scherenschnitte aus Tonkarton und laminierte gepresste Blumen. Buchhandel sowie Internet bieten zahlreiche kreative Gestaltungsvorschläge an, die einer ideenreichen Phantasie der Kinder kaum Grenzen setzen.

Lernecken

Raum zur Entfaltung bietet die Lernecke den Schülern, die beispielsweise früher mit den Pflichtaufgaben fertig sind. Praktisch möbliert und mit den Kindern gemeinsam gestaltet soll sie eine anregende Atmosphäre ausstrahlen. Als sehr vorteilhaft erweisen sich bei genügend Platz unterschiedliche Themenbereiche, in die sich die Mädchen und Jungen individuell zurückziehen können. Durch die Aufteilung des Klassenzimmers in verschiedene Lern- und Funktionsbereiche werden die Kinder bei ihren Arbeiten räumlich unterstützt, die Trennung wertet die Lernumgebung reizvoll auf. Die möglichst gemeinsam mit den Kindern entwickelten themenbezogenen Materialien sind frei zugänglich und können nach eigenem Ermessen genutzt werden.

Die Lernecken präsentieren differenzierte Angebote mit Blick auf die Interessen und Bedürfnisse und die Leistungsanforderungen. Als Hilfsmittel stehen Arbeitsanleitungen, Übungsmaterialien, Texte und Bilder, Karteien und die jeweilige Selbstkontrolle zur Verfügung. Die Gestaltungskraft von Kindern ist in der Kleingruppe weit ausgeprägter, da sie dort gegenseitig ihre Ideen leichter aufgreifen und umsetzen. Außerdem kann Kleingruppenarbeit als Rückzugsfeld dienen. Den Lehrern erleichtern die Lernecken, Bildungsprozesse anzustoßen. Die Schüler entwickeln zunehmend ein selbstständiges und eigenverantwortliches Lernen.

Lernecken gibt es beispielsweise zu folgenden Themenbereichen:
- *Lese-Ecke:* Bücher, Lexika, Comic-Hefte, Zeitungen und Zeitschriften
- *Computer-Ecke:* Computer, Bildschirme, Tastatur, Maus, Software, Drucker, Internetanschluss, Mikrophon, Kopfhörer
- *Experimentier-Ecke:* Mikroskope, Lupen
- *Spiele-Ecke:* Spiele für eine und mehrere Personen
- *Entspannungs-Ecke:* Matratze oder Couch, Kissen, Pflanzen, Bilder, Bücher
- *Bau-Ecke:* Bauklötze, Konstruktionsspiele
- *Rechen-Ecke:* Waage, Messinstrumente, Rechenspiele, Arbeitsblätter, Knobelaufgaben, Geobretter
- *Reisebüro:* Kartenmaterial, Globus, Reiseführer, Kompass
- *Schreib-Ecke:* Druckkästen, verschiedene Papierarten, Arbeitsblätter in einer Hängekartei, verschiedene Schreibgeräte, Bücher, fantasievoll gestaltete Schreibtische, Karteikästen, Schreibimpulse in Form von Fotos, Bildergeschichten

Pflanzen

Pflanzen im Klassenzimmer oder im Schulgarten tragen erheblich zu einer angenehmen Atmosphäre in der Klasse bei. Der Umgang mit der Natur weckt Empfindungen der Hilfs- und Pflegebedürftigkeit auch anderer Existenzen und vermittelt den Schülern über einen längeren Zeitraum erste Einblicke in deren Lebensbedingungen und den jahreszeitlichen Rhythmus. Keim- und andere Langzeitversuche mit Pflanzen können durchgeführt werden. Blumenstöcke bilden im Klassenzimmer optische Ruhepunkte, sorgen für Wohlbefinden und verbessern die Atemluft. Große Pflanzen können als mobile Raumteiler eingesetzt werden. Der erzieherische Beitrag von Floristik im Kleinen bleibt nicht aus. Die Verantwortungsbereitschaft und das Interesse der Kinder wachsen, sie übernehmen gern Pflegeaufgaben, wozu sie in Form von Diensten eingeteilt werden.

6.2 Schulhaus

Räumliche Probleme, unattraktive Aufenthaltsbereiche, schlechte Lichtverhältnisse oder triste Oberflächen erschweren eine gute Atmosphäre. Schon mit kleinen Eingriffen können diese Missstände ohne große Kosten verbessert werden. Bereits durchgeführte Projekte zeigten ein großes Engagement der Kinder bei einer Veränderung der Schule. Als Voraussetzung gilt, dass deren Vorschläge ernst genommen werden.

Die Schulhausgestaltung fördert friedliches Miteinander, Wahrnehmung und Sensibilität und weckt – noch dazu im eigenen Interesse – Freude an Veränderungen. Mit anregenden Dekorationen, Austausch als untauglich erachteter Gegenstände durch andere, Ergänzungen, Verschiebungen, Versetzungen und Anbringen eigener Werke sammeln die Kinder Erfahrungen mit Gestaltungstechniken und üben den Umgang mit Materialien. Gleichzeitig lernen sie ihre Schule auch außerhalb der Klassenräume richtig einzuschätzen und zu achten. Dazu trägt bei, dass sie Eingangsbereiche und Flure des Gebäudes generell als zu pflegende Kunst-Orte der Schule respektieren und aktiv an deren Entstehung und Weiterentwicklung mitwirken.

Ziele
Die Kinder
- verbessern ihre handwerklichen Fähigkeiten.
- können individuell und künstlerisch gestalten.
- arbeiten verantwortungsvoll und sorgfältig zusammen.
- entwickeln ihr Durchhaltevermögen und ihre Ausdauer.
- werden in ihrer sozialen Reife gefördert.

Möglichkeiten für eine die Kinder und Eltern integrierende kostengünstige Verschönerung des Schulhauses

- Bemalung von Betonsäulen, Gangwänden, Treppenhäusern mit freundlichen Farben
- Wandbemalung zu einem bestimmten Thema
    Wald oder Dschungel
    Landesflaggen
    Unterwasserwelt
    Zukunft
    Wetter
    Schullogo

Fächer (Sachunterricht, Deutsch, Sport, Musik, Geschichte etc.)
Fantasiewelt
Bilder und Muster im Stil berühmter Künstler:
- → Victor Vasarely   → Keith Hearing
- → Henri Matisse   → Niki de Saint Phalle
- → James Rizzi   → Allen Jones

- Große Mobile
- Gips- oder Holzplastiken
- Fensterbilder
- Wandspiele
- Wandteppich
- Sitzecken
- „Unsere Visitenkarte": Besucher werden schon an der Klassenzimmertür durch ein Plakat auf die dahinter verborgene Klassenatmosphäre eingestimmt. Einer Visitenkarte gleich kann beispielsweise der Gemeinschaftsgedanke hervorgehoben werden.
- Das Begrüßungsschild: Im Eingangsbereich einer Schule wirkt ein freundliches Begrüßungsschild mit dem Schulmotto oder einem passenden Zitat auf alle, die hereinkommen, sehr positiv und weist auf die Grundstimmung einer Schule hin. Dazu können auch Grüße in den Sprachen der ausländischen Kinder gehören.
- Litfaßsäule: Die Informationswand in der Eingangshalle des Schulhauses dient als für alle zugängliche Litfaßsäule. Klassen oder einzelne Kinder pinnen dort Informationen an, die sie anderen übermitteln wollen. Regeln für Form und Inhalt kann ein Schülerteam erstellen, das sich dann auch um die Einhaltung kümmert.
- Bilder ehemaliger Schüler/Klassen/Lehrer/Rektoren
- Schwarzes Brett mit aktuellen Informationen
- Pflanzen
- Schaukästen
- Schülercafe
- Orientierungsschilder für Besucher im gesamten Schulhaus
- von Klassen organisierte, wechselnde Ausstellungen, z.B. als Präsentation von Schülerarbeiten aus dem Kunstunterricht oder eines Projektes mit möglichen Themen wie

Bibel	Dinosaurier
„früher – heute"	Märchenbücher
Ägypten	Wald
...	

- Schmückung der Schule an Festen wie Weihnachten, Fasching oder Ostern

6.3 Schulhof

An erster Stelle der Änderungswünsche an Schulen stehen bei den Kindern die Außenanlagen, die häufig dem Bewegungsdrang und den Spielbedürfnissen nicht entsprechen. Die Pausenhöfe sollen genügend Fläche bieten, um abwechslungsreiche Spiele, gesunden Sport und freie körperliche Entfaltung zu ermöglichen. Reale Vorschläge zur Verbesserung des oft zu geringen Platz- und Programmangebots oder zu eintönig angelegter Umgebung sind an örtliche Gegebenheiten gebunden und lassen sich deshalb nicht immer voll verwirklichen.

Grundsätzlich sollten Schulhöfe kindgerecht, bewegungsfreundlich, ansprechend und naturnah angelegt sein. Vielfältig und attraktiv ausgestattete Spielflächen fördern Wahrnehmung, Motorik und Koordination. Die Gestaltung von Schulhöfen muss stets allen Aspekten offen stehen. Jeder Schülergeneration bleibt es unbenommen, ihre Ideen zur Diskussion zu stellen und sich an ihrer Verwirklichung zu beteiligen. Zudem sind eine Vielzahl von Lerninhalten und Fächern indirekt mit einem Umbau des Schulgeländes verknüpft. Die Kinder sammeln praktische Erfahrungen beim Beobachten, Messen, Zeichnen, Rechnen und Beschildern. Das erweitert ihr Beurteilungsvermögen und gibt Einblick in Politik und Verwaltung bei Abstimmungs- und Organisationsfragen.

Der produktive Einsatz der Kinder bei einer gemeinsamen Planung und Umgestaltung des Schulhofes fördert das Schulleben und stärkt die positive Identifikation mit ihrer Lebenswelt. Dabei gewonnene praktische Erkenntnisse mit den Spielregeln der Demokratie wirken sich auf das Schulleben aus und helfen auch als wirksame Gewaltprävention, das heißt, sich friedlich und verantwortungsvoll zu verhalten. Das Vorhaben bricht festgefahrene Gruppenstrukturen in Klassen auf und unterstützt die Kooperation über Klassen und Altersgrenzen hinweg. Es bringt Bewegung in die Schule, macht Spaß, erschließt durch Lernen und Begreifen aktive Naturerfahrungen. Zudem offenbart und fördert es handwerkliche und organisatorische Begabungen und gibt Eltern die Möglichkeit, sich mit eigener Kompetenz in das Schulleben zu integrieren.

Das Schulgelände soll möglichst alle ansprechen. Um unterschiedlichsten Vorstellungen gerecht zu werden, sind einer in sich geschlossenen Großanlage kleinere Funktionsbereiche vorzuziehen, um das freie Geschehen zu entflechten und den Kindern Platz zur Realisierung ihrer speziellen Wünsche zu schaffen. Gerade bei den Jungen steht dabei besonders im Grundschulalter eine sportliche Betätigung ganz weit vorne. Generell sollten Außenanlagen in Ruhe-, Lauf- und Spielzonen mit Rasenflächen, Sand- und Ballspielbereiche sowie Flächen für Spielplatzgeräte eingeteilt werden. Die dadurch entstehende Flexibilität reduziert Aggressivität und Gewalt und damit die Wahrscheinlichkeit von Unfällen.

Ablauf

1. Konferenz
2. Bildung einer Arbeitsgruppe
3. Besichtigungen und Literaturrecherche
4. Ideensammlung (Kinder-, Eltern- und Lehrerwünsche)
5. Geländerundgang
6. Kooperation mit Fachleuten (Landschaftsarchitekten)
7. (Umgestaltungs-) Plan, evtl. Bau eines Modells

> Eltern, Kinder und Lehrer bringen unseren Schulgarten auf Vordermann. Da gibt es viel zu tun, aber auch Gelegenheit zum Plaudern und natürlich für eine Brotzeit.

Eine Auswahl an wichtigen Tipps

- Die unterschiedlichen Aktivitäten der Kinder setzen entsprechende Freiräume voraus, um eine Gefährdung auszuschließen. Sicherheit nimmt gerade bei einer kinderfreundlichen Einteilung der Geländeflächen und der Standorte von Spiel- und Turngeräten oberste Priorität ein. Die Risiken bei bestimmungsgemäßer Nutzung der Spielplatzgeräte und -anlagen müssen richtig vorhergesehen und eingeschätzt werden.
- Die Zuverlässigkeit der Aufsicht ist nur bei einem uneingeschränkten Überblick über die Handlungsbereiche gewährleistet.
- Die neuen Spielgeräte sollen am besten bei geringem Flächenbedarf viel Bewegungsdrang der Kinder abbauen.
- Die Spielgeräte dürfen nicht kippen, nicht splittern und sollten keine freien Fallhöhen von mehr als einem Meter aufweisen.
- Zwischen den Spielgeräten sollte ein Sicherheitsabstand von mindestens zwei Metern sein.
- Bei neuen Pflanzen ist darauf zu achten, dass sie keine Dornen oder giftige Früchte tragen.
- Von außen kommende Helfer brauchen vorgeschriebenen und regulierten Platz. So müssen Zufahrten für Rettungswagen, Feuerwehr, Müllfahrzeuge und Lieferwagen freigehalten werden und ausreichend tragfähig ausgebaut sein. Genaue Auskünfte über Zufahrtsbereiche und

Anleiterstellen erteilt bei Anfragen über das Schulverwaltungsamt die Feuerwehr direkt.
8. Einholen von Genehmigungen
9. Finanzierung
   - Stadt (z. B. Bezirksausschuss)
   - Spenden
   - Sponsoren
10. Rundbriefe mit Bitte um Hilfe (die Potentiale der Lehrer, Schüler und Eltern nutzen und Geld sparen)
11. Ausführungsplanung
12. Umsetzung

Mit der Klasse 3c
Drei Wochen lang war das Thema „Pausenhof" wichtig. Was sich so bequem anhört, war aber eine Menge Arbeit. Erst einmal haben sich die Mädchen und Jungen Gedanken darüber gemacht, was es eigentlich alles gibt, im Pausenhof. Danach wurden die Kinder selbst als Reporter aktiv und haben die Pause ganz und gar nicht faul verbracht, sondern damit, Fotos zu machen, andere Kinder zu befragen und zu beobachten. Und was sie herausgefunden, fotografiert, gemalt und gedichtet haben, könnt ihr hier, aber auch im November-Newsletter nachlesen.
Viel Spaß dabei wünscht euch das Kinderredaktionsteam der Klasse 3c.

Das Thema der Projektwoche lautete:
Miteinander leben – miteinander lernen – Wir planen einen neuen Schulhof.
Die Kinder sollten ihren Schulhof genau erforschen und verschiedene Gestaltungsmöglichkeiten kennenlernen.
Die Ergebnisse wurden auf dem Sommerfest vorgestellt. Kinder und Eltern konnten durch eine Punktewertung abstimmen, was ihnen gut gefiel und was sie sich im Schulhof wünschen.

Wir drehen einen Film über unseren Schulhof.

Funktionen	Benötigtes Material

Spiel und Bewegung
• Raum für kreative Spielideen der Kinder
• körperliche Aktivitäten
    Spiele mit Bällen
    Sport auf und mit Rädern
    Seil- und Hüpfspiele
    Klettern
    Springen
    Rennen
	• Spielflächen mit spezifischer Ausstattung wie Fußballtore und Basketballkörbe
	• Kletterwand, -gerüst, -haus
	• Reifenberg
	• (Reifen-)Schaukel
	• Vogelnestkarussell
	• Trampolin
	• Wippe
	• Wackelbrücke
	• Hangelgeräte
	• Reckstangen
	• Karussell
	• Tischtennisplatten
	• Sandkasten
	• Rutsche
	• Balancierbalken
	• Kriechtunnel
	• Pausenbox mit Bällen, Seilen, Stelzen, Frisbee, Jongliertücher, Tischtennisschlägern etc.
	• ...

Entspannung und soziales Miteinander • Lockerung des Gesamtkörpers • Brotzeit machen • Frische Luft schöpfen • über Klassen hinausgehende Verbindungsstelle • eigenständige, persönliche Unterhaltung	• Sitzbereiche in Nischen, um die Bäume herum ..., Sitzrondelle • Wäldchen • Trinkbrunnen • Baumstämme • Tipi-Zelt • Bänke und Tische zum Unterhalten oder Spielen von Schach, Tausch- und Kartenspielen ... • Raum zur Streitschlichtung (z. B. Friedenshaus mit Friedenstreppe) • Laube • Pergola • „Wasserspiele" • Fühlpfad • ...

Funktionen	Benötigtes Material
Naturerfahrung • Pflichtbewusstes Verhalten gegenüber Pflanzen und Tieren der Umwelt • Den natürlichen Jahreskreislauf erleben	• Kräuterschnecke • Gemüsebeet • Schulteich • Pflanzen im Entwicklungs-Ablauf (Blüte, Frucht, Laub) • Trockenmauer • Wäldchen • Wiese • Tiergehege • Wildwiese • Nistkästen • Komposthaufen • Weidentunnel • Hochbeet • Hecke • begrünte Fassaden • ...
Unterricht • Lernen an der frischen Luft • Handlungsorientierung (malen, messen, zeichnen, beobachten, bauen) • Primäre Erfahrungen	• Bänke und Tische im Schulgarten • Wildwiese • Freilichtbühne/Forum • Grünes Klassenzimmer • Sonnenuhr • ...
Kreativität • Realisierung von Ideen • Platz für größere Projekte • Geeigneter Ort für Präsentationen	• Wände zum Bemalen • Platz für die Ausstellung im Unterricht gefertigter Skulpturen • Maibaum • Gestaltung der Fahrradständer • Steinmandala • keramisches Bild (Einzelkacheln) • Bemalung der Papierkörbe • Bau eines Lehmpavillons • Wandrelief • Mosaikplastiken • Bemalen des Pausenhofes mit Hüpfspielen • ...

Ideen zur Schulhofbodenbemalung:
- *Twister:* Dieses Spiel kann von mehreren Kindern gespielt werden. Mit einer Scheibe wird per Zufall ermittelt, welches Körperteil welche Farbe berühren muss. Bei den sich ergebenden „Verknotungen" haben die Kinder viel Spaß.
- *Mühle:* eine übergroße Version des bekannten Spiel „Mühle" wird auf den Boden gepinselt. Als Setzsteine dienen Blumentopfuntersetzer in schwarz und weiß.
- *Mensch ärgere dich nicht:* Die Kinder malen ein überdimensionales Brettspiel auf. Beispielsweise „Mensch ärgere dich nicht", bei dem sie selbst die Figuren spielen können. Als Würfel dient ein Schaumstoffwürfel oder ein Kind, das still für sich von 1 bis 6 zählt.

- *Die 100er Schlange:* Dieses lange Reptil hat eine besondere Vorliebe für den Zahlenraum des Anfangsunterrichts. Spielerisch können die Kinder sich ihren ersten größeren Zahlenraum erschließen, abhüpfen und mitzählen.
- Figuren (Tiere etc.) und Zeichen (Schullogo etc.) oder Sprüche (Schulmotto, Willkommensgruß etc.)
- Hüpfspiele, z. B. „Himmel und Hölle"
- *Europahüpfspiel für den Schulhof:* Ein Hüpfspiel mit den Umrissen der europäischen Länder.

6.4 Umwelt

Verantwortungsbewusstsein für Natur und Umwelt gehört zu den obersten Bildungsaufgaben. Mit dem Leitziel einer nachhaltigen Entwicklung fordert Umwelterziehung die Kinder in der Grundschule zu einer Auseinandersetzung mit der natürlichen und der von Menschen geschaffenen Umgebung heraus. Darlegung und kritische Diskussionen vermitteln Einsichten und Sachkompetenzen ebenso wie Werte und Normen, die zu umweltbewusstem Denken und Handeln führen. Das Fundament der Umwelterziehung liegt in der überzeugenden Weitergabe des Verständnisses für ein sinnvolles Handeln in und mit Umwelt und Natur. Als idealer Lernort bietet sich täglich die heimatliche Umgebung an. Mit einer steigenden Wertschätzung der Natur gewinnt die Bedeutung von Schutz und Achtung an Gewicht.

Die Umweltbildung stellt einen wesentlichen Bestandteil der Schule und des gesamten Schullebens dar. Sie umfasst Felder, in denen ökologisches und soziales Denken, Lernen und Handeln im Sinne einer zeitgemäßen Gestaltung des Lebensraums angewandt werden. Das Verständnis komplexer Zusammenhänge wird unterstützt, ein Begreifen gegebener Mängel erleichtert. Bei Maßnahmen wie konsequente Mülltrennung, sparsamer Energieverbrauch, Sauberkeit oder entsprechender Umgang mit Tieren und Pflanzen im Schulleben entwickelt sich das Umweltbewusstsein bei den Kindern immer mehr zur guten Gewohnheit. Die Verwirklichung von Zielen der Umwelterziehung sollten die Kinder als tägliche Selbstverständlichkeit erleben und erfahren. Eltern und Lehrer sollen bei der Umwelterziehung gemeinsame Vorbilder sein. Wichtig sind Aktionen, die Kinder selbst oder mit Unterstützung von Lehrkräften, Eltern und Fachleuten anregen, planen und durchführen. Konkrete Vorhaben und Tätigkeiten erschließen den Kindern positive Erlebnisse. Praktisches Lernen verknüpft Hintergrundwissen mit neuen Erkenntnissen und öffnet Wege zur Sicherheit und Souveränität, Erlerntes auch anzuwenden.

Umweltbildung braucht handlungsorientiertes Lernen, beispielsweise in Form von Exkursionen und Unterrichtsgängen. Durch vorbereitete Arbeitsaufträge können die Kinder dabei aktiv in Planung, Durchführung und Nachbereitung tätig werden. Aus dem persönlichen Erleben beim Lernen mit Aktionen vor Ort lassen sich sinnvolle Anknüpfungspunkte für das Alltagsverhalten ableiten. Zudem offenbart das Erlebnis nachhaltiger Prozesse jedem Einzelnen, wichtiges Mitglied der Gemeinschaft zu sein. Eine positive Rückmeldung über sein Engagement steigert den Effekt.

Nicht nur im Klassenzimmer, sondern auch an Ort und Stelle erfahren die Schüler von Experten Einzelheiten über die Existenz und die Lösungsmöglichkeiten konkreter Umweltprobleme. Außerschulische Informations-, Beratungs- und Bildungsstätten aus dem ökologischen, ökonomischen und sozialen Bereich ergänzen die familiären und schulischen Gelegenheiten. Förster berichten im Wald über Baumschäden, Landwirte auf Äckern über die Agrarkultur, Biologen und Tierpfleger über botanische und zoologische Gärten und Gehege. Zum Teil ebenfalls im Freien informieren Fachleute über Parkanlagen, Kläreinrichtungen, Stadtbiotope, Naturschutzgebiete und Klimaschutz. In der Unzahl von weiterbildenden Umweltobjekten in naher Umgebung nehmen auch Heimatmuseen, Walderlebniszentren, Bauernhöfe und Kinderfarmen eine führende Rolle ein. Als Anlaufstellen und Kooperationspartner fungieren unter anderem Naturschutzbehörden, Forstämter, Umwelt- und Naturschutzverbände, soziale, kulturelle und kirchliche Institutionen, Wirtschaftsunternehmen, Landrats- und Gartenbauämter.

Inhalte und Wege der Umweltbildung sollten in jeder Schule täglich praktiziert und thematisiert werden. Diese Integration bewirkt, dass die Inhalte und die Handlungskompetenz dauerhaft das Bewusstsein der Kinder beeinflussen. Als großer Vorteil hat sich erwiesen, wenn verschiedene Klassenstufen gemeinsam in Bereichen ihrer Umwelt tätig sind. Ergebnisse und Erfolge ihrer praktischen Umweltarbeit teilen die Kinder gerne der Öffentlichkeit mit. Möglichkeiten zur Veröffentlichung bieten Schulzeitungen und Internetseiten. Auch als Bildgalerien können Kinder gelungene Schnappschüsse im Klassenzimmer und im Schulhaus präsentieren. Dokumentationen wie „So legten wir unser Feuchtbiotop an" zeigen Beispiele einer direkten Verbundenheit der Kinder mit der Natur.

Handlungsfelder sind z. B.:

- Spiele zur Naturerfahrung mit allen Sinnen durchführen
- Mit Naturmaterialien basteln und gestalten, z. B.
  Trockengestecke: Anfertigung von Holzbilderrahmen, an welchen Trockenmaterialien kreativ befestigt werden
  Arbeit mit Stroh: Das Arbeiten mit Stroh bietet Kindern vielfältige Bastelmöglichkeiten. Zunächst müssen schöne und gleichmäßig gewachsene Halme glatt gebügelt werden. Das Stroh sollte zuvor angefeuchtet werden.
- Einen Schulgarten anlegen und pflegen
  Eindrücke mit vielen Sinnen sammeln
  Kleintiere und Pflanzen bewundern
  Witterung bewusst wahrnehmen
  Artenkenntnis erweitern
  Kräuteranbau (z. B. an der Kräuterschnecke)
  → Auswahl des Standortes
  → Boden gut lockern, Steine herauslesen
  → Pflanzen oder Säen: Pfefferminze, Zitronenmelisse, Salbei, Petersilie, Thymian und Kresse
  → Unkrautbekämpfung
  → regelmäßiges Lockern des Bodens und Gießen
  → stetig Kontrolle auf Schädlinge
  → Ernte
  → Teegemische herstellen (z. B. Pfefferminze)
  → Abfüllen in kleine selbst beschriftete Tüten
  Früchte- und Gemüseanbau: Der gesamte Prozess von der Beetvorbereitung bis zur Aufbereitung des Erntegutes kann dokumentiert und fotografiert werden, um anschließend eine kleine Präsentation zu erstellen.
  Hochbeete bauen
  gärtnerische Grundkenntnisse lernen
  Kompostieren
  Zäune aus abgestorbenem Holz bauen
  Biotop anlegen
- Arbeiten im Gewächshaus
- Eine Wiese, einen Wald, einen Bach oder Tümpel erkunden
- Lebensgemeinschaften und Lebensräume von Tieren und Pflanzen entdecken und beobachten
- Baumsteckbriefe erstellen
- Arbeit mit Bestimmungsbüchern und Nachschlagewerken

- Ein Waldstück, eine Wiese, einen Weg von Abfall und Müll reinigen
- Lebensräume für Tiere und Pflanzen am Schulgelände schaffen

Thema Dinokrebse

Die Verwandschaft

Der Dino-Krebs (Triops) ist mit dem Flusskrebs und der Garnele verwandt. Unsere Papas haben gefragt: „Ob der Triops auch so gut schmeckt wie der Flusskrebs und die Garnele?" Wir wissen es nicht.

Die Aufzucht

Für die kleinen Triops braucht man ein Aquarium mit einer Lampe mit 15 cm Abstand zum Wasser. Man schüttet die Eier einfach hinein. Auch andere Dinge müssen passen! Die Temperatur muss 28 °C sein. Das Futter sollte genau stimmen. Es muss auch beachtet werden: Kein Chlor, ...
Das Aquarium von den großen Triops muss ein Sauerstoffgerät haben und auch einen Temperaturheizregler.

Wenn ihr noch mehr wissen wollt:

1. Könnt ihr uns fragen.
2. Im Internet nachsehen unter www.google.de.
3. Auf unseren Plakaten nachsehen.

- Patenschaften übernehmen für einen Bach, Weiher, ein Waldstück etc.
- Anlegen eines Waldklassenzimmers

Unser Waldklassenzimmer besuchen wir auch jetzt zu allen Jahreszeiten. Wir spüren, riechen und fühlen die Natur und erleben so die Schönheit unserer nächsten Umgebung aus erster Hand. Zahlreiche Ausflüge werden von den Klassen und ihren Patenklassen regelmäßig dorthin unternommen. Immer wieder bauen wir Tipis und Mooshäuschen und beobachten Tiere und Pflanzen.

- Möglichkeiten und Grenzen des Abfallrecyclings diskutieren und ausprobieren, z. B. selbst Papier herstellen
- Abfall vermeiden bzw. getrennt sammeln
- Basteln mit Müll
- Bei Feiern Porzellangeschirr und Metallbesteck verwenden
- Die (Schul-)Öffentlichkeit über praktischen Umweltschutz informieren, z. B. in Form einer Ausstellung
- Kontakte zu Umweltverbänden pflegen und gemeinsame Aktionen durchführen
- Umweltfreundliche Produkte und Arbeitsmittel verwenden (Putzmittel, Klebstoffe etc.)
- Untersuchungen von Energieverbrauch (Strom, Heizung, Wasser) in der Schule; Entwickeln und Durchführen von Verbesserungsvorschlägen
- Vermeiden von Lärm beim Erkunden des Waldes
- Pflege von Pflanzen im Klassenraum
- Quartiere zur Igelüberwinterung (Anlegen von großen Laubhaufen)
- Messgeräte zur Wetterbeobachtung entwerfen, bauen und erproben (Windstärkemesser etc.)
- Regenwassernutzung
- Witterungsaufzeichnungen
    regelmäßiges Ablesen der Temperatur, der Windrichtung bzw. Geschwindigkeit und ggf. des Barometers
    Eintragen der Werte in eine Tabelle
    Auswertung der Werte
- Grünpflanzenvermehrung: Eine selbst gezogene Pflanze in einem Tontöpfchen, von den Kindern angemalt, ist eine sehr persönliche Aufmerksamkeit. Geeignete Pflanzenvermehrung beispielsweise von
    Grünlilie
    Usambaraveilchen
    Bubiköpfchen
    Rittersterne
    Aloe
    Elefantenohr

- Für eine Ausstellung Pflanzen pressen und auf ein mit folgenden Angaben beschriftetes Blatt kleben:

Name des Finders	Klasse	Datum des Fundes
Name der Pflanze	Fundort	
Hier ist Platz für deine Pflanze.		

- Natur als Gegenstand von Dichtung, bildender Kunst und Musik
  Land Art
  Bau von Naturinstrumenten
- Planen von Klassenfahrten, Schulfesten etc. am Prinzip der Nachhaltigkeit
- Feste feiern:
  Erntedank
  Einspeisefest (s. u.)
  siehe auch 7.1.2 Feste und Feiern

Einspeisefest zur Einweihung der Solaranlage am 16.10.2007

Unser Programm:
Die Big Band macht Musik
Die Geschäftsführung grüßt die Gäste
Stadträte kochen

Alle Speisen und Getränke aus ökologisch erzeugten Lebensmitteln
Knoblauchbutter und Brot
Solarsuppe
Quark- oder Apfel-Ingwer-Crème mit Mirabellen-Fruchtsoße
Käseprobe
Prosecco, Bier, Apfelsaft, Wasser, Apfelschorle

Quelle: Canisius-Schulzeitung

Unsere Lesenacht

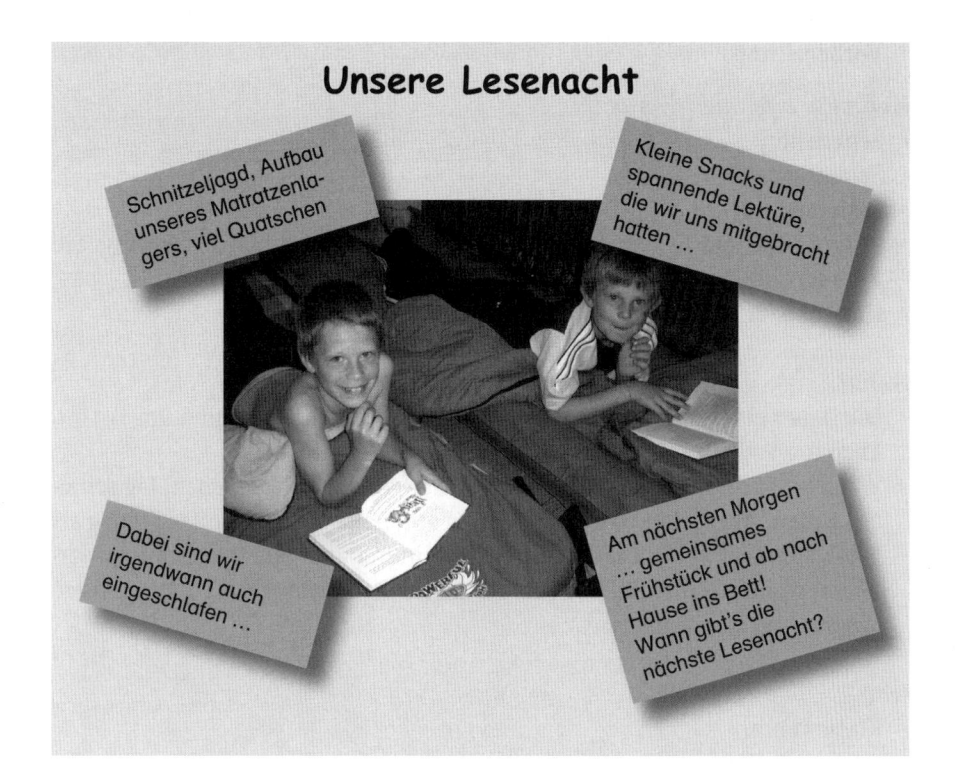

Schnitzeljagd, Aufbau unseres Matratzenlagers, viel Quatschen

Kleine Snacks und spannende Lektüre, die wir uns mitgebracht hatten ...

Dabei sind wir irgendwann auch eingeschlafen ...

Am nächsten Morgen ... gemeinsames Frühstück und ab nach Hause ins Bett! Wann gibt's die nächste Lesenacht?

7. Events

7.1 Innerhalb des räumlichen Schulbereichs

7.1.1 Lesenacht

Wenn alles schläft und die 2a wacht, dann ist unsere Lesenacht! Am Donnerstag, den 7. Dezember 2007 war es endlich soweit. Schon Wochen vorher gab es nur noch ein Thema in der Klasse 2a: unsere Lesenacht!

Lesenächte haben sich bereits zu Klassikern der Leseanimation entwickelt und werden immer wieder gerne zumeist mit Kindern ab acht Jahren durchgeführt. Die Freude an der gemeinsamen Durchführung, das intensive Lesen und Vorlesen zu später Stunde, die Spiele, das Wahrnehmen der schulischen Räume in dieser besonderen Situation und das gemeinsame Frühstück am nächsten Morgen sind für die Kinder sehr aufregend und spannend. Diese spezielle Atmosphäre einer Lesenacht schafft einen positiv besetzten Zugang zum Lesen und fördert auch das soziale Zusammenleben.

1. Vorbereitung

Wer muss informiert werden?
- Schulleiter
- Schulträger
- Betreuer
- Eltern: In jedem Fall ist die Teilnahme an der Veranstaltung freiwillig. Sie erfordert die Einverständniserklärung der Eltern.
- Hausmeister

Wann?
- Die Dauer einer Lesenacht beträgt zirka 14 Stunden (z. B. Beginn um 19 Uhr, Ende um 9 Uhr).
- Wählen Sie den Termin so, dass die Kinder am darauf folgenden Tag schulfrei haben. Abgesehen von Ferienzeiten empfiehlt sich daher der Freitag als Veranstaltungstag. Stimmen Sie den Termin mit anderen Veranstaltungsterminen in der Gemeinde bzw. in der näheren Umgebung ab, um unnötige Konkurrenz zu vermeiden!

Wo?
- Klassenraum
- Schulbibliothek
- Stadtbücherei
- Sporthalle
- Jugendherberge
- Zelt

*Die Lesenacht war sehr sehr schön, die schönste Lesenacht der Welt.
Miriam*

Was wird gelesen?
Die Literatur kann von den Kindern selbst mitgebracht werden, oder man leiht sich Bücher von der Schule oder der Bücherei aus. Die Stadtbücherei wird auf Anfrage sicherlich eine Bücherkiste an die Schule schicken. Sie sollte genügend verschiedene Themen und Interessensgebiete berücksichtigen: Klassiker der Kinder- und Jugendliteratur, Abenteuer-, Spuk- und Kriminalgeschichten, Sachbücher, Bildergeschichten, Comics, Kinder- und Jugendzeitschriften, Fantastisches und Märchenhaftes, Tierbücher, Bücher zum Lachen, Schul- und Alltagsgeschichten. Möglich ist auch, den Klassensatz eines ganz bestimmten Buches auszuleihen bzw. zu kaufen.

Programmplanung

- Die Lesenacht kann in vier Abschnitte eingeteilt werden:
  - Früher Abend: Begrüßungs- und Einstimmungsphase
  - Abend: Programmphase
  - Nacht: Zeit für freies Lesen
  - Morgen: Gemeinsames Frühstück
- Inhaltlich kann in der Lesenacht zu einem bestimmten Buch oder zu einem Rahmenthema gearbeitet werden:
  - Nacht der Vampire
  - Grusel-/Gespenster-Lesenacht
  - 1000 und eine Nacht – Geschichten aus dem Orient
  - Lesenächte im Jahreslauf, z. B. eine vorweihnachtliche Lesenacht
  - Halloween-Lesenacht
  - Harry-Potter-Lesenacht

  Die Gestaltungsmöglichkeiten sind vielfältig und reichen vom Lesen und Vorlesen über das Diskutieren, Zeichnen und kreative Gestalten bis zum Spielen und Singen. Das Programm sollte jedoch nicht zu dicht gedrängt sein, damit den Kindern für freies Lesen und das Schmökern genügend Zeit bleibt.
- Bedenken Sie bei der Programmplanung zudem die Zielgruppe der Lesenacht. Während sich für Kinder ein spielerisches Programm mit Vorlesen, Lesen, Spielen, Basteln und Singen gut eignet, möchten Jugendliche vielleicht diskutieren, Texte aus unterschiedlichen Blickwinkeln beleuchten oder über verschiedene Standpunkte und Ansichten sprechen.

Einladung

- Gestalten Sie die Einladung gemäß dem Motto der Lesenacht möglichst fantasievoll und anregend – die Neugier der Kinder soll geweckt werden.
- Verwenden Sie bunte Papierarten oder Hochglanzpapier. Sie können die Einladungen entsprechend dem Thema z. B. in Form eines Hexenhäuschen oder in Form einer Fledermaus zuschneiden.
- Verwenden Sie auffällige, gut leserliche Schriftarten.
- Was soll auf der Einladung stehen? Welche Informationen sind für die Kinder interessant? Überlegen Sie sich dafür im Vorfeld die so genannten „W-Fragen": Wer? Was? Wann? Wo? Wie? Warum?
- Der Einladungstext *(siehe auch Elternbrief, S. 168)* kann mit passenden Bildern oder Fotos aufgelockert werden.

Elternbrief

- Im Vorfeld der Veranstaltung erhalten die Eltern ein Informationsblatt. Dieses sollte neben allgemeinen Informationen zur Lesenacht eine Einverständniserklärung enthalten, dass das Kind an der Lesenacht teilnehmen darf.

Vorschlag für ein Einladungsschreiben (Lesenacht)

München, den 12.06.2008

Liebe Eltern der 3a,

vom 4.7. auf den 5.7. veranstalten die Klassen 3a und 3b eine Lesenacht, die als ein Beitrag zur Leseförderung gedacht ist und die Klassengemeinschaft(en) fördern soll.
Die Kinder freuen sich schon sehr. Um einen sicheren und geregelten Ablauf zu garantieren, hier einige Informationen:

- Die Kinder sollen sich am 4.7. um 19.00 Uhr im Klassenzimmer einfinden.
- Eine gemeinsame Lektüre kaufe ich im Klassensatz für 5 € pro Kind. Ich schlage vor, das Geld aus der Klassenkasse zu nehmen.
- Die Kinder werden im Klassenzimmer übernachten.
- Die Kinder sollen satt das Schulhaus betreten. Außer kleinen Snacks gibt es in der Schule kein Essen.
- Ausrüstung:
  – Taschenlampe
  – Luftmatratze, Schlafsack
  – Bequeme Kleidung, in der man auch schlafen kann (Turnhose und T-Shirt bzw. Trainingsanzug)
  – Waschzeug („Katzenwäsche" – Ihr Kind sollte daher schon gebadet bzw. geduscht in der Schule erscheinen.)
  – Altersgemäße Bücher
  – Für die Durststillung bitte jedem Kind genügend zu trinken mitgeben.
  – Gute Laune ☺
- Bitte informieren Sie mich, wenn bei Ihrem Kind während der Nacht Besonderheiten zu beachten sind (z.B. einzunehmende Medikamente [Zettel mit Dosierung und Name, Blasenschwäche, Nachtwandeln etc.]).
- Am 5.7. wollen wir dann alle gemeinsam ab 7.30 Uhr im Klassenzimmer frühstücken. Bitte geben Sie den Elternsprechern bald möglichst Bescheid, was Sie mitbringen möchten.
-

Ich wünsche uns allen dabei viel Freude und Spaß.
Vielen Dank für Ihr Vertrauen, einen wunderschönen Tag, _____

Ich erlaube meinem Kind _____ an der Lesenacht
(4.7.08 – 5.7.08) teilzunehmen.

Während der Lesenacht bin ich unter dieser Nummer durchgehend

zu erreichen: _____

Unterschrift: _____

Vorbereitung des Klassenzimmers für die Lesenacht

- Dekorieren Sie das Klassenzimmer mit den Kindern passend zum Thema der Lesenacht und schaffen Sie eine anregende Atmosphäre. Verschiedenste Materialien können verwendet werden: Tücher, Kissen, Decken, Pflanzen, Luftballons, Girlanden, zum Thema passende Plakate, Poster, Bilder, Zeichnungen, Zeitungsartikel, Materialien wie z. B. Steine, Kürbisse, Zweige, Reisig etc.
- Bereiten Sie einen Büchertisch, eine Bücherkiste oder ein eigenes Bücherregal vor.
- Richten Sie mit Kissen und Decken gemütliche Lesebereiche ein. Die Einrichtung von Leseecken kann auch einer der ersten gemeinsamen Programmpunkte sein.
- Stellen Sie je nach Bedarf einen oder mehrere Basteltische mit Bastel- oder Malutensilien zur Verfügung.
- Bereiten Sie den Schlafplatz so vor, dass die Matten und Schlafsäcke nur noch ausgebreitet werden müssen.
- Halten Sie eine Liste mit den Telefonnummern der Eltern sowie mit Notfall-Rufnummern griffbereit.

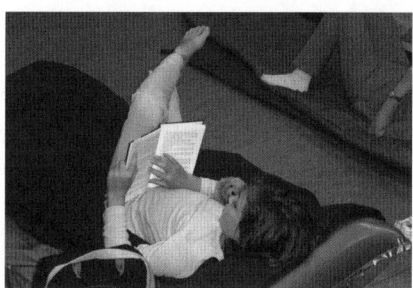

Ich konnte nicht einschlafen. Ich war mit Victoria und Joanna wach. Wir musten immer auf die Toilete. Das war lustig.

2. Durchführung

Begrüßungs- und Einstimmungsphase (19:00 Uhr)

- Wenn die ersten Gäste eintreffen, sollten die organisatorischen Vorbereitungen bereits abgeschlossen sein.
- Die Gäste können mit Willkommenssnacks oder -getränken empfangen werden. Selbstgemachtes (z. B. Kuchen, Muffins, Brötchen etc.) kommt dabei sehr gut an. Die Eltern helfen sicherlich gerne!
- Besprechen Sie mit den Kindern Regeln, die während der Nacht eingehalten werden müssen. Zum Beispiel, dass sie nicht mehr laut miteinander sprechen dürfen, wenn andere Kinder schon schlafen wollen.

Programmphase (20:00 Uhr)

Vorlesen
- Eltern
- Lehrer
- Kinder

> Mir hat das Buch ser gut gefalen. Das aufbleiben fand ich toll. Di Rätzel waren gut.
> Andreas

Gespräche und Diskussionen
- über den Titel, das Titelbild
- über einzelne Figuren
- über eine bestimmte Szene
- über die Handlung
- über den Fortgang der Handlung nach einem offenen Ende

Schreiben
- Arbeit mit einem Text: In Kleingruppen wird ein Text um- oder zu Ende geschrieben. Verwenden Sie dafür Textstellen, bei denen die Handlung mehrere verschiedene Wendungen nehmen könnte.
- Arbeit mit einem Thema: Zum Thema der Lesenacht gemeinsam eine Geschichte erfinden. Dazu in der Gruppe Ideen sammeln und auf einem Flipchart oder Plakat festhalten.

Rollenspiel
- Beim Rollenspiel schlüpfen die Kinder für einen begrenzten Zeitraum in eine andere Rolle und spielen verschiedene Figuren einer Geschichte. Es können bestimmte Szenen oder ähnliche Situationen nachgespielt werden. Ziel des Rollenspiels ist, dass die Kinder Näheres über die einzelnen Figuren, deren Umfeld und Verhaltensweisen herausfinden. Sie üben beim Rollenspiel auf spielerische Art und Weise, sich in unterschiedliche Charaktere hineinzuversetzen. Beim Rollenspiel können Requisiten wie z. B. Stoffe, Kleidungsstücke, Accessoires sowie einfach hergestellte, selbst gefertigte Kulissen eingesetzt werden.

Zeichnen, Malen, Basteln
- Zur Auflockerung zwischen dem Lesen und Vorlesen eignen sich Zeichnen, Malen und Basteln als kreative Programmelemente. Mögliche Anregungen:
    Das Titelbild eines Buches neu gestalten
    Einzelne Figuren einer Geschichte zeichnen
    Szenen einer Geschichte als Comic zeichnen

Collagen basteln
Gegenstände oder Figuren aus einem Buch nachbasteln
Stabfigurentheater
Schattenspielfiguren
Lesezeichen
- Benötigtes Material: Verschiedene Papierarten, Bleistifte, Farbstifte, Filzstifte, Wachsmalkreiden, Plakatstifte, Uhu, Scheren, Klebebänder, leere Küchenrollen, Korken, Wolle, Stoffreste, Postkarten, Zeitschriften, Zeitungen etc.

Hörbücher, Filme
- Passend zum Buch können kurze Ausschnitte von Hörbüchern oder Literaturverfilmungen zum Einsatz kommen.

Schatzsuche
- Eine nächtliche Schatzsuche durch das ganze Schulhaus bereitet den Kindern große Freude. Die Kinder müssen Rätsel und Aufgaben lösen *(siehe S. 172)*. Um diese beantworten zu können, werden verschiedene Stockwerke, Gänge bzw. Klassenzimmer, aber auch Bücher oder das Internet nach Informationen durchsucht. Die Antworten sind mit den Buchstaben eines Lösungswortes verbunden. Setzt man die Buchstaben schließlich in die richtige Reihenfolge, erfahren die Kinder, wo sich der Schatz (z. B. Truhe mit Süßigkeiten) befindet.

Sport
- Bei einer Lesenacht sitzen und liegen alle sehr lange. Zur Abwechslung ist es möglich, zu später Stunde die Turnhalle aufzusuchen. In der Nacht ein lustiges Ballspiel zu machen ist etwas ganz Besonderes!

Geisterstunde
- Eltern hängen sich weiße Bettlaken um und rüsten sich mit Taschenlampen aus. So durchstreifen die Leuchtgespenster die dunkle Schule und erschrecken die Kinder.

Zeit für freies Lesen
- Der dritte Abschnitt der Lesenacht soll dem individuellen Lesen gewidmet sein. Mit Taschenlampen dürfen die Kinder am Schlafplatz bis zum Einschlafen lesen.

1. Notiere den 7. Buchstaben auf dem Plakat zwischen den Vögeln im 1. Stockwerk.

Lösung:	r	s
	T	S

2. Wie viele Lichtschalter findest du in der Aula des 2. Stockwerks?

Lösung:	6	8
	e	f

3. Wann landeten Menschen zum ersten Mal auf dem Mond? (Computerraum)

Lösung:	1969	1959
	h	e

4. Wie viele Lampen zählst du an der Decke der Aula im 1. Stock?

Lösung:	10	15
	b	e

5. Wie viele Schiffe stehen im Schaukasten auf dem Weg zu den 1. und 2. Klassen?

Lösung:	13	11
	t	a

6. Geht ins Zimmer 116. Welches Zeichen findet ihr auf der Tafel?

Lösung:	☺	♥
	h	a

7. Wie viele Schultüten kleben an der Klassenzimmertür der 1a?

Lösung:	18	21
	u	a

8. Wie hoch ist der höchste Baum? (Computerraum)

Lösung:	113 m	101 m
	r	m

9. Geht in das Zimmer 018. Darin befindet sich ein CD-Player. Drückt auf „Play". Ihr hört ein Lied. Mit welchem Wort beginnt der Liedtext?

Lösung:	Gut …	Der …
	l	m

10. Wie viele Schiffe kleben an den Fenstern im Klassenzimmer der 2a?

Lösung:	11	13
	p	r

11. Sind die Bilder über den Garderobenständern im Erdgeschoss mit Wasserfarben gemalt?

Lösung:	Ja	Nein
	u	a

Der Schatz befindet sich im

Lösungswort:	T	h	e	a	t	e	r	r	a	u	m
Frage-Nummer:	1	3	2	6	5	4	10	8	11	7	9

Gemeinsames Frühstück (07:30 bis 09:00 Uhr)
- Nach der Ankunft der Eltern am nächsten Morgen wird das Frühstück gemeinsam vorbereitet. Die Zutaten bringen die Eltern mit. Beim Frühstück können die Erlebnisse der vergangenen Nacht besprochen werden. Checkliste für das Frühstück:

Teller	Brot
Schälchen	Butter
Tassen	Marmelade
Löffel	Käse
Messer	Wurst
Küchenrollen	Müsli
Thermoskannen	Obst
Servietten	Honig
Schneidebretter	Tee
	Kakao
	Milch
	Zucker

3. Nachbereitung

Besprechen Sie mit Ihren Kollegen den Ablauf der Lesenacht:
- Was hat gut funktioniert?
- Wo traten Probleme auf?
- Konnte der geplante Ablauf eingehalten werden?
- Wie waren die Rückmeldungen der Kinder und aller beteiligten Personen?
- Die Auswertung der Veranstaltung dient als Grundlage zur Planung und Vorbereitung der nächsten Lesenacht. Für die ständige Verbesserung des Veranstaltungskonzeptes sollten Sie die Ergebnisse der Nachbereitung auch schriftlich festhalten.
- Geben Sie den Kindern bzw. Jugendlichen die Möglichkeit, mündlich oder schriftlich über ihre Eindrücke zu berichten.
- Lassen Sie die Kinder einen Bericht über die Lesenacht für die Schülerzeitung, Schul- bzw. Klassenhomepage etc. schreiben.

Die Lesenacht bietet viele gute Gelegenheiten Fotos für die Schülerzeitung zu schießen.

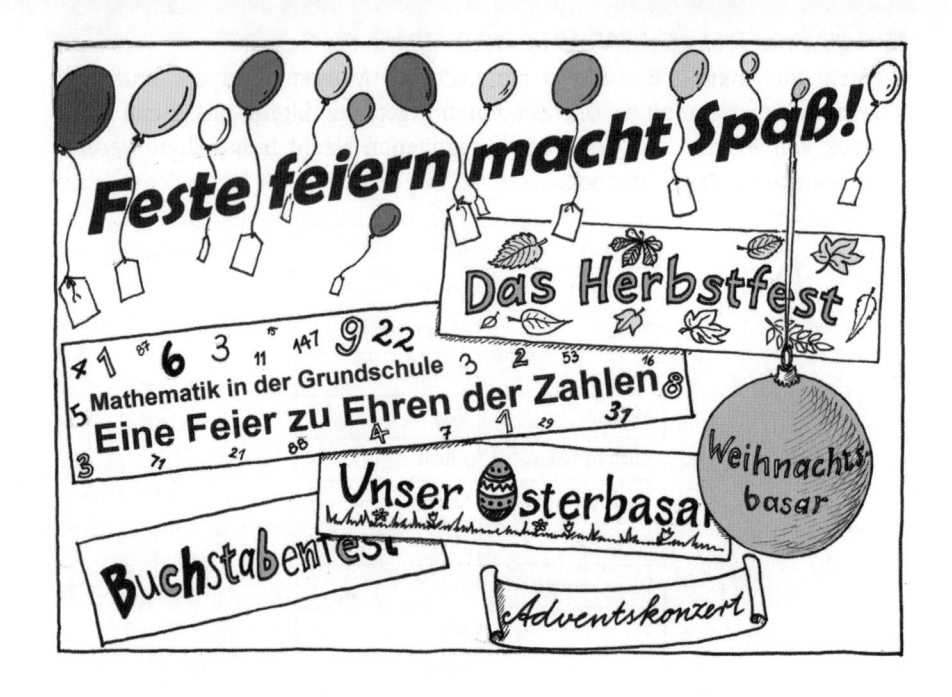

7.1.2 Feste und Feiern

Feste und Feiern stellen einen elementaren Bestandteil des Schullebens dar. Sie fördern die Gemeinschaft, schaffen Raum für Kreativität, Bewegung und Freude. Sie vertiefen Kontakte, Verbindungen und Freundschaften. Feste und Feiern bilden ein weites Feld für soziales Lernen, für die Entwicklung von Organisationstalenten und die Übernahme von Verantwortung: Schulische Feste leben vom Engagement aller Beteiligten, wobei den Lehrern eine besondere Verantwortung zusteht.

Zur Abgrenzung von Festen und Feiern
Feste sind locker im Aufbau und Ablauf. Sie bieten auch Raum für spontanes Verhalten der Teilnehmer und beziehen alle in die Aktivitäten ein. Ein Fest kann zu jedem Anlass gefeiert werden: Herbstfest, Kirschfest, Sportfest etc.
Bei einer Feier hingegen steht das Besinnliche im Mittelpunkt. Sie ist getragen von einem Leitgedanken und einem Anlass, zum Beispiel Geburtstag, Weihnachten, Jubiläum ... Hier bestimmt der Leitgedanke den inhaltlichen und gestalterischen Rahmen. In der Schule lassen sich häufig Mischformen von Festen und Feiern feststellen, in jedem Fall bewirken beide Veranstaltungen ein Heraustreten aus dem Alltag.

Die Schüler werden an den Vorbereitungen und an der Gestaltung der Feste und Feiern beteiligt. Das „Festspielprogramm" ist breit und bietet immer wieder Gelegenheit zu kleinen Feiern in einzelnen Klassen und Jahrgangsstufen, reicht es doch von der Einschulung neuer Erstklässler, anstehenden Geburtstagen, christlichen Feiertagen, Jahreskreisfesten wie Erntedank bis zur Schulentlassungsfeier. Dazu kommen gemeinsame Feste und Feiern der gesamten Schule. Feste und Feiern sind überzeugender Ausdruck einer offenen Schule und bewirken Freude und Begeisterung der Kinder. So wirkt jeder Teilnehmer am Entwurf, an der Gestaltung und an der Ausführung mit. Auch dadurch festigen gemeinsame Feiern und Feste die Identifikation mit der Schule.

Über den gemeinsamen Rahmen und die individuelle Gestaltung hinaus schaffen Feierlichkeiten eine Grundlage für eine bejahende Lebenseinstellung: Sie stellen bewusst die Gemeinschaft in den Mittelpunkt. Es zählt deshalb zu den vorwiegenden Aufgaben der Schulkultur, über den Unterricht hinaus andere Formen menschlicher Begegnung zu ermöglichen. Schon deshalb bieten Schulfeste und -feiern ein unverzichtbares Erfahrungsfeld für ein soziales Miteinander. Gemeinschaftsbewusstsein erleichtert den Kindern die Annahme schulischer Arbeit und die Akzeptanz der Institution Schule und ihrer Lehrer. Der Würdigung und Wertschätzung ihrer Leistungen ist dabei ein angemessener Platz einzuräumen. Durch Feste und Feiern wird die Schule lebendig.

Es gibt verschiedene Feste, die mit den Kindern vorbereitet und gefeiert werden können:

Jahreszeitlicher Schwerpunkt	*Religiöser Schwerpunkt*
• Schneefest	• Ostern
• Frühlingsfest	• Pfingsten
• Fasching	• St. Martin
• Sommerfest	• Advent und Weihnachten
• Obst- und Gemüse	St. Nikolaus
Apfelfest	Hl. Lucia
Brotfest	Adventfeier
Hagebuttenfest	Weihnachtsfeier
Kartoffelfest	Weihnachtsbazar
Kirschfest	Waldweihnacht
Kürbisfest	• Fest des Ortsheiligen
Herbstfest	• Fest des Kirchenpatrons
• Halloween	

Besonderer Schwerpunkt	Unterrichtlicher Schwerpunkt
• Aktionswoche • Einweihung der neuen Turnhalle • Einspeisefest / Inbetriebnahme einer neuen Solaranlage • Projektwoche • Schuljubiläum • Zirkusfest • Fördervereinsfest	• ABC-Fest • Buchstabenfest • Ernährungstage • Hausmusikfest • Lesefest • Mathematikfest • Sportfest • Wintersporttage

Selbstverständlich überschneiden sich die Schwerpunkte bei einzelnen Themen, die Anzahl der Feste ist eigentlich unbegrenzt. Abhängig von den örtlichen Besonderheiten und der Fantasie der Beteiligten bieten sich nahezu unendliche Möglichkeiten.

Möglichst früh im Schuljahr sollten in einer der ersten Konferenzen folgende Fragen beantwortet werden:
1. Welche Feste wollen wir im kommenden Schuljahr feiern?
2. Welche Feste haben sich bewährt, sind schon Tradition und gehören zum Schulprofil?
3. Welche Ereignisse oder Daten im nächsten Jahr bieten sich für ein Fest an?
4. Welche Feste des Vorjahres wollen wir aufgrund der gemachten Erfahrungen nicht mehr wiederholen?

Nach Gesprächen mit allen Beteiligten werden aus diesen Vorschlägen gemeinsam die Feste des Jahres ausgesucht.

Wie ein Fest organisiert werden kann und auf was dabei zu achten ist, zeigt das folgende Beispiel der Planung eines Sommerfestes.

Planung eines Sommerfestes

Wie soll der zeitliche Organisationsablauf aussehen?
1. Idee
2. Konferenz
3. Arbeitsgruppen bilden
4. Konferenz
5. Durchführung
6. Konferenz (Rückblick/Ausblick)

Wer plant das Sommerfest?
An der Planung des Sommerfestes sind viele beteiligt:
- ganzes Kollegium
- Arbeitsgruppen (bestehend aus Teilen des Kollegiums)
- Elternbeirat
- Schulleiter
- Hausmeister
- Schülerinnen und Schüler

Welche Aufgaben hat das Organisationsteam?
- Ist für den Ablaufplan verantwortlich
- Ist allgemeiner Ansprechpartner
- Berichtet über Neuigkeiten und hält alle Beteiligten auf dem Laufenden (mündlich und schriftlich)
- Arrangiert Konferenzen und Treffen mit dem Elternbeirat
- Hält beschlossene Punkte fest und sorgt für einen Informationsaustausch zwischen den einzelnen Gruppen
- Gibt Verantwortungsbereiche an spezielle Arbeitsgruppen weiter:
    Programmteam
    Sicherheitsteam
    Finanzierungsteam
    Material – Technik – Entsorgung – Team
    Dekorationsteam
    Cateringteam
- Organisiert Treffen mit Vertretern der einzelnen Teams, um sich über den aktuellen Stand der Planung auszutauschen, wodurch förderliche Transparenz entsteht. Wichtige Informationen und Beschlüsse werden protokolliert.

Welchen Termin nehmen wir?
- Welcher Wochentag ist geeignet?
- Können alle Kinder daran teilnehmen?
- Welche außerschulischen Termine müssen überprüft werden?
  Religiöse Feste   Stadtteilfeste
  Vereinsfeste   Fernsehprogramm
- Tipp: Am Samstagnachmittag stehen die meisten Helfer zur Mitgestaltung zur Verfügung und die Schüler sind ausgeschlafen.

Wie lange soll das Fest ungefähr dauern?
- 3 bis 4 Stunden sollten in einer Grundschule nicht überschritten werden.

Wie soll der Anfang gestaltet werden? Wie soll der Schluss gestaltet werden?

Wo soll das Fest stattfinden?
- Schulgelände bzw. in Schulnähe
- Folgende Fragen sind zu beantworten:
  Wie kann der Ort erreicht werden?
  Werden Sicherheitszonen für bestimmte Spiele beachtet?
  Werden Geräuschkulissen der jeweiligen Stände, Aktionen bzw. Attraktionen beachtet?
  Wie ist der Platz ausgestattet?
  Braucht man für die Ortnutzung Genehmigungen?
  Welcher ist ein geeigneter Termin für eine Ortsbegehung im Vorfeld?
  Gibt es terminliche oder örtliche Ausweichmöglichkeiten bei schlechtem Wetter?

Was wünscht sich wer?
- Wunsch-Box: Sowohl Schüler als auch Lehrer schreiben ihre Gedanken, Wünsche bzw. Vorschläge im Laufe der Zeit auf. Gesammelt werden die Ideen in einer Box in der Aula.

Wie können wir Sicherheit während des Festes gewährleisten?
- Sicherheitsvorschriften der Unfall-Versicherung beachten
- Fluchtwege beschildern
- um Bereitstellung eines Sanitätsautos erbitten
- Aufsichtsplan

- Liste der wichtigsten Telefonnummern
- Erwachsene mit Erste-Hilfe-Ausbildung
- Erste-Hilfe-Ausrüstung

Wo errichten wir eine zentrale Informationsquelle (z. B. schwarzes Brett)? Was ist darauf zu finden?
- Plan des Schulgeländes
- Programm
- Aufsichtsplan
- Liste mit Fundsachen
- Preisrätsel
- Gästebuch

Sammeln wir im Vorfeld Spenden für Geld und Sachpreise?
Möglicher Spendenbittbrief

Grundschule ...

Liebe Frau ... / Lieber Herr ...

am _____ wollen wir ein Schulfest gestalten, bei dem Schülerinnen und Schüler, Eltern, Lehrerinnen und Lehrer interessante und vergnügliche Stunden miteinander verbringen können. Das vorgesehene Programm benötigt jedoch materielle oder finanzielle Spenden. Sie werden als kleine Preise bei Wettbewerben und Spielen sowie für eine Tombola bzw. für die Bezahlung von Attraktionen eingesetzt. Den Reinerlös des Schulfestes spenden wir _____.
In diesem Sinne bitten wir um Ihre freundliche Hilfe. Die Namen der Spender werden in einer Liste online und im Schuljahrbuch veröffentlicht. Zu Ihrer Erleichterung erlauben wir uns, uns _____
bei Ihnen zu melden. Dabei könnten wir auch einen eventuellen Abholtermin vereinbaren.

Mit freundlichen Grüßen

_____

Wen bitten wir um Spenden?
- Eltern
- Vereine
- Betriebe
- städtische Einrichtungen (z. B. Bezirksausschuss)
- kirchliche Einrichtungen
- Banken und Versicherungen

Wie teilen wir die Helfer (Lehrer, Eltern, Schüler ...) am Festtag ein?
- Wer baut auf/ab?
- Wer schießt Fotos bzw. wer filmt?
- Wer verkauft Essen und Getränke?
- Wer macht wann und wo Aufsicht bei Spielen, Aktivitäten und Attraktionen?

Steht das Fest unter einem bestimmten Motto?
- Mittelalter
- Zukunft
- Dschungel
- Märchen
- Musikfest
- Die vier Elemente
- Weltreise
- Urlaub
- Olympiade
- ...

Müssen wir die Erlaubnis für verschiedene Aktionen einfordern?
- Lagerfeuer
- Luftballonsteigen (ab 100 ja)
- Essensverkauf (Gesundheitsbehörde)

Haben wir die dafür benötigten Materialien? Was leihen wir uns aus?
- Grill
- Beleuchtung
- Theke
- Kühlwagen bzw. Kühlschrank
- Biertischgarnituren, Stühle
- Geschirr, Bestecke, Servietten
- Abfalleimer
- Stellwände
- Bühne
- Mikrophone, Musikanlage, Megaphone
- Wechselgeld
- Stromversorgung, Wasserversorgung
- Wegweiser und Preisschilder
- Geldkassetten
- Ersatzgeräte
- Einladungen, Programme, Poster

Wen müssen wir bezüglich des Festes informieren?
- Nachbarn
- Polizei
- Feuerwehr
- Sanitäter

Soll Geld eingenommen werden? Was machen wir mit dem Geld?
- für Schulzwecke
- an soziale Einrichtungen

Welcher Teilnehmerkreis wird eingeladen?
- Angehörige und Freunde
- Schüler und Schülerinnen anderer Schulen
- allgemeine Öffentlichkeit

Wie machen wir den gewünschten Teilnehmerkreis auf das Fest aufmerksam?
- Einladungen
- Plakate
- Presse (z. B. Veranstaltungskalender im Lokalteil der Zeitung)
- Internet (z. B. auf der eigenen Homepage)

Von wem werden Einladung, Poster und Programme gestaltet?
- Computer-AG
- Kunst-AG
- Schülerwettbewerb

An wen werden die Einladungen verschickt?
- Schulamt
- Nachbarn
- Nachbarschulen
- Presse
- Behörden
- Kirchen

Wann werden die Einladungen verschickt?
- circa ein Monat vor dem Fest

In welcher Form werden Essen und Trinken an die Gäste gebracht?
- Büfett
- Buden und Stände
- Bar
- Caféteria

Was gibt es zu essen?
- Gegrilltes
- Salate
- Popcorn
- Eis
- Crepes
- Hot Dogs
- Waffeln
- Kuchen

- Muffins
- Früchte
- Wurst- und Fischsemmel
- Pommes Frites
- Süßigkeiten
- indische, griechische, italienische, ... Spezialitäten

Was gibt es zu trinken?
- Wasser
- Limonade
- Saft
- Milch

- Tee
- Kaffee
- Bier (Fass?)
- Wein

Wer begrüßt die Gäste? Wer hält eine Rede?
- Rektorin
- Elternbeiratsvorsitzender

- Schülerinnen oder Schüler
- Schulrat

Was wird geboten?
(siehe Tabelle S. 184/185)

Wie wird die Nutzung der Spielstationen und Stände durch die Kinder geregelt?
Zum einen gibt es natürlich die Möglichkeit, dass jedes Kind von den Eltern Geld bekommt und sich davon Essen und Trinken bar kauft. Es gibt aber auch verschiedene andere Systeme, die es vor allem *jedem* Kind ermöglichen, von allem zu probieren und die mit Kosten verbundenen Spiele zu machen. Zum Beispiel kann man den Kindern an den Tagen zuvor oder erst bei Festbeginn Gutscheine für Essen und Trinken und für die Teilnahme an kostenpflichtigen Spielen geben. Oder man verteilt Gutscheinkarten. Mit der Karte holen sich die Kinder das gewünschte Essen oder Getränk ab und machen das gewünschte Spiel und bekommen dafür einen „Eingelöst"-Stempel auf die entsprechende Stelle der Karte.

GUTSCHEINKARTE	
Spiele	**Stempel**
• heißer Draht	
• Dosenlaufen	
• Erbsenhämmern	
• Sackhüpfen	
• Bierkästen stapeln	
Essen und Trinken	**Stempel**
• Würstchen mit Kartoffelsalat	
• ein Getränk	
• ein Eis	
• ein Stück Kuchen	

Wurde bei der Programmabfolge auf einen sinnvollen Wechsel der Darstellungsformen geachtet?
Beispiel für eine Programmabfolge

Programmpunkte	Personen/Klasse	Zeit	Aufsicht	Ort
1. Anfang Begrüßungsrede	Rektor	15.00		Pausenhof
2. Darbietungen Tanz Kinderzirkus Zauberer	3a 4c Merlin	15.30 16.00 16.30	Lehrer A Lehrer B Lehrer C	Pausenhof Turnhalle Theaterraum
3. Spiele, Aktivitäten und Attraktionen Angelspiel Filzen Bücherbazar Gipsmasken Feuerwehrauto Trampolinspringen	1c 4a 2a 2c		Lehrer D Lehrer E Lehrer F Lehrer G Lehrer H Lehrer I	Zimmer Nr. 06 Zimmer Nr. 03 Eingangshalle Zimmer Nr. 23 Pausenhof Turnhalle
4. Essen und Trinken Kuchenstand Grillstand Waffelstand	2b 3b		Elternbeirat Elternbeirat Elternbeirat	Pausenhalle Pausenhof Pausenhof
5. Ende Verabschiedung und Danksagung	Rektor Elternbeirat Fanfarensolo Schüler	17.30		Pausenhof

Was wird geboten?

Darbietungen der Kinder	Darbietungen professioneller Fremdpersonen	Attraktionen

• Tanz
    Line Dance
    Square Dance
    Reigen
    Boogie
    Brake Dance
• Theaterstück / Sketch / Stehgreifspiel / Musical
• Schulchor
• Schulorchester
• Singen des Schulliedes
• Singen eines speziellen Festliedes
• Kinderzirkus
	• Feuerschlucker
	• Zauberer
	• Kasperltheater
	• Präsentation eines nahe liegenden Vereins (z. B. Judo)
	• Musikkapelle
	• Clown
		• Hüpfburg
		• Menschenkicker
		• Wasserrutsche
		• Kastenklettern
		• Feuerwerk
		• Sonderfahrzeuge besichtigen (Traktor, Polizei, Feuerwehr, ...)
		• Sinnespfad
		• Hau den Lukas
		• Torwandschießen
		• Bobbycar-Rennen
		• Klettern
		• Bungee Trampolin
		• Bullriding
		• Aerotrim
		• Spielmobil / Spielebus
		• Disco

Was wird geboten?

Spiele		Aktionen / Stände
• Tauziehen • Bierkästen stapeln • Wasserolympiade • Heißer Draht • Glücksrad • Dosenwerfen • Staffeln • Apfel im Fass • Süßigkeiten- bzw. Würstchenstrippe • Mumien • Streichholzschachtel transportieren • Kinderknoten • Reise nach Jerusalem • Kegeln • Eierlaufen • Kirschkernweitspucken • Dosenlaufen • Angelspiel • Wasserwurfspiele • New Games • Tischtennisballschießen mit Wasserpistole • Löffel-Tischtennisball-Staffellauf • Erbsenhämmern • Papierfliegerwettbewerb • Autorennen mit ferngesteuerten Autos • Turnierspiele (z. B. Ringstechen) • Plattenlauf • Sackhüpfen • Hufeisen werfen • Hochzeitslauf • Bogen schießen • Tischtennis • Slalomhüpfball • Seilspringen • Sandsackwurf • Fingerhakeln • Mooncar-Rennen • Hindernisparcours (mit verbundenen Augen) • Chinesischer Wasserträger • Basketball / Streetball	• Pedalo-Rennen • Luftballon-Dart • Riesenmikado • Tischkicker • Schubkarrenrennen • Puzzles legen • Dosenturm bauen • Kartoffeln schälen • Quizaufgaben lösen • Buchstabierwettbewerb • Minigolf auf Zeit	• Luftballonsteigen • Volleyball, Brennball, Fußball, Basketball (z. B. Väter und Töchter gegen Mütter und Söhne) • Wasserbombenschlacht • Einradfahren • Sprungtuch • Filzen • Hobbyausstellung (Planeten, Dinosaurier, Fußball, Chemie …) • Seifenblasen • Stelzenlauf • Kinder-Disco • Tombola • Jonglieren • Verkleidungsstand • Schul-T-Shirt-Verkauf • Luftballonmodellage • Schminkstand • Fotostudio mit lustigen Stellwänden • Mandalas legen • Bücherbazar • Projektpräsentation • Malstation für T-Shirts • Schatzsuche im Sand • Karaoke • Fotoausstellung • Schokoladenwurfmaschine • Lagerfeuer • Kinderflohmarkt • Schülerkunstwerke versteigern • Trampolinspringen • Wandbild gestalten • Gipsmasken • Erste-Hilfe-Schnellkurs • Internet-Cafe (Computerraum) • Buttons malen • Gemeinschaftsbild (z. B. Kreide-Boden-Bild) • Versteigerungen • Kindermodenschau

Wie wird das Fest nachbereitet?
- Fotos ausstellen bzw. Video anschauen
- Zeitung
- Jahresbericht
- Dokumentation über das Fest im Internet
- Schülerzeitung
- den Spendern und Helfern Dankesgrüße mit Fotos übermitteln
- Veröffentlichung der eingenommenen Spenden und Ausgaben
- Rückblick und Ausblick in Form
    einer Lehrerkonferenz
    eines Gesprächs in der Klasse
    eines Treffens mit dem Elternbeirat

Beispiele für verschiedene Feste

Folgend nun eine Aufzählung verschiedener Feste, welche etwas abgewandelt in jeder Klassenstufe durchführbar sind.

Einschulungsfeier
Jedes Jahr ist es wieder soweit. Die jüngsten Schülerinnen und Schüler machen den bedeutsamen Schritt vom Kindergarten in die Grundschule. Bepackt mit Schulranzen und Schultüte, an der Hand der Eltern, werden sie in den neuen Lebensabschnitt begleitet. Mit neugierigen Augen harren sie erwartungsvoll der Dinge, die auf sie zukommen werden. Bei der Einschulungsfeier stellt sich die Schule am 1. Schultag den Erstklässlern und den Eltern mit einem bunten Programm vor:
- Treffpunkt der ABC-Schützen ist zumeist die Turnhalle, die Aula oder bei schönem Wetter der Pausenhof.
- Der Schulchor oder eine Klasse singt ein Begrüßungslied:
    Herzlich willkommen!
    ...
- Der Schulleiter begrüßt die Kinder.
- Die Kinder werden namentlich aufgerufen und ihren Klassenlehrern zugeteilt oder die Klassenlehrer rufen selbst ihre Kinder auf und begrüßen jedes Kind persönlich mit Handschlag.
- Kinder aus anderen Klassen sind bei der Begrüßung anwesend und übernehmen die „Patenschaft" für die Schulanfänger *(siehe Kapitel 4.1.1 Patenschaften)*.

- Im Voraus entsprechend platzierte Langbänke oder Stuhlreihen bilden einen Klassenzug. Der Lehrer oder die Paten führen jedes aufgerufene Kind an seinen Platz.
- Die älteren Kinder überreichen ihren Patenkindern eine Plakette mit der Aufschrift: „Hurra, ich bin ein Schulkind!"
- Ein Kind aus einer höheren Klasse hält eine kurze Begrüßungsrede.

> Hallo, liebe Erstklässler,
> ich heiße Maximilian und komme jetzt in die 4. Klasse. Wir freuen uns, dass ihr an unsere schöne Schule kommt.
> Wir Viertklässler sind heute da, weil wir es kaum erwarten konnten, euch zu sehen, denn wir möchten uns gerne um euch kümmern. Wenn ihr euch nicht auskennt oder irgendeinen Kummer habt, könnt ihr nicht nur zu euren Lehrern, sondern auch zu uns gehen. Wir werden euch gerne helfen. Wenn ihr zum Beispiel zum ersten Mal in die Pause geht, werden wir euch begleiten und euch alles zeigen.
> Wir haben für euch auch ein kleines Geschenk vorbereitet. [...]
> Wir wünschen euch einen schönen Schulanfang und viel Spaß an unserer Schule.

- Die Theater-AG oder eine Klasse führt ein kurzes Theaterstück bzw. einen Sketch oder einen Tanz auf.
- Alle Anwesenden singen ein gemeinsames, schnell einzustudierendes Schlusslied.
- Die Eltern wollen wissen, in welchem Raum sich ihr Kind die nächsten zwei Jahre aufhalten wird, daher gehen sie mit ins Klassenzimmer. Sie sollten auch die Möglichkeit haben, ihr Kind zu fotografieren.

Apfelfest (auch: Kirschfest u.a.)
Gesundheit und Unterhaltung rund um das Naturprodukt Apfel sind die Schwerpunkte, die das Apfelfest repräsentieren.
- Apfelkuchen, Apfelmuffins backen
- Apfelsaft pressen
- Apfelringe mit Schokoladenüberzug
- Apfeltee kochen
- Ketten aus Apfelkernen
- Selbst gebastelte Kronen aus Tonpapier, auf die die Kinder Äpfel gemalt haben
- Lieder: z.B. „In meinem kleinen Apfel"
- Gedichte: z.B. „Der Apfelbaum ist aufgeblüht" von James Krüss

Buchstabenfest
Endlich ist es soweit! Die Kinder haben alle Buchstaben und Lautzeichen kennen gelernt und können alles lesen: Bücher, Witze, Briefe, Zeitung etc. Das muss in Form eines Buchstabenfestes gefeiert werden. Es beginnt mit einem Essen zum Thema. Im Anschluss können die Kinder an Stationen kreativ stempeln, malen, kleben, lesen und spielen.
- Riesenbuchstaben aus Pappmaschee basteln und anmalen
- Buchstabenbilder (es gibt im Internet diverse Alphabete, bei denen zu den Buchstaben passende Motive gezeichnet sind, zum Beispiel „B mit Blume") zum Ausmalen
- Kartoffeldruck mit Buchstaben (einfach, wenn man Buchstaben-Ausstechformen hat. Die muss man nur in die Kartoffel drücken und anschließend den Rand drumherum abschneiden)
- Kressebeete in Buchstabenform säen lassen (passend zu Ostern)
- Kinder sollen sich zu Buchstaben legen (schön, wenn man von oben gucken oder fotografieren kann)
- Es wird für jeden Buchstaben ein Schuhkarton angelegt und jedes Kind bringt Dinge des täglichen Lebens mit, die in den Karton passen (B = Buch, Brille, Baumrinde, Bonbon etc.).
- Zu jedem gelernten Buchstaben sagen die Kinder einen selbst erfundenen Vers zu einem Tier mit dem entsprechenden Anfangsbuchstaben auf, z. B.: „Milch gibt uns die Kuh, sie ruft im Stall laut Muh."
- Aus Moosgummi werden Buchstaben geschnitten. Diese werden in einen Sack oder Ähnliches gelegt. Wer erfühlt die Buchstaben?
- Buchstabennudelsuppe
- Schüttelwörter um die Wette ordnen
- Spiel „Stadt – Land – Tier – Fluss"
- Buchstaben aus Schnur oder Wollfäden legen bzw. aus weichem Draht (Pfeifenputzer) formen

- Dem Partner mit den Fingern einen Buchstaben auf den Rücken schreiben
- Auf Buchstabenschablonen mit einer Zahnbürste Wasserfarben spritzen
- Auf den Schulhof Buchstaben oder ganze Botschaften mit Kreide schreiben
- Russisches Brot essen
- Buchstaben aus Salzteig formen und getrocknet anmalen
- Mit Plätzchenteig Buchstaben backen
- Legen des ABCs aus Muggelsteinen
- Kneten des eigenen Namens
- Lieder:
  ABC-Lied
  Alle Kinder lernen lesen
- Gedichte:
  Die Tintenfliege
  Buchstaben zu verkaufen
  Lesestunde
  Die Purzelgeschichte

Ostern

Ostern ist das wichtigste Fest der Christen. Am Ostersonntag wird die Auferstehung von Jesus Christus gefeiert. Eine ganz wichtige Rolle spielen auch die Osterbräuche. Je nach Region können diese ganz unterschiedlich ausfallen.

- Der Osterhase versteckt im Schulhaus oder im Pausenhof Eier, welche von den Kindern der Schule (klassenweise) gesucht werden.
- Ostergeschichten vorlesen
- Schmücken des Schulhauses: Ein großer Ast wird an der Decke der Eingangshalle befestigt und mit aus Tonpapier ausgeschnittenen Osterhennen, an bunten Fäden schwebend, behängt.
- Die Schulhauswände werden mit selbst geschriebenen Gedichten oder Zeichnungen zum Thema geschmückt.
- Die Kinder legen ein großes Naturmandala aus Blumen, Gräsern und Ästen auf dem Boden.
- Gestaltung der Schaukästen im Schulhaus mit österlichem Schmuck.
- Gestalten von Palmbuschen
- Die Kinder pflanzen einen Baum oder säen Samen in schuleigenen Beeten als Symbol für Leben und Wachstum.
- Eine von Kindern organisierte Informationsausstellung über die Osterzeit:
  „Woher kommt das Wort Ostern?"
  „Der Ursprung des christlichen Osterfestes"
  „Wie wird Ostern in anderen Ländern gefeiert?"

- Spiele mit Eiern:
  Die Kinder legen ihr Ei auf einen Löffel und laufen eine bestimmte Strecke, die mit Hindernissen ausgestattet sein kann, um die Wette. Das Ei darf dabei nicht runterfallen. Der erste im Ziel ist Sieger.
  Eierpecken: Zwei Kinder schlagen ihre Eier aneinander. Verloren hat der, dessen Ei zuerst kaputt geht.
  Eierrollen: Die Eier werden einen Abhang hinunter gerollt. Derjenige, dessen Ei am weitesten gerollt ist, hat gewonnen.
  Eierwerfen: Die Kinder stehen im Sand oder in einer dichten Wiese und werfen die Eier in die Luft. Gewonnen hat, dessen Ei nach dem Aufprall noch heil geblieben ist bzw. nach mehreren Würfen am wenigsten kaputt ist.
- Lieder:
  Has, Has, Osterhas
  Fünf Hasen, die saßen beisammen
  Eia, eia, Ostern ist da

Das Fest der Sinne
Das „Fest der Sinne", bei dem die Gäste verschiedene Stationen durchlaufen, planen die Kinder gemeinsam.
- *Tasten:* Bei Vorarbeiten werden in Schuhkartons jeweils zwei faustgroße Löcher geschnitten. Ein kleiner Vorhang vor den Öffnungen verhindert den Einblick. Die Kinder greifen nun mit beiden Händen in die Boxen. Dabei versuchen sie, den beliebigen Inhalt wie Federn, Blätter, Muscheln, Stöcke, Rinden, Tannenzapfen, Watte, Murmeln oder Steine zu bestimmen. Oder: Durch mit Heu, Steinen, Sand, Moos, Sägespänen, Papier oder andere Materialien gefüllte Obstkisten oder Kartons führt ein Barfuß-Rundgang. Mit verbundenen Augen und nur mit den Füssen soll ein Schüler bei seinem Rundgang den Inhalt der Behälter feststellen. Ein „sehender" Schüler begleitet ihn.
- *Riechen:* Leere Filmdosen mit unbekannten Flüssigkeiten wecken den Geruchssinn. In die Behälter wurden zuvor Essig, Zitronensaft, Senf, Ketchup, Kakao, Gewürze, Parfüm und andere Essenzen geschüttet. Aus den gelöcherten Deckeln treten die Duft- und Aromastoffe aus. Nun liegt es an dem Riechenden, die Inhalte zu erkennen.
- *Schmecken:* Beim Schmeck-Test verbergen sich in verdeckten Behältern verschiedene Leckereien. Gummibärchen, Obst- und Gemüsesorten, Nüsse, Cornflakes, Rosinen und viele andere Nahrungsmittel warten darauf, Kindern in den Mund gesteckt und dort von ihnen erkannt zu werden.

- *Hören:* Das Geheimnis schlummert in Filmdosen: Jeweils zwei beinhalten beispielsweise Sand, zwei andere Murmeln, in zwei liegen Knöpfe, zwei andere sind leer. Welche zwei Behälter enthalten akustisch dasselbe Material?
- *Sehen:* Der richtige Blick auf 3D-Bilder, so genannte Stereogramme (z. B. im Buch „Das magische Auge") bewirkt eine optische Täuschung. Ohne Spezialbrille bilden sich auf den glatten Flächen plötzlich dreidimensionale Objekte wie Blumen, Tiere, Flugzeuge und andere zunächst nicht sichtbare Gegenstände. Auch in Fixierbildern lassen sich bei genauem Hinschauen „unsichtbare" Figuren ausfindig machen.

Zirkusfest
Höhepunkt eines Zirkusprojekts ist die Einladung in die „Manege". Schulkinder verwandeln sich dabei in Artisten, Clowns und Jongleure, aber auch als Dompteure mit „wilden Tieren" faszinieren sie ihr Publikum. Durch das Programm führt ein dazu ernannter Zirkusdirektor.

Schneefest
Ein schöner Wintertag lädt ein, um mit den Kindern zusammen ein Schneefest zu feiern.
- Schneemänner und viele andere Figuren werden zusammen gebaut.
- Ein Künstler sägt Skulpturen aus Eis.
- Schneeplätzchen werden gebacken.
- Eine organisierte Schneeballschlacht bringt Freude.
- Die Klassen gehen gemeinsam Schlitten fahren.
- Spiele im Schnee:
    Die größte Schneekugel: In vorgegebener Zeit, beispielsweise zwei Minuten, soll jede der Gruppen aus einer kleinen Schneekugel einen großen Ball „rollen". Die größte Kugel siegt.
    Kalt – kälter – gewonnen: Mit einem Thermometer sind die Kinder bei Eis und Schnee unterwegs. Sie messen die Temperaturen von Objekten wie Autoscheiben, Gras, Pfützen oder auch kalten Händen und notieren die Ergebnisse. Die „Meteorologen" können die genauen Werte schon vorher schätzen. Es gewinnt, wer am wenigsten daneben liegt.
    Weiß in Weiß: Jeder weiße Gegenstand kann für dieses Versteck-Spiel eingesetzt werden. Einige davon werden von Kindern auf den Schnee gelegt, eingraben gilt nicht. Die Schüler, die sich dabei umgedreht hatten, müssen nun raten, welches Stück sich wo befindet.

Wasserfest
Im Rahmen von Projektarbeit finden Schultage unter einem bestimmten Motto statt. Am Wassertag bereiten die Klassen spannende Aktionen vor. Die Klassen können sich dabei öffnen und die Kinder durchlaufen frei oder gelenkt als Rallye die vielfältigen Stationen.
- Versuche zum Wasserkreislauf
- Anlegen eines Schulteiches
- Wasserspiele
- Mit verschiedenen Materialien (Tücher, Bälle, Pois etc.) Bewegungen des Wassers nachahmen und eine „Wasser-Performance" einstudieren
- Wassergedichte vertonen
- Ausstellung von historische Utensilien eines Waschtages
- Regenstäbe basteln und spielen (Internet: http://www.geo.de/GEOlino/kreativ/basteln)
- Leben im Wasser – Wale/Delfine
- Das Wasser in der Kunst (z. B. von Claude Monet)
- Lieder:
    „Der musikalische Wasserhahn"
    „Wasser braucht der Wasserfloh"
- Boote aus Holz bauen
- Einstudieren eines Schattentheaters zum Thema Wasser
- Versuchswerkstatt zum Schwimmen und Sinken von Gegenständen
- Gestaltung von Meerestieren mit Pappmaché
- Wasser in der klassischen Musik („Die Moldau" von Smetana oder „Die Wassermusik" von Händel)
- Rechnen mit Wasser – Schüttversuche zum Fassungsvermögen
- Herstellung von Zitronenlimonade
- Wassergottheiten in der Antike
- Geschicklichkeitsspiele mit Wasser

Erntedankfest/Herbstfest
In der Vorbereitung eines Erntedankfestes erfahren die Kinder die Aufgabe und Verpflichtung, das Leben und die Natur zu bewahren. Die beiden Elemente Dank und Verantwortung werden am Erntedankfest sichtbar: Unsere Dankbarkeit muss durch die Verantwortung füreinander ergänzt werden, d. h. wir können für andere sorgen, wir lernen zu teilen.

- Bauerntanz einstudieren und vorführen
- Wer bekommt da nicht Appetit: Die Kinder der Klasse schwärmen von ihren Lieblingsspeisen, vergleichen sie und planen ein gemeinsames Menü. Aus einer Zusammenstellung aller dafür notwendigen Lebensmittel ergibt sich eine Einkaufsliste und die Verabredung, wer welche Zutaten mitbringt. Die Zubereitung erledigen die „Köche" in der Schulküche. Am festlich gedeckten Tisch in der Klasse folgt das gemeinsame Essen der Leckerbissen.
- Obstsalat zubereiten und essen
- Bilder mit der Kartoffeldruck-Technik erstellen
- Kartoffelwettlauf (wie Eierlauf mit Löffeln)
- Maroni erhitzen und essen
- Drachen basteln und steigen lassen
- Rhythmische Musikspiele mit Blättern, Kastanien, Nussschalen
- Kastanienmännchen basteln
- Ausstellung von selbst geschriebenen Herbstgedichten (Elfchen, Rondell, Schneeball, Akrostichon, z. B. „Herbst", „Herbstblatt")
- Ausstellung über Gesammeltes und Gebasteltes
- Collage aus buntem Herbstlaub
- Blätterkrone: Ein Kartonstreifen wird mit Blättern beklebt und zu einem Ring zusammengefügt.
- Mit dem Laub spielen (werfen, fangen, hineinspringen etc.)
- Das Märchen vom Kartoffelkönig szenisch gestalten
- Lieder:
    Kartoffelboogie
    Bunt sind schon die Wälder
    Der Herbst ist da
    Ihr Blätter, wollt ihr tanzen
- Gedichte:
    „Der Herbst steht auf der Leiter" von Peter Hacks
    „Herbst" von Kurt Meiers
    „Herbstfeuer" von Robert Louis Stevenson

Laternenumzug am Sankt-Martins-Tag
Alljährlich wird ein Laternenumzug zur Erinnerung an die Martinslegende vorbereitet und durchgeführt. Im fächerübergreifenden Unterricht werden einzelne Elemente der Thematik im Religions-, Musik-, Deutsch- und Kunstunterricht miteinander verknüpft. Ein Laternenumzug mit Eltern und Geschwistern, in dem gemeinsames Singen praktiziert wird, bildet den Abschluss dieses Festes.

- Basteln einer Laterne
- Spielen der Martinsgeschichte
- Martinsbrezel backen
- Lieder:
    Ich geh mit meiner Laterne
    Laterne, Laterne
    St. Martin
    Ein Bettler saß im kalten Schnee
    Ein Licht in unserer Mitte

Weihnachtszeit
- Nikolaustag: Die Begehung des Nikolaustages in der Schule ist für die Kinder eine weitere Möglichkeit, etwas zu erfahren vom Helfen und Teilen. Der Brauch des Schenkens erfährt somit einen neuen Sinn. Der Nikolaus kommt selbst, lobt und ermahnt und verteilt (vom Elternbeirat organisierte) kleine Geschenke an die Schüler. Die Kinder tragen Gedichte und Lieder vor. Eventuell steht auch ein Sack mit neuen Spielen oder Büchern für die Schüler vor der Türe; gemeinsames Anschauen und Ausprobieren schließt sich an.
- Wichteln: Jeder Schüler zieht einen Zettel mit dem Namen eines Mitschülers, dem er dann zur Weihnachtsfeier ein kleines Geschenk, selbst gebastelt oder im Wert von circa 3 bis 4 Euro, mitbringt.
- „Good will"-Adventskalender: Mit den Kindern werden Ideen gesammelt für die Herstellung eines Adventskalenders, der eine kleine Süßigkeit, aber auch Aufgaben für die Kinder beinhaltet.

Einmal das Wohnzimmer staubsaugen.
Einmal die Spülmaschine einräumen.
Einmal die Spülmaschine ausräumen.
Einmal das Bad putzen.
Einmal die Küche aufräumen.
Einmal den Müll wegbringen.
Einmal den Frühstückstisch decken.
Einmal den Tisch abdecken.
Einmal beim Fenster putzen helfen.
Einmal das Zimmer aufräumen.
Ich lese Oma und Opa oder Menschen im Altersheim eine Weihnachtsgeschichte vor.

- Gemeinsames Basteln (evtl. mit Unterstützung der Eltern):
  Strohsterne
  Adventskränze
  Herstellen von Geschenkpapier mit Kartoffel- oder Siebdruck
  Adventslichter aus Transparentpapier
  Fensterbilder
  Christbaumschmuck
  Nussschalenkerzen herstellen
- Feierlichkeiten:
  Morgendliche Adventsfeier in der Klasse:
    Adventskalender öffnen
    Besinnliche Texte bei Kerzenlicht
    Lieder
    Meditation mit Musik
    Krippe täglich mit einer Figur erweitern
  Wöchentliche Adventsschulfeier zu einer festgelegten Stunde. Gestaltung durch verschiedene Klassen mit Texten, szenischen Darstellungen, Liedern und Gedichten.
  Offenes Adventssingen: An einem Abend in der Adventszeit wird mit Eltern und Großeltern in einem gemeinsamen Singen das traditionelle Liedgut gepflegt.
  Weihnachtsgottesdienst: Der Weihnachtsgottesdienst wird von den Schülern durch Lieder, Musikbeiträge oder evtl. einem Krippenspiel mitgestaltet.
  Weihnachtsbazar
  Weihnachtsfest
- Weihnachtsbrief: Der Lehrer schreibt jedem Kind einen Weihnachtsbrief, indem er auf die ersten Wochen des Schuljahres zurückblickt, einen Blick in die Zukunft nach den Ferien wagt und natürlich frohe Weihnachten wünscht. Die Briefe werden in den Klassenbriefkasten gelegt und am letzten Schultag an die Kinder verteilt.

Abschiedsfest
Eine Abschlussfeier ist der Schlusspunkt eines gemeinsam zurückgelegten Lebensabschnittes. Die Schüler dürfen stolz sein auf das Erreichte. Für eine gelungene Abschlussfeier sollte es das Ziel aller sein, die Balance zu halten zwischen einem feierlichen Rahmen und erfrischender Unbekümmertheit.
- Der Schulchor singt
- Kurze Ansprachen, zum Beispiel des Schulleiters
- Vorlesen einiger Aufsätze

- Spielen oder erzählen lustiger Erlebnisse während der Schulzeit
- Fotoausstellung von Wandertagen, Festen oder einfach aus dem Unterricht
- Gemeinsames Betrachten von Dias oder selbst gedrehten Filmen aus den vergangenen Jahren
- Auflegen der Schulchroniken aus den vergangenen Jahren
- Ausstellungen von Bildern, Werkstücken... der Kinder
- Vorlesen von Schülerwünschen für die Zukunft
- Feierliche Verteilung der Zeugnisse und je eine Sonnenblume an die Abgänger
- Die Schüler verabschieden sich mit einem Lied:
    Die vier Jahre gehen zu Ende
    ...
- Gemeinsames Singen des Schulsongs

Märchenfest, Fasching und eine Piratenparty werden auf den nächsten Seiten genauer beschrieben.

Märchenfest

Jeder kennt sie: Die böse Königin, die Schneewittchen einen vergifteten Apfel schenkt, der Kaiser, der nackt vor sein Volk tritt, Rapunzel, die ihr Haar herunterlässt, das hässliche Entlein, das eigentlich ein Schwan ist oder etwa Dornröschen, welches viel zu lange schläft. Märchen faszinieren Kinder durch ihre Bildhaftigkeit, Beweglichkeit und ihre Magie. Märchen befriedigen wesentliche psychische Bedürfnisse von Kindern. Sie helfen bei der Ausbildung der Phantasie, vermitteln Gegebenheiten unserer Welt, geben Modelle der Lebensbewältigung wieder. Sie verleihen unbewussten Ängsten Gestalt und bieten Ansätze diese zu überwinden. Die Auseinandersetzung mit dem Genre Märchen – ob im Buch oder im Film, als Puppenspiel oder Spontantheater – trägt bei Kindern zur Förderung der Fantasie und zum literarischen Verständnis bei. Es dient der Lese- und Ausdrucksfähigkeit, der Entwicklung von Werteempfinden und dem Gespür für Sprache. Ein Märchenfest in der Schule fördert spielerisch die schöpferische Fantasie, Kreativität und Konzentration.

Einladung zum Märchenfest

> Wie im Märchen wird es sein.
> Kommt kostümiert, ich lad euch ein!
> Tanzen, spielen und lesen werden wir,
> es wird ein Spaß, das sag ich Dir!
> Leckereien wird's geben, mach Dich bereit,
> ein Tag soll's werden voller Fröhlichkeit.
> Am 4. Juni 2008 geht die Schlosstür auf,
> ich freu mich jetzt schon riesig drauf.
>
> Euer Burgfräulein Müller

Zunächst muss man sich im Klaren sein, ob man ein spezielles Märchen zum Motto nehmen möchte oder ob Märchen allgemein das Thema sind. Aus Tonpapier lassen sich verschiedene zum Thema passende Formen ausschneiden und mit Plakatfarbe verzieren und beschriften:
- Dornröschen: Rosa Herz, zusammenrollen, mit Tüllstoff umwickeln.
- Schneewittchen: Spiegel, Zipfelmütze oder Apfel
- Hänsel und Gretel: Lebkuchen, Hexenhaus
- Rapunzel: Burgturm
- Gespenster: Schloss
- Froschkönig: ein Froschgesicht mit einer gelben Krone
- Zwerg Nase: Fliegenpilzkarte mit kleinem Zwerg
- Urkunde oder Schatzkarte: Büttenpapier an den Rändern etwas ansengen und mit Kerzenwachs-Tropfen schließen
- Märchenbuch

Dekoration
- Tischkarten mit Märchennamen
- Girlanden
- Dornröschen: Rosen
- Aschenputtel: Holzkohlen
- Rumpelstilzchen: Stroh
- Hänsel und Gretel: Lebkuchen.
- Schneewittchen: Zipfelmützen, Spiegel
- Prinzessin auf der Erbse: Erbsen
- Frau Holle: Federn
- Sterntaler: Goldtaler
- Stofftiere (Frosch, Schaf, Ente etc.)

Märchenwerkstatt
Die Insel Kabuja

Märchenwerkstatt
Das Wunderpflaster

- Kunstrasenflecken als Sitzplatz
- Schatzkisten
- (Kunst-)Blumen, Efeu
- Märchenbücher
- Sterne aus Silberpapier (evtl. von der Decke hängend)
- Lichterketten
- Kerzen
- Kronen
- Spinnen aus Styroporhalbkugeln und Pfeifenputzern
- Ein Kamin mit Feuer aus Seidenpapier
- Eule, Fliegenpilze und Hasen aus Tonpapier
- Kissen-Ecke zum Erzählen
- Farbige Tücher
- Auf die Fenster Bäume mit Fensterfarbe malen
- Gemalte Märchenbilder

Verkleidung

Märchengestalten

Weiblich	Männlich	Sonstige
Gretel, goldene Gans, Dornröschen, Frau Holle, Rapunzel, Rotkäppchen, Rosenrot, Schneewittchen, Aschenputtel, Goldmarie, Pechmarie, die böse Stiefmutter, Fee, Hexe, Nixe	Hänsel, tapferes Schneiderlein, Wolf, Hans im Glück, König, Rumpelstilzchen, Däumling, Ali Baba, Zwerg, Zauberer, Riese, Bettler, Ritter, Prinz	Drache, Katze, Frosch

Materialien
- lange Kleider
- Schminke
- Schmuck
- Hüte bzw. Mützen
- Watte (z. B. für einen Bart)
- Alte Kleidung mit Flicken oder Löchern
- Perücken
- Fliegenpilzkappen
- Tücher

Essen

Am besten wird aus Holzschalen oder Silbertellern (Papierteller mit Alufolie überzogen) gegessen.
- Brei (Milchreis, Pudding)
- Brot
- (ungiftiger) Schneewittchenapfel
- Rapunzelsalat
- Käse und Wurst
- Salat
- Nüsse
- Süßigkeiten

Trinken

Am besten werden die Getränke in Krügen serviert und aus henkellosen Silberbechern getrunken (Plastikbecher auf eine halbe Klorolle und einen Bierdeckel geklebt und mit Alufolie überzogen).

Aktionen

- Passendes Märchen vorlesen (lassen)
- Brot backen
- In einem Teich Plastikfische angeln
- Mit Ton Vasen und Becher modellieren
- Im Wald Zutaten für einen Zaubertrank suchen und diesen brauen
- Anschauen eines Märchenfilms (z. B. Dornröschen von Walt Disney) mit ganzheitlicher Vor- und Nachbereitung
- Märchenaufführung oder Spontantheater
- Aus großen Umzugskartons ein Lebkuchen-Hexen-Häuschen bauen (evtl. schon vorbereiten, mit Packpapier überkleben und nur noch mit Fingerfarben Lebkuchen aufmalen lassen)
- Aus goldenem Tonkarton Kronen ausschneiden lassen und mit kleinen Glitzersteinchen versehen
- Aus angesprühten (gold und silber) Nudeln der verschiedensten Art mit Loch Ketten fädeln lassen
- Märchenfries malen: Jedes Kind/jede Gruppe bekommt ein Blatt Papier und malt einen Teil eines vorbesprochenen Märchens darauf. Zum Schluss werden die Bilder aneinandergeklebt, woraus ein meterlanger Zimmerschmuck entsteht.
- Wahl des Märchentraumpaares: Jeder hat zwei Stimmen, mit denen ein Mädchen und ein Junge gewählt werden.

- Märchenlieder:
  „Hänsel und Gretel"
  „Ein Männlein steht im Walde"
  „Dornröschen war ein schönes Kind"
  „Hase und Igel"
  ...
- Ein Märchenbuch schreiben.

> **Unsere Märchensammlung**
> Die herzlose Prinzessin von Corinna
> Die Marzipantiere von Marcel
> Der singende Kater von Manuel
> Grünkäppchen von Andreas
> Rotkäppchen und der gutmütige Wolf von Hyrmete
> Der Wolf und der Hai von Alexander
> Die Flasche von Katharina
> Das goldene Schaf von Johannes
> Der verzauberte Schwan von Pauline
> Die Hexe von Julius
> Die große Ratte von Isabel
> Der goldene Füller von Nicolas
> Zwerg Hase von Sandro
> Die drei Brüder von Mohamad
> Eine wilde Party von Lucas
> Rotkäppchen von Meltem
> Blaukäppchen und der Wolf von Martin
> Der verzauberte Füller von Margit
> Das goldene Schaf (2) von Franziska
> Es war einmal von Ronny
> Das bockige Einhorn von Mihriban
> Das bockige Pferd von Dorothee
> Das goldene Pferd von Ana-Catharina
> Der Omatrick von Oliver
> Der neue Tisch mag keinen Fisch von Milena

Spiele

- Partnersuche: Märchenpaare suchen sich selbst. Dazu werden die Namen zusammengehörender Figuren auf Zettel geschrieben und dann von den Kindern gezogen. Hänsel sucht nun nach Gretel, Rotkäppchen nach dem Wolf, der Prinz seine Prinzessin etc.
- Wer bin ich?: Von den im Kreis sitzenden Kindern geht jeder einmal in die Mitte. Dort spricht es und bewegt sich wie eine Märchenfigur. Wer erkennt sie zuerst?
- Zitate: Der Lehrer oder ein Kind zitiert den Anfang, aus der Mitte oder das Ende eines Märchens. Wie heißt die Geschichte?
- Gemischt: Mehrere Märchen geraten durcheinander. Zwei, drei oder mehr Teile aus verschiedenen Geschichten werden zu einer neuen Erzählung verbunden. Doch woraus stammen die Fragmente?

- Frau Holle: Die Kinder tanzen zur Musik. Auf der Tanzfläche liegen gelb und schwarz bemalte Kreise aus Zeitungspapier mit rund 50 Zentimeter Durchmesser. Plötzlich schaltet der Spielleiter die Musik aus und ruft „Goldmarie" oder „Pechmarie". So schnell wie möglich müssen nun die Tänzer auf ein gelbes (Gold) oder schwarzes (Pech) Feld springen. Wer dies als letzter schafft, stoppt als nächster die Musik. Oder es wird wie bei „Reise nach Jerusalem" jeweils ein Kreis entfernt.
- An Frau Holle erinnert auch ein Wattebausch (Schneewolke). Wer ihn als Erster durch einen gemeinsam vorbereiteten Parcours pustet, hat gewonnen.
- Märchen-Quiz

Fasching

Erst tolle Tage und turbulente Nächte, dann enthaltsames Fasten: Der weltweite Karneval und die ebenso verbreiteten Regelungen kirchlicher Askese unmittelbar danach setzen sich aus traditionellem Brauchtum und christlichen Geboten zusammen. Bereits Mitte des 12. Jahrhunderts sind Bräuche bezeugt, die aus spätantik-römischen und byzantinischen Winter- und Frühlingsfeierlichkeiten hervorgingen. Erst 500 Jahre später drangen die heiteren Feste aus Italien über die Alpen nach Deutschland vor. Konzentrierten sich die ausgelassenen Zusammenkünfte in Venedig bis heute auf die High Society, griff die Narretei hierzulande schnell auf die einfache Bevölkerung über. Ebenso erfasste die Kinder die Faszination, einmal anders zu sein als im täglichen Leben. Vielfältig maskiert und amüsiert springen auch sie auf Straßen, Plätzen, Faschingsveranstaltungen und in der Schule umher.

Karneval, in anderen Gegenden Fas(t)nacht, Fasnet, Fosnat oder Fasching entspricht im Grunde genommen einem dauerhaften Abschiedsruf. Die Formulierung „Carne vale" stammt aus dem Lateinischen und heißt so viel wie „Fleisch, lebe wohl". Traditionell ist der Begriff jedoch eine Zeit der überschäumenden Lebensfreude mit berauschenden Umzügen, bunten Verkleidungen und zünftiger Musik. Prinzenpaare erobern, angefeuert vom maskierten Volk, die Rathausschlüssel und setzen die öffentliche Ordnung in Form einer spöttischen

„Gegenregierung" außer Kraft. Auf nächtlichen Festen und Bällen wird fröhlich getanzt und bis in den frühen Morgen gefeiert. Je nach Landstrich entwickelte sich in fast allen deutschen Bezirken ein vielgestaltiges Brauchtum, die „Fünfte Jahreszeit". Bis dann am Aschermittwoch um 00.00 Uhr Schluss ist mit dem närrischen Treiben. Es beginnt die christliche Passionszeit.

Vor allem im katholischen Kirchenleben wird dieser Abschnitt zwischen Aschermittwoch und Karsamstag als Fastenzeit begangen. Darauf deutet die Karnevalsbezeichnung Fastnacht für die letzten Wochen vor Beginn des Verzichts auf bestimmte Speisen während der Fasten- und Bußwochen bereits hin. Eingeleitet wird dieser religiöse Brauch der Abstinenz meist mit Fischessen.

Die Ursprünge von Karneval oder Fastnacht in heutiger Form reichen auf Vorfrühlingsbräuche bis ins Mittelalter und möglicherweise noch weiter zurück. Mit Festen sollte der Erde und den Göttern für ihr Geschenk vergangener und künftiger Fruchtbarkeit gedankt werden. Mit Lärm versuchten die Menschen böse Mächte und Dämonen zu verjagen und zu täuschen oder sich die Kräfte starker Geister anzueignen. Vielerorts wurde der Winter als Geist der Unfruchtbarkeit begraben. Zu solchen Festen malten sich der Menschen anfangs ihre Gesichter an. Später schlüpften sie in verwegene Kleider und Masken und zogen mit Schellen, Rasseln und anderen Instrumenten durch die Gegend. Diese heidnischen Kulturgüter stießen bei der Kirche auf derartigen Widerstand, dass sie die Bräuche verbieten wollte. Die Kritik des Volkes daran veranlasste sie jedoch zum Einlenken: Sie wandelte die überlieferten Aktionen zeitlich und inhaltlich so um, dass sie mit der christlichen Religion im Einklang standen.

Bei vielen Erwachsenen hat sich der Karneval zu einem oft teuren Freizeitvergnügen entwickelt. Bei Kindern weckt die Maskerade vor allem eine fantasievolle Selbstgestaltung und -entfaltung. Ob sie als Prinzessin, Ritter oder Cowboy, als Schneewittchen, Harry Potter oder eine andere der unzähligen, selbst ausgesuchten Figuren spielen, tanzen, lachen und singen – sie offenbaren mit kreativem Frohsinn einen Teil von sich selbst. Sie nehmen Inhalte, die an den Fasching anknüpfen, mit hoher Motivation und Freude an. Das Thema „Fasching" belebt den Sachunterricht, bereichert die Deutschstunden und zieht sich durch alle musischen Bereiche wie ein inhaltsreicher Animationsfaden.

Das Thema Fasching im Unterricht
- Sachunterricht
    Geschichte des Faschings bzw. Karnevals
    Sachtexte zur Brauchtumspflege weltweit

- Deutsch
    Faschings-ABC
    Akrostichon
    Spaßgedichte:
    → „Die Welt durch meine Faschingsbrille" von Miriam Christgau-Jaschok
    → „Der Zauberer Korinthe" von James Krüss
    → „Prinz Karneval" von James Krüss
    → „Fastnacht" von Elise Hennek
    Elfchen schreiben
    Zungenbrecher

Auf dem Rasen rasen Hasen, atmen rasselnd durch die Nasen.
Früh fressen freche Frösche Früchte. Freche Frösche fressen früh Früchte.
Ein chinesischer Chirurg schenkt tschechischen Skifreunden frischgebackene Shrimps – frischgebackene Shrimps schenkt ein chinesischer Chirurg tschechischen Skifreunden.
Der dicke Dachdecker deckt Dir dein Dach, drum dank dem dicken Dachdecker, dass der dicke Dachdecker Dir Dein Dach deckte.
Wenn hinter Fliegen Fliegen fliegen, fliegen Fliegen Fliegen hinterher.
Es klapperten die Klapperschlangen, bis ihre Klappern schlapper klangen.
Max wachst Wachsmasken. Was wachst Max? Wachsmasken wachst Max.
Zwischen zwei Zwetschgenzweigen zwitschern zwei Schwalben, zwei Schwalben zwitschern zwischen zwei Zwetschgenzweige.
Am zehnten zehnten zehn Uhr zehn zogen zehn zahme Ziegen zehn Zentner Zucker zum Zoo.

- Aufsatz „Meine Welt durch die Faschingsbrille": Einen „verkehrten" Tag fantasievoll beschreiben. Wer und was verändert sich in welcher Form?
- Wortspielereien
- Witze erfinden

- Kunst

    „Die Welt durch meine Faschingsbrille": Kinder gestalten ein Bild eines tristen, unschönen Hauses mit Wasserfarben, Wachsmalkreide oder auch Bildern aus Zeitschriften zu ihrem fantastischen „Traumhaus" um.
    Fensterbilder malen
    Girlanden basteln
    Masken (aus Pappteller, Gips, Kleister und Zeitungspapier...) basteln
    Zeitungshüte falten
    Trinkglasaufstecker
    Faschingsbrillen

- Musik

    Lieder
    → „Der Fasching ist da"
    → „Ich möchte mal wer anders sein"
    → „Rumsdideldums"
    → „Trat ich heute vor die Türe"
    → „Tomatensalat"
    → „Meine Oma fährt im Hühnerstall Motorrad"
    → „Meine Tante aus Marokko"
    → „Wisst ihr, was Gespenster machen"
    lustige Instrumente bauen (z. B. Rassel mit Clown-Kopf)

Die Faschingsfeier

Entweder es wird entschieden, traditionell Fasching zu feiern, oder die fünfte Jahreszeit wird unter ein bestimmtes Motto gestellt:

- Unterwasserparty
- Detektivparty
- Fussballparty
- Hawaiiparty
- Ritterparty
- Zauberer- und Hexenparty
- Indianerparty
- Piratenparty
- Zirkusparty
- Dschungelparty
- ...

Absolute Narrenfreiheit!

Wann?   Am unsinnigen Donnerstag

Wo?   In der gesamten Schule

Warum? Spaß darf sein!

Wer dabei ist, singt und spielt:

Folgend wird eine Piratenparty näher beschrieben:

Piratenparty
- Einladung in Form einer Flaschenpost oder einer Schatzkarte
- Kostüm
    Rüschenhemd oder schmutziges Unterhemd, evtl. mit Flicken
    Pumphose bzw. kurze Stoffhose
    Piratentuch (Küchentuch): Tuch zum Dreieck falten und um den Kopf binden
    Augenklappe (aus Pappe oder festem Stoff): rechts und links kleine Löcher in die Pappe machen und ein Gummiband durchziehen
    Säbel (aus Karton)
    Großer, runder Ohrring (aus Alufolie geformt)
    Schminke: Bart und dicke Augenbrauen, schmutziges Gesicht
    evtl. Stoffpapagei auf der Schulter befestigen
- Essen und Trinken
    Silberplatten mit Hähnchenkeulen, Baguette, Obst, Gemüse, Butter, Käse, Quark, Honig, Hülsenfrüchte, Eier, Goldtaler
    Karaffen mit Wasser, rotem Tee als Rumersatz, Traubensaft als Weinersatz
- Lieder
    „Wir lagen vor Madagaskar"
    "My Bonnie is over the ocean"
- Spiele
    Schatzsuche (Schulhaus): Jede Gruppe muss ihren eigenen Schatz finden. Die Suche verläuft nach Stationen, Hinweise sind auf einer Schatzkarte eingezeichnet bzw. werden vor Ort erfragt, gefunden oder erarbeitet.
    Riesenkrake: Ein Schüler ist der Fänger. Er muss die Piraten abschlagen. Ein abgeschlagener Pirat wird Teil der Riesenkrake. Er fasst den Fänger an die Hand und hilft beim Fangen der anderen freien Piraten. Nach und

nach entsteht aus den abgeschlagenen Piraten eine Riesenkrake. Der Pirat, der übrig bleibt, spielt die Krake in einem neuen Spiel.
Pirateninsel (Turnhalle): Stationen werden aufgebaut, an denen die Seeleute ihre Fähigkeiten zeigen müssen.

Station 1: Totenkopfberg
Die Kinder ziehen sich auf einer schräg gestellten Langbank die Sprossenwand hoch, klettern über die Sprossenwand und rutschen auf der anderen Seite eine Langbank runter.
Materialien: Matten, Sprossenwand, zwei Langbänke

Station 2: Baumstümpfe
Die Kinder steigen im Stelzengang über die Pylonen.
Materialien: 15–20 Pylonen

Station 3: Schlucht
Die Kinder schwingen sich an den Seilen von einer Bank auf eine zweite Langbank.
Materialien: Matten, zwei Langbänke, drei Seile

Station 4: Hängebrücke
Die Kinder balancieren über eine Langbank und steigen über die Bälle.
Materialien: Matten, drei Medizinbälle, eine Langbank, Elemente zweier großer Kästen, Sandsäckchen

Station 5: Baumstämme
Die Kinder springen von Kastenoberteil zu Kastenoberteil.
Materialien: Matten, vier kleine Kästen

Station 6: See
Die Kinder setzen sich auf ein Rollbrett und schieben sich mit den Armen voran.
Materialien: zwei Pylonen, verknotete Seile, Rollbrett

Station 7: Schlacht auf hoher See
Die Kinder werfen von einer gewissen Distanz aus Ziele mit Kanonenkugeln ab
Materialien: Zeitungskugeln, Dosen

Station 8: Anker werfen
Die Kinder werfen einen Anker an einem Seil in ein Ziel
Materialien: Papp-Anker, Seil, Reifen

Dekoration
- Girlanden
- Luftschlangen
- Konfetti
- (selbst bemalte) Luftballons
- Tischdeko
- Partygirlanden
- Lampions
- Papptellergesichter (aus flachen Papptellern, bemalt mit Wasserfarbe, beklebt mit Luftschlangen, Wollfäden, Federn, Joghurtbecher, Eierkartons etc.)

Spiele
- Luftballontanz: Von den Kindern gebildete Paare klemmen sich einen Luftballon zwischen die Köpfe, Bäuche oder Rücken. Welches Duo am längsten tanzt, ohne den Ball zu verlieren, hat gewonnen.
- Schlangenzucht: Aus einer Zeitung entstehen Schlangen. Jedes Kind bekommt ein Blatt und versucht, daraus fingerfertig eine möglichst lange Natter zu reißen. Wer die größte hat, wird wegen guter Fütterung besonders geehrt.
- Rippel-Tippel: Die Nummerierung der Kinder zum Zungenbrecherspiel beginnt beim Rippel-Tippel Nr.1 und führt über Rippel-Tippel Nr.2 bis zur Klassen- oder Gruppenstärke. Nummer 1 legt los mit „Rippel-Tippel Nr.1 ohne Tippel ruft Rippel-Tippel Nr.4 ohne Tippel". Nun folgt Nr.4 mit einem gleichartigen Aufruf. Einem Versprecher wird ein Cremepunkt ins Gesicht getupft und ein „Tippel" verpasst. Sein Absender lautet dann „Rippel-Tippel Nr. X mit einem Tippel ruft Rippel-Tippel Nr. X mit Y/ohne Tippel". Je mehr Versprecher sich ein Kind leistet, desto mehr Tippel, also Cremepunkte, zieren dessen Gesicht.
- Skulpturen: Mitglieder einer Gruppe formen aus ihren Körpern eine Skulptur. Daneben steht mit verbundenen Augen ein „Blindhauer". Nach Fertigstellung der Statue tastet sie der „Blindhauer" ab und versucht, sich ihre Formen vorzustellen und einzuprägen. Glaubt er sich ausreichend orientiert, löst sich auf sein Zeichen die Figur auf und der „Blindhauer" darf wieder sehen. Das „Rohmaterial" soll er nun so genau wie möglich in dessen Originalzustand zurückversetzen. Es können auch zwei „Steinmetze" von Anfang an zusammenarbeiten.
- Fasching-Quiz

Tanzen
- Ententanz
- Besentanz: Die Kinder bewegen sich tanzend im Raum zur Musik. Währenddessen sind – je nach Größe der Gruppe – eine gewisse Anzahl „Besen" im Umlauf. Während die Musik läuft, werden die Besen so schnell wie möglich herumgereicht. Wer ihn fallen lässt oder den Besen hat, wenn die Musik stoppt, ist draußen. Gewonnen hat derjenige, der als letzter übrig bleibt.
- Gaudiwurm/Polonaise
- Stopptanz: Alle tanzen zur Musik. Immer dann, wenn diese vom DJ gestoppt wird, müssen alle Tänzer in ihrer Position verharren. Wer sich zuerst bewegt, muss in der nächsten Runde aussetzen.

Möglicher Ablauf einer Faschingsfeier mit der ganzen Schule in der Turnhalle:

1. Einzug (Polonaise)
2. großer Kreis (Begrüßung)
3. gemeinsames Lied
4. Kinder setzen sich in Reihe an ihre Plätze
5. Vorführung 4a: Lied
6. Vorführung 2a/b: Tanz
7. Besentanz
8. Vorführung 1b: Lied
9. Vorstellung der Kostüme (themenbezogene Musik)
10. Ententanz
11. Vorführung 3c: Lied
12. Vorführung 3b: Tanz
13. Staffellauf (Löffel, Tischtennisball; Differenzierung der verschiedenen Klassenstufen)
14. freier Tanz
15. großer Kreis (Verabschiedung)
16. gemeinsames Lied
17. Aufräumen
18. zurück im Klassenzimmer Krapfen essen

7.2 Außerhalb des räumlichen Schulbereichs

7.2.1 Exkursionen und Wanderungen

Erziehungs- und Bildungsarbeit bildet die zentrale Aufgabe inner- und außerhalb des Klassenzimmers. Einen unverzichtbaren Bestandteil eines erfahrungs- und lebensorientierten Unterrichts stellen Lehr- und Lernorte in der Umwelt dar. Wanderungen, Exkursionen und Aufenthalte in Schullandheimen leisten dazu einen wichtigen Beitrag. Begegnungen mit der Natur führen den Kindern anschaulich ihre Umgebung, fremde Landschaftsbilder und die dort lebenden Menschen vor Augen. Dieses gemeinsame Erleben fördert das Wir-Gefühl und gegenseitige Verständnis. Zudem regt es zu gesunder Lebensführung und sinnvoller Freizeitgestaltung an. Ein mit den Ausflügen verbundener Rückblick in die Geschichte der Heimat und ihre Entwicklung vermitteln Einblicke in die Berufs- und Arbeitswelt von damals und heute.

Lernorte im Freien animieren zum Lernen an der Sache selbst. Als situativer Lernanlass bedürfen die Aktionen einer fixierten sorgfältigen Analyse und Dokumentation der gewonnen Eindrücke und Erkenntnisse. Die Mischung aus Theorie und Praxis verbindet fachkundige Informationen durch Experten mit darauf zugeschnittenen Aktivitäten von Schülern. Sie begünstigt eine Förderung von Wissen und Begabung und bietet Gelegenheit zu einer praxisnahen

Erprobung. Die Gruppenarbeit vor Ort unterstützt das soziale Lernen und fordert, verbunden mit der Erlebnisqualität solcher Unternehmen, zu Rücksichtnahme und Zusammenhalt heraus.

Voraussetzung für ein Gelingen ist eine weitgehend mit den Schülern durchdiskutierte Planung. Die Finanzierung ist stichhaltig abzusprechen und die Eltern sind darüber zu informieren.

Exkursionen

Die direkte Erkundung eines Objekts an seinem Originalstandort oder in einer Ausstellung qualifiziert Exkursionen als unmittelbar aus dem Unterricht entstehende Unternehmung außerhalb des Klassenzimmers. Der Unterrichtsgang veranschaulicht einen bereits zuvor klar definierten und erläuterten Unterrichtsinhalt. Zusätzlich liefert er wirklichkeitsnahe Informationen und regt zu Nachprüfungen an. Im Gegensatz zu Wanderungen und zum Aufenthalt im Schullandheim besitzt der Besuch des Lerngegenstandes an seinem originären Ort in erster Linie Bildungscharakter. Arbeitstechniken (z. B. Umgang mit der Lupe) und fachspezifische Arbeitsweisen (z. B. Sammeln) können praktiziert werden. Zur Verdeutlichung der Arbeitsvorgänge in einem Betrieb werden Experten einbezogen. Exkursionen sind je nach regionalen Möglichkeiten geradezu unerschöpflich. Sie bringen Kindern die reale Lebenswirklichkeit näher. Anschauliche Direktkontakte mit der Umwelt vermitteln den Schülern bedeutsame Erfahrungen, die ihr Interesse und Verstehen von Gegenständen und Vorgängen erhöhen. Die Begegnungen mit fremden Menschen bereichern die soziale Sensibilität, die mit Naturphänomenen das Naturverständnis. Die Vermittlung von Arbeitsmethoden setzt Formen des Denkens und Handelns miteinander in Verbindung. Die Besichtigung historischer sowie aktueller Stätten und Bauten lässt architektonische Stilmerkmale leichter begreifen. Untersuchungen und Beobachtungen von Pflanzen und Tieren im Wald oder Prüfungen der Wasserqualität führen zu einem tieferen Einfühlungsvermögen in den natürlichen Lebensraum. Direkte Kontakte mit Handwerkern, Schauspielern, Regisseuren oder Musikern erlauben Einblicke hinter die Kulissen.

Das Begreifen und Anwenden fachspezifischer Arbeitsweisen wird durch Anregungen zu Schüleraktivitäten unterstützt. Der Zeitpunkt eines Ausflugs kann dem jeweiligen Entwicklungsstand eines Themas angepasst werden und am Anfang, innerhalb oder am Ende einer Lernsequenz liegen. Er richtet sich vor allem danach, ob die Exkursion Probleme aufreißen und Lösungen vorbereiten oder offene Fragen gleich weitgehend beantworten soll. Ebenso kann sie dazu dienen, bereits gewonnene Erkenntnisse zusammenzufassen, zu wiederholen oder auszuweiten.

Beispiel einer Exkursion mit sozialkundlichem Schwerpunkt
Thema: Auf dem Wochenmarkt gibt es verschiedenes Obst
Lernziele: Die Kinder sollen
- einige Obstsorten kennen und unterscheiden lernen
- Qualität und Preis vergleichen
- das richtige Einkaufen üben
- sich situationsgemäß ausdrücken (grüßen, bitten, bedanken, verabschieden)
- sich in der Gruppe einigen

Didaktischer Ort:
Der Unterrichtsgang findet innerhalb der Lernsequenz statt
1. UE: Im Herbst gibt es viel Obst
2. Mein Pausenapfel
3. Es gibt verschiedene Äpfel
4. Am Obststand (richtiges Einkaufen in szenischer Darstellung)
5. Unterrichtsgang zum Wochenmarkt
6. Auswertung des Unterrichtsganges
7. Unterscheiden von Kern- und Steinobst
8. Ausweitung auf Südfrüchte
9. Wir bereiten einen Obstsalat zu

Ziel: Wochenmarkt im Stadtteil
Zeit: ca. 40 Minuten

1. Vorbereitung
- Ziel, Weg und Dauer den Kindern bekannt geben
- Verhalten auf der Straße und am Wochenmarkt besprechen
- Arbeitsaufträge wiederholen
- Einkaufsgruppen einteilen
- Aufgaben innerhalb der Gruppe durch die Kinder verteilen
- Geld an die Gruppen verteilen
- Haltepunkte vereinbaren

2. Durchführung
- Abzählen der Teilnehmer
- Gemeinsames Verlassen des Schulgebäudes
- Haltepunkt an der Eingangstür zur Schule
- Erneutes Abzählen
- Haltepunkt an der Fußgängerampel

- Treffpunkt und Standort des Lehrers am Wochenmarkt festlegen
- Gruppenweises Einkaufen am Wochenmarkt
- Sammeln am Treffpunkt
- Erneutes Abzählen
- Gemeinsames Verlassen des Wochenmarktes
- Rückweg zur Schule mit denselben Haltepunkten wie auf dem Hinweg

3. Auswertung
- Schildern der Einkaufserfahrungen
- Benennen und Vorstellen des eingekauften Obstes durch die Gruppen
- Auflegen der Obstsorten am Ausstellungstisch
- Beschreiben des Aussehens der einzelnen Obstsorten im Stehkreis
- Überprüfen des Geschmacks durch Probieren
- Zuordnen von Namenskärtchen

Wanderungen

Bei Wanderungen lässt sich das Wir-Gefühl stärken und festigen. Die ungezwungene Atmosphäre stärkt den Sinn für Gemeinschaft, für die nähere Heimat und ihre Gegebenheiten – und es bleibt genug Zeit zum Reden. Schulwanderungen und -fahrten sind in erster Linie soziale Ereignisse, bei denen auch ein Bezug zum Unterricht möglich ist. Kinder gewinnen als Ergänzung zum Alltag neue Erfahrungen, das gegenseitige Verständnis in der Gruppe und mit dem Lehrer als Begleiter nimmt zu. Gleichzeitig wird die Bereitschaft geweckt, auch für andere Verantwortung zu übernehmen und sich für sie einzusetzen.
Wandern steigert die körperliche Leistungskraft und dient der Gesundheit. Deshalb sollen Verkehrsmittel nur zu kurzen An- und Abreisen benutzt werden. Der hohe pädagogische Wert des Wanderns soll aber allen zugute kommen. Um Überbeanspruchungen zu vermeiden, müssen Alter, Erlebnis- und körperliche Leistungsfähigkeit der Schüler bei der Planung und Realisierung berücksichtigt werden. Kurze Wegstrecken, erholsame Pausen und Zeit zum Spielen steigern die Aufnahmemöglichkeiten vor allem der Erstklässler.
Der Wandertag ist in den Augen der Kinder ein freudig erwartetes Ereignis: Ihr Bewegungsdrang wird zufrieden gestellt, die Begegnung mit der Natur baut neue Impulse auf und Aggressionen ab. Schlummernde Leistungsfähigkeiten werden durch aktives Freizeitverhalten geweckt, zwischenmenschliche Beziehungen erhalten und erweitert. Gespräche in aufgelockerter Atmosphäre erleichtern die Bewältigung von Konflikten.
Organisation, Durchführung und Auswertung sind bei Exkursionen, Unterrichtsgängen, Schulwanderungen und Ausflügen sehr ähnlich.

Ziele für Exkursionen und Wanderungen können sein:
- Stadt und Gemeinde
  Rathaus
  Stadtbücherei
  Hafen
  Feuerwache
  Wasserwerk
  Kläranlage
  Sternwarte
  Altenheim
  Krankenhaus
  ...

- Wirtschaft
  Bauernhof
  Bäcker
  Fabrik
  Glashütte
  Kraftwerk
  ...

- Kultur und Geschichte
  Museen
  Kirchen, Klöster und Friedhöfe
  Burgen
  Themenparks
  Schlösser
  ...

- Natur
  Wälder
  Zoo, Wildpark
  Vogelschutzgebiete
  Lehrpfade
  Naturparks
  Walderlebniszentrum
  Baumschule
  Gartenschau
  Botanischer Garten
  Kinder- und Jugendfarm
  ...

Ein Ausflug in unser Rathaus

Auf der Feuerwache

Puh, hier stinkt's! Wie funktioniert eine Kläranlage?

Im Lenbachhaus

Zu Besuch in St. Bonifaz

Unterwegs im Walderlebniszentrum

BUGA – Die Attraktion des Sommers

Zusammen auf der Kinder- und Jugendfarm

- Sternwanderung
  Alle Klassen der Schule unternehmen am selben Tag einen Ausflug und treffen sich zur festgelegten Zeit auf einer großen Wiese. Das Ziel kann, abhängig vom Alter, zu Fuß, mit dem Bus ... erreicht werden. Dort werden gemeinsam Lieder gesungen und Spiele veranstaltet. Nach einer großen Esspause gestalten die einzelnen Klassen den Rest des Wandertages wieder individuell.

Organisation

- Bestimmung des aktuellen Anlasses
- Die Wandertagskartei der Schule nach attraktiven Zielen durchforsten
- Inhaltliche Schwerpunktbildung
- Konkretisierung der Unternehmung durch fachliche, methodische und soziale Lernziele
- Vorüberlegungen zur Einbeziehung der Lerngruppe in Planung und Durchführung
- Vorerkundung des Lehrers vor Ort
  Ist die Strecke von allen zu schaffen?
  Welche ist die geeignetste, ungefährlichste Wegstrecke?
  Wo gibt es mögliche Haltepunkte?
  Welche sind die örtlichen Begebenheiten?
  Was könnte die Kinder besonders interessieren?
  Wie sind die Öffnungszeiten und wie hoch die Eintrittskosten?
  Welche didaktischen und methodischen Konsequenzen ergeben sich?
- Gesetzliche Bestimmungen der Schulbehörde beachten
- Sicherheits- und Versicherungsaspekte beachten
- Einholung der Genehmigung beim Schulleiter
- Information der Fachlehrer
- Bestimmung der Zeitdauer – je größer die Gruppe, desto langsamer
- Kosten kalkulieren
- Eine weitere Begleitung verpflichten (Partner, Eltern, Praktikanten, Hospitanten, Zivildienstleistende, Lehramtsreferendare)
- Organisation der benötigten Verkehrsmittel – die Relation zwischen Fahrtdauer in Bus/Bahn und Gesamtdauer des Wandertages sollte stimmen
- Mögliche Inhaltspunkte eines Elternbriefs
  Ziel und Zweck der Wanderung
  Abfahrts- und Rückkehrzeit
  Kosten
  Verpflegungsfrage
  Ausrüstung, Kleidung

- Die Ausrüstung der Kinder
  geeignete Bekleidung
  festes Schuhwerk
  Schreibmaterial
  Gegenstände zum Erkunden und zur Fixierung von Beobachtungen und Interviews
- Die Ausrüstung des Lehrers
  Erste-Hilfe-Tasche (inkl. elastische Binde/Desinfektionsmittel/Salbe gegen Wespenstiche/Sonnenschutz)
  Besonderheiten von einzelnen Schülern (z. B. Allergien)

Kompass	Schreibmaterial
Taschenmesser	Handy
Wanderkarte	Telefonnummerliste
Uhr	Fahrplan
Geld	Ausweis
- Vorbereitung mit der Klasse
  Informationen für die Schüler über Inhalt und Ablauf
  Mögliche Mitbestimmung bei der Auswahl des Zieles
  Sammeln von Prospekten, Karten, Bildern
  Verteilung der Beobachtungs- und Handlungsaufträge
  Einteilung der Klasse in Gruppen und Gruppensprecher
  Kinder mit Spezialwissen als Experten ausbilden
  Vereinbarung von Art und Umfang der Fixierung der Arbeitsergebnisse
  Zuverlässige Kinder bestimmen, die am Anfang/Schluss der Klasse gehen

  Aussprache über Verhaltensregeln in der Öffentlichkeit und Natur

> Wir nehmen Rücksicht auf unsere Mitschüler.
> Wir halten Sichtkontakt zum Vorder- und Hintermann.
> Wir bleiben auf dem Weg.
> Wir schonen die Umwelt: keine Pflanzen/Pilze herausreißen, keinen Abfall wegwerfen, keine Tiere erschrecken etc.
> Auf der Landstraße gehen wir links und hintereinander.
> Wir schubsen, stoßen und drängeln nicht.
> Wir achten auf Markierungen.
> Wir verlassen den Rastplatz sauber.
> Im Bus essen, trinken und schreien wir nicht.
> Wir entfernen uns nicht von der Gruppe.

Durchführung
- Wiederholung der bereits besprochenen Verhaltensregeln
- Überprüfung der Kleidung
- Abzählen der Kinder
- Vergegenwärtigung der Aufgabenstellung
- Eventuell der Wanderung ein Motto geben
- Nach etwa 15 Minuten Gehzeit einen kurzen Kontrollhalt machen. Jacken können an- oder ausgezogen werden, Schuhe neu gebunden und Rucksäcke gerichtet werden.
- Der verantwortliche Lehrer wandert vorne, bestimmt Gehtempo und Wegstrecke. Die Begleitperson hält sich im hinteren Drittel der Gruppe auf.
- Kartenmaterial einsetzen
- Absicherung der Gefahrenstellen
- Sich öfter über das Befinden der Kinder erkundigen
- Haltepunkte für Hinweise oder Aussagen über beobachtete Sachverhalte
- Arbeitsweisen vor Ort: Sammeln, Versuche durchführen, Zeichnen, Messen, Beobachten, Interview durchführen etc.
- Genügend Pausen und angenehme Rastplätze anbieten. Ein Ball oder ähnliche Spielgeräte sollten nicht fehlen.
- Bei Gewitter niemals unter freistehende Bäume stellen.

Auswertung
- Resümee und Klärung noch anstehender Fragen
- Mitteilen der Ergebnisse der Arbeitsaufträge
- Zusammenstellen der wesentlichen Informationen
- Einfügung in den Unterrichtszusammenhang
  Wurde die Exkursion zu Beginn eines neuen Unterrichtsthemas unternommen, so lassen sich aus den gewonnenen Informationen Problemfragen ableiten, die den weiteren Unterrichtsverlauf strukturieren.
  Stand die Exkursion in der Mitte der Behandlung eines Unterrichtsthemas, so können die Erfahrungen in systematische Zusammenhänge gestellt werden oder zur Sicherung des Gelernten verschriftlicht werden.
  Wenn die Exkursion eine Unterrichtsreihe beschließt, so bietet sich eine Darstellung des Gesamtergebnisses in Form von Medien, z. B. als Artikel in der Schülerzeitung, als Gestaltung einer Stellwand (Fotos, Artikel, Reportagen) oder als Ausstellung für andere Klassen.

Schullandheim – ein unvergessliches Erlebnis!

*Schullandheim, d. h. gemeinsam fünf Tage
ohne Eltern erleben.
Viel Spaß, Tag und Nacht mit Freunden zusammen sein,
wandern, schwimmen, toben:
Es bedeutet Rücksicht nehmen, manchmal ein klein
wenig Heimweh überwinden, sich in eine
Gemeinschaft eingliedern.*

*Schullandheim ist etwas Besonderes!
Schullandheim ist toll!*

7.2.2 Schullandheim

Ein Aufenthalt im Schullandheim verbindet Unterricht und Erziehung auf ideale Weise. Ohne organisatorische Zwänge der Schule lassen sich Leben und Lernen als Einheit erfahren und praktizieren. Großzügigere Entfaltungs- und Bewegungsräume, erlebnisreiche Tage und Nächte mit abwechslungsreichen Ereignissen sowie daraus gewonnene Einsichten ergänzen in vielen Bereichen das im Klassenzimmer erworbene Wissen oder reichen weit darüber hinaus.

Ein gemeinsames Leben wie im Schullandheim verlangt ein individuell aufeinander abgestimmtes Verhalten, das einer Persönlichkeitsentwicklung zu Toleranz und Rücksichtnahme ebenso dienlich ist wie zu selbstständigem und verantwortlichem Handeln. Mehr Zeit und mehr Möglichkeiten erhöhen im Schullandheim auch die Gesprächsbereitschaft der Beteiligten. Der Lehrer lernt die Schüler besser kennen, die Schüler ihren Lehrer und sich untereinander.

Unterricht ist auch während des Aufenthalts Pflicht, wenn auch in gelockerter Form. Dem Lehrer bleibt im Rahmen der Lehrpläne weitgehende Freiheit in der Auswahl der Fächer und übergreifender Themen, wozu zur Bereicherung Fachleute einbezogen werden können. Jeder Klasse sollte mindestens ein eigener Raum zur Verfügung stehen. Die Unterkünfte für Betreuer und Begleitpersonen sollen in der Nähe der Schülerschlafräume liegen.

Schullandheimaufenthalt am schönen Schliersee

Vorbereitung

1. Vorüberlegungen

- Sind Sie in der Lage, mehrere Tage von zu Hause wegzubleiben?
- Ist die Klasse diszipliniert oder ist mit erheblichen Schwierigkeiten zu rechnen?
- Können es sich alle leisten, mitzufahren? Wenn nicht, wo bekomme ich Zuschüsse?
- In welche Region soll man fahren, was ist der heimatliche Raum?
- In welchen Häusern ist noch Platz? Welche Erfahrungen haben Kollegen?
- Vorbesuch im Haus, Abgehen der Wanderungen, Ausstattung der Räume: Spiele, Freizeitmöglichkeiten, Belegung der Herberge durch andere Gruppen
- Planung der Zimmerbelegung vorher, evtl. mit Soziogramm
- Detaillierte Planung des Programms
- Absprache mit Institutionen wegen Öffnungszeiten, Eintrittspreisen, Führungen etc.

2. Organisatorische Fragen

- Begleitperson suchen
- Beförderung klären
- Finanzierung klären
- Aufenthalt genehmigen lassen
- Unterrichtliche Versorgung eventuell nicht mitfahrender Schüler klären

3. Elterninformation

- Elternabend: Vorzüge des Aufenthalts im Schullandheim vermitteln, Interesse wecken, Begleitperson vorstellen, Bilder des Hauses zeigen, Kernfragen der Aufsichtspflicht besprechen, erzieherische Anliegen klären
- Inhalt eines Elternbriefs:
    Fragen: Allergien, Krankheiten, Impfungen, Besonderheiten, Ängste, Medikamente (zur Medikamentenabgabe ist die schriftliche Genehmigung der Eltern nötig)
    Schriftliche Erklärung der Erziehungsberechtigten zu Ge- und Verboten für ihre Kinder
    Krankenversicherung

Beispiel für einen Elternbrief

Liebe Eltern,
wir haben die Möglichkeit, in ein Schullandheim zu fahren. Ein solcher Aufenthalt ist eine schulische Veranstaltung und soll insbesondere dem besseren gegenseitigen Kennenlernen, dem gemeinsamen Erleben, dem Erkunden der Natur und natürlich auch der offenen, fächerübergreifenden Arbeit am Unterrichtsstoff dienen.

Vom _____ bis _____ fährt die Klasse _____ deshalb in das:

Schullandheim: _____ PLZ/Ort: _____

Straße: _____ Telefon: _____

Hinfahrt am: _____ um: _____ Uhr, Treffpunkt: _____

Rückkehr am: _____ um: _____ Uhr, Ankunftsort: _____

Die Reise erfolgt per _____

Der Preis für den Aufenthalt beträgt _____ €

(je _____ × Übernachtung, Frühstück, Mittagessen und Abendbrot).
Im Falle von Ganztagesausflügen gibt es eine Brotzeit. Im Preis nicht enthalten sind Ausgaben für unsere außerhalb des Schullandheimes stattfindenden Unternehmungen.

Dies betrifft: _____

Die zu entrichtenden Gesamtkosten betragen somit _____ €. Damit werden die Hin- und Rückfahrt, der Schullandheimaufenthalt und die Ausgaben für die Unternehmungen gezahlt.

Wir bitten, das Geld bis zum _____ auf folgendes Konto einzuzahlen.

Programmvorstellungen:

Montag: _____ Donnerstag: _____

Dienstag: _____ Freitag: _____

Mittwoch: _____

In Abhängigkeit vom Wetter können sich evtl. Verschiebungen ergeben. **Bitte notieren Sie auf einem Blatt, wenn es Einschränkungen – insbesondere gesundheitlicher Art – bezüglich der Teilnahme Ihres Kindes an bestimmten Unternehmungen gibt.** Dies gilt insbesondere auch für das Schwimmen. Sollte Ihr Kind aus bestimmten Gründen gar nicht an der Fahrt teilnehmen können, so besucht es in der betreffenden Woche den Unterricht einer anderen Klasse.
Informieren Sie uns bitte, falls Ihr Kind regelmäßig Medikamente einnehmen muss.
Folgende Dinge sollte Ihr Kind bitte mitbringen: (siehe Liste unten)
Besondere Hinweise:
– die Kinder sollen nicht angerufen werden, nur in Notfällen: 01 23 45 67
– keine Elternbesuche im Schullandheim
– die Verpflegung ist gut und reichlich, Moslems, Vegetarier und Lebensmittelallergiker werden bei rechtzeitiger Meldung berücksichtigt. Bitte geben Sie kein Essen mit, auch keine Süßigkeiten
– üben Sie mit Ihrem Kind, Betten zu beziehen, da es dies im Schullandheim selbst erledigen muss
– bitte besprechen Sie mit Ihrem Kind, wie es sich gegenüber Schülern, Erwachsenen und dem Hauspersonal verhalten sollte.

_____, den _____ Kenntnis genommen: _____
(Klassenleiter) (Erziehungsberechtigter)

zitiert mit einigen Veränderungen nach http://www.naturerlebnishaus-am-buchenholz.de/Dokumente/pdf/Elternbrief.pdf

- Packzettel für Schüler

Was ich mitnehmen muss	Was ich mitnehmen kann	Was ich zu Hause lassen muss
• Impfpass • Unterwäsche und Socken • lange Hosen • kurze Hosen • T-Shirts • Pullover • Regenjacke • Festes Schuhwerk für schlechtes Wetter • Hausschuhe • Freizeit- oder Turnschuhe • Hut/Kappe • Pyjama • Toiletten- und Hygieneartikel • Duschtuch, Handtuch • Schlafsack, evtl. Kopfkissen • Schwimmzeug • 1 Geschirrtuch • Teller, Besteck und Becher • Taschenlampe • Bücher • Trinkflasche • Sonnencreme • Wanderrucksack • Federmäppchen, Papier, Schere • Taschengeld für Postkarten (max. 5 €) • 1 weißes T-Shirt zum Bemalen • Taschentücher	• Kuscheltier • Bälle • Spiele • Fotos • Tischtennisschläger • Federball • Bücher • Fotoapparat • Tennisball • CDs • Brustbeutel/ Geldbörse	• Feuerzeug • Discman, Ipod, etc. • Gameboy • Schmuck • Handy • zerbrechliche Gegenstände • Süßigkeiten • Taschenmesser • Getränke in Dosen
Sachen, wenn möglich, mit Namen kennzeichnen. Die Tasche muss so gepackt sein, dass Ihr Kind sie selbst ein kleines Stück tragen kann.		

Schullandheim
Klasse 4a · Oktober

Was ich sehr lustig fand war, als der Bauer uns die Milch direkt aus dem Euter in den Mund gespritzt hat.

Packzettel für Lehrer
- Telefonnummern und Adressen der Kinder
- Telefonnummer der Schule
- Telefonnummern der zu besuchenden Betriebe, Einrichtungen...
- Buchungsbestätigung
- Klassenliste
- Handy
- Impfpässe der Schüler
- Erste-Hilfe-Ausrüstung
- Wanderkarten
- Unterrichtsmaterialien
- Stifte, Papier, Bastelmaterial
- Sportgeräte
- Bücher
- Wochenplan
- Geld
- CDs (Musik und Hörspiele)
- DVD oder Videokassette
- Instrumente
- Fotoapparat
- Taschenlampe
- Party-Materialien
- ...
- Sammeltelefon organisieren lassen, am besten durch die Elternsprecher, z. B. wenn sich die Rückreise verzögert, wer benachrichtigt wen?

4. Vorarbeiten in der Klasse

- Wünsche der Schüler

> Liebe _____,
> beantworte bitte in Stichworten die folgenden Fragen und führe die angefangenen Sätze zu Ende.
>
> 1. Warum fahren wir Deiner Ansicht nach ins Schullandheim?
> 2. Ich möchte mit meinen Klassenkameradinnen und -kameraden ...
> 3. Tagsüber sollen wir ...
> 4. Abends sollen wir ...
> 5. Ich möchte, dass wir nicht ...

- Thema/Motto wählen
- Sammeln von Bastelideen, Spielen
- Gemeinsam Alternativen für schlechtes Wetter ausarbeiten
- Anlegen eines Schullandheim-Heftes
- Ausarbeiten der Fahr- und Wanderstrecken (SU)
- Berechnen der Kosten (Mathe)
- Lesen von Informationstexten zur Region (Deutsch)
- Gestalten von Türschildern (Kunst)
- Erlernen von Liedern (Musik)
- Absprache von Verhaltensregeln (Plakat entwerfen)
- Festlegung der Dienste (Zimmer-, Tisch- und Küchendienst)
- Wettbewerb „Das schönste Zimmer"
- Besprechen der Hausordnung (Plakat)

Durchführung

Projektorientierte Themen mit der Möglichkeit zu originaler Begegnung (z. B. Umwelterziehung, Burgen, Wetterbeobachtung, Tierbeobachtungen, Naturerfahrung)

Hinweise zur Gestaltung
Der Lehrer muss den Kindern Hilfen für eine sinnvolle, erfüllte Freizeitgestaltung geben. Das sind zum Beispiel:

- Lese-, Vorlese-, Erzählzeiten
- Spiele-, Bastel-, Singstunden
- Tanz

- Kurzformen des darstellenden Spiels
- (Nacht-) Wanderungen
- Hallenbadbesuch
- Kochen und Backen
- Filmabend
- Theater spielen
- Führungen (Museum, Bauernhof, Rathaus etc.)
- Land Art: Land Art meint *eine* Richtung der zeitgenössischen Kunst, in der die Landschaft kreativ gestaltet wird und das Naturleben im Mittelpunkt steht. Zeichnungen, Fotos und Filme halten die meist nicht dauerhaft angelegten Werke fest. Vor allem im Schullandheim lassen sich die Kinder gut für ästhetisches Erleben in der Natur sensibilisieren. Die Kinder sammeln dazu Äste, Nüsse, Zapfen, Steine, Gräser, Beeren, Rindenstücke, Blätter etc. und legen aus den Materialien Bilder, Muster und Figuren, die schließlich betrachtet und fotografiert werden.

Mittwoch, 28.9.05

Nach dem Frühstück wurden wir in zwei Gruppen aufgeteilt. Die eine Gruppe machte Landart und die andere ging auf den Bauernhof. Landart ist Kunst in der Natur.

Unseres sah so aus:

- Schnitzeljagd
- Orden für „besondere Verdienste" im Schullandheim: Jedes Kind hat im Schullandheim sicher eine Sache geleistet, die eine besondere Würdigung verdient. Für solche Verdienste bekommt jedes Kind der Klasse zum Abschluss einen Orden, auf dem die jeweilige besondere Leistung vermerkt ist.
- Zimmerolympiade: Die Schüler sollen ihr Zimmer aufräumen und sauber halten. Dazu bekommen sie evtl. am Tag eine halbe Stunde Zeit. Danach bewertet eine Betreuerjury die Zimmer, z.B. Sauberkeit unter den Betten, Waschbecken, Schränke, Fußboden, Mülleimer, Zimmerduft etc. Anschließend hängt der Tabellenstand aus. Prämiert werden kann der Tagessieger wie auch der Gesamtsieger.

Clara zeigte bei der Nachtwanderung großen Mut

Urkunde

Bei der Zimmerolympiade errang

den __ Platz!!!

- Tagebuch

> **Seite 1: Deckblatt**
> - Dieses Tagebuch gehört _____
> - Schullandheimaufenthalt vom _____ bis _____
> - Die Fahrt ging nach _____
> - Bild der Unterkunft
>
> **Seite 2: Anreise**
> - So sind wir gefahren: (Landkarte hineinkopieren, die Wegstrecke markieren)
> - Mein Sitznachbar: _____
> - Besondere Vorkommnisse: _____
>
> **Seite 3: Essen**
>
> | | **Mittag** | **Abend** |
> |---|---|---|
> | Montag | | |
> | Dienstag | | |
> | Mittwoch | | |
> | Donnerstag | | |
> | Freitag | | |
> | Meine Bewertung für das Essen insgesamt: ☺ ☹ | | |
>
> **Seite 4: Mein Zimmer**
> - Mit diesen Kindern schlief ich in einem Zimmer: _____
> - So sah mein Zimmer aus:
>
> **Seite 5: Das Wetter**
>
> | | **Temperatur** | **Wetter** |
> |---|---|---|
> | Montag | | |
> | Dienstag | | |
> | Mittwoch | | |
> | Donnerstag | | |
> | Freitag | | |
>
> **Seite 6: Aktionen**
>
> | | **Aktion** | ☺ ☹ |
> |---|---|---|
> | Montag | | |
> | Dienstag | | |
> | Mittwoch | | |
> | Donnerstag | | |
> | Freitag | | |

Seite 7: Lieder, Bücher, Spiele		
Diese Lieder haben wir gesungen	**Diese Bücher habe ich gelesen**	**Diese Spiele haben wir gespielt**

Seite 7: Pflanzensteckbrief
* Name
* Höhe
* Blüte
* Blätter
* Besonderheiten
* Fundort
* Datum
* Gemaltes Bild der Pflanze

Seite 8: Erinnerungen (Eintrittskarten, Postkarten, Flyer ...)

Seite 9: Klassenfoto

Das Wochenprogramm könnte so aussehen

	Mo	Di	Mi	Do	Fr
Vormittag	Ankunft	Unterricht	Unterricht	Wanderung	Aufräumen und packen
Mittagessen					
Nachmittag	Schnitzeljagd	Besuch Bauernhof	Stadtbesuch Pizza backen	Spieleturnier	Abfahrt
Abendessen					
Abend	Spieleabend	Filmabend	Nachtwanderung	Abschiedsfeier	

Auswertung

* Gespräche
* Berichte
* Abschluss des Schullandtagebuches
* Fotos im Klassenzimmer
* Gestaltung einer Infowand
* Beiträge für die Schülerzeitung
* Elternbrief mit Dank und Abrechnung der Reisekosten
* Elternabend mit Dias, Film, Präsentation von Ergebnissen

7.3 Wettbewerbe

Die Beteiligung an Schulwettbewerben fördert das Schulleben.

Wettbewerbe bieten die Möglichkeit, sich mit anderen Kindern, Klassen oder Schulen zu vergleichen. Dies kann zusätzliche Motivation und neue Kräfte wecken, die Kreativität beflügeln, Engagement und Teamgeist stärken. Gerade Kinder und Jugendliche lieben es, sich mit andern zu messen, Erster und Sieger zu sein und dafür ein Abzeichen, eine Urkunde, einen Pokal, ein sichtbares Token zu erhalten.

Die Kinder werden zu besonderen Leistungen in bestimmten Bereichen herausgefordert. Voraussetzung dafür sind Offenheit für Neues und Begeisterungsfähigkeit. Schon die bloße Teilnahme, der Prozess bringt Vorteile. Der Reiz am Lernen und die Aufmerksamkeit nehmen zu. Die Herausforderung, sich

intensiv mit ausgewählten Teilbereichen zu beschäftigen, schafft ein ausgeprägteres Grundverständnis des Lehrstoffes und fördert das selbst gesteuerte, handlungsorientierte und entdeckende Lernen.
Die Zahl der Schülerwettbewerbe wächst stetig. Außer den klassischen Leistungswettbewerben in Fächern wie Mathematik, Deutsch, Sport und Kunst gibt es mittlerweile viele, die fächerverbindende und schulübergreifende Ziele verfolgen. Die Vertiefung der Auseinandersetzung mit Spezialgebieten sowie die methodisch-didaktische Bereicherung der Bildungsarbeit beweisen den Wert von Wettbewerben im Schulleben.

In Deutschland rufen unterschiedliche Organisationen auf verschiedenen Ebenen zu Schülerwettbewerben auf:
- Örtliche Ebene
- Landesebene
- Bundesebene
- Internationale Ausschreibung

**LANDESPREISE
BUNDESPREISE**

Unter ihnen befinden sich Stiftungen, Banken, Vereine und staatliche Einrichtungen. Es drängen aber auch Anbieter in Schulen, deren fördernde Absichten und kommerzielle Interessen oft nur schwer zu unterscheiden sind. Einen ersten Einblick über die Seriosität entsprechender Veranstalter gewähren oft deren Ausschreibungen.
Aufgabe der Schule ist es, aus der Fülle der Angebote die geeigneten und zum Schulprofil passenden Wettbewerbe herauszusuchen. Kriterium dürfen dabei nicht die von den Jurys vergebenen Geld- und Sachpreise oder die Einladung zu Veranstaltungen sein. „Wir sammeln für das SOS-Kinderdorf in Tanta": um den Kindern in Ägypten zu helfen und nicht um einen Preis zu gewinnen. Stellt sich dieser zusätzlich ein, so ist dies ein angenehmer Nebeneffekt, aber nie der Hautzweck. Die Belohnung besteht vielmehr in der Freude an der gemeinsamen Arbeit, der Entwicklung guter Ideen und der Präsentation des gelungenen Werkes. Denn nicht eine extrinsische Motivation, sondern eine ganzheitliche Auseinandersetzung mit dem Lerninhalt kennzeichnen Sinn und Zweck von Schülerwettbewerben. Sie dürfen nicht zum Instrumentalisieren von Kindern verführen, noch der reinen Werbung eines Vereines oder einer Marke dienen. Entscheidend sind der Lernzuwachs, die Förderung der Kinder und das Niveau der eingereichten Arbeiten. Als Teil einer Klasse oder einer Arbeitsgruppe realisieren die Schüler bei Wettbewerbsarbeiten mit Hilfe der Lehrer ein eigenständig entdeckendes Lernen als wertvolle Ergänzung des Unterrichts.
Schul- und Kultusministerien und Senatsbehörden äußern sich in ihren Verlautbarungen meist lobend über die Schülerwettbewerbe. Die vor wenigen Jahren gegründete „Arbeitsgemeinschaft bundesweiter Schülerwettbewerbe" erteilt

auf ihrer Internetseite www.bundeswettbewerbe.de nähere Informationen. Sie beschäftigt sich unter anderem mit Grundlagen für eine Zertifizierung von Schülerwettbewerben. Dennoch ist eine objektive und genaue Differenzierung sinnvoller Angebote auf Länder- und Bundesebene nur schwer durchzuführen.

Übersicht ausgewählter Angebote verschiedener Wettbewerbe

Musik, Kunst und Sport
Bundesjugendspiele
Der Wettbewerb soll junge Menschen an den Sport als sinnvolle Freizeitbeschäftigung heranführen, ihr Selbstvertrauen stärken und ihre körperliche und seelische Gesundheit erhalten, ihre individuelle sportliche Leistungsfähigkeit überprüfen, verbessern und sie an weiterführende Wettbewerbe heranführen. Internet: www.bundesjugendspiele.de
Kinder laufen für Kinder
Die bundesweite Aktion „Kinder laufen für Kinder" wird ganzjährig in den Schulen durchgeführt. Außerdem finden zusätzlich öffentliche Veranstaltungen statt, zu denen die ganze Familie eingeladen ist. Kilometer um Kilometer laufen Kinder ab 6 Jahren für Spendengelder. Die Schule sucht sich dabei möglichst viele Sponsoren. Diese verpflichten sich, pro Kilometer, den der Teilnehmer zurücklegt, einen frei wählbaren Geldbetrag zu spenden. Als Sponsoren kommen Familienmitglieder, Freunde, Bekannte und auch Betriebe in Frage. Die Aktion „Kinder laufen für Kinder" möchte zeigen, wie man etwas Gutes tut, Sport macht und gesund isst. Daher werden alle Kinder in Deutschland aufgerufen, sich an der Aktion „Kinder laufen für Kinder" zu beteiligen und so Geld für arme Kinder in Entwicklungsländern zu sammeln. Die Spenden kommen den SOS-Kinderdörfern zugute. Internet: www.kinder-laufen-fuer-kinder.de
Jugend trainiert für Olympia
Der leistungsorientierte und die Kooperation zwischen Schulsport und Vereinssport fördernde Mannschaftswettbewerb der Schulen stellt einen wichtigen Bereich der Talentsicherung dar. Seine übergeordnete Zielsetzung sind die Entwicklung und Förderung des Leistungs- und Gemeinschaftsverhaltens junger Menschen durch Sport sowie der Aufbau und die weitere Ausgestaltung eines Begegnungsfeldes von Schülern der verschiedenen Schulformen und Schulstufen im Sport. Internet: www.jugendtrainiertfuerolympia.de oder www.jtfo.net

Internationaler Raiffeisen Jugendwettbewerb

An diesem großen Jugendwettbewerb nehmen mittlerweile 1,5 Mio. Schüler unter anderem aus Deutschland, Österreich und der Schweiz teil. Damit ist er nach wie vor weltweit die größte Einrichtung seiner Art und steht im Guinness-Buch der Rekorde. Der Anspruch, den die Raiffeisenkassen mit dem Jugendwettbewerb verbinden, ist, Kindern und Jugendlichen ein Experimentierfeld für ihre Kreativität zu bieten. Die jährlich wechselnden Wettbewerbsthemen greifen wichtige Probleme und Ereignisse unserer Zeit auf; vor allem solche, die Jugendlichen selbst am Herzen liegen. Traditionell wird der Wettbewerb auch in den Schulunterricht einbezogen. Viele Kunstlehrer engagieren sich für den Wettbewerb und motivieren ihre Schüler zum Mitmachen. Der Jugendwettbewerb dient einem wohltätigen Zweck. Jede abgegebene Malarbeit wird von den Raiffeisenkassen mit einem symbolischen Geldbetrag honoriert. Die Spende wird anlässlich der Schlussveranstaltung auf Landesebene an Organisationen überreicht, die speziell für Kinder/Jugendliche in Not arbeiten.
Internet: www.internationaler-jugendwettbewerb.de/2007/schweiz/deutsch/malwettbewerb/jahrgang1.html

Jugend musiziert

Diese Wettbewerbe für das instrumentale und vokale Musizieren der Jugend dienen der Anregung zum eigenen Musizieren und der Förderung des musikalischen Nachwuchses. Dreiphasiger Wettbewerb auf Regional-, Landes- und Bundesebene, auch an den Deutschen Schulen im Mittelmeerraum.
Internet: www.jugend-musiziert.org

Kultur, Geschichte, Politik und Gesellschaft

Schülerwettbewerb Deutsche Geschichte um den Preis des Bundespräsidenten

Durch historische Spurensuche am eigenen Wohnort sollen das Engagement und die Urteilsfähigkeit von Kindern und Jugendlichen gefördert und die Erfahrungen der Vergangenheit für die Gegenwart nutzbar gemacht werden.
Internet: www.geschichtswettbewerb.de

UNICEF Juniorbotschafter für Kinderrechte 2008

Zum neuen Schuljahr ruft UNICEF Kinder und Jugendliche wieder auf, sich als Juniorbotschafter für Kinderrechte stark zu machen. Sie sollen sich selbst und andere informieren und Kinder in anderen Ländern unterstützen. Material zur Aktion und Tipps für Kinder, Jugendliche, Eltern und Lehrer gibt es im Internet. Unter allen Einsendungen wird im kommenden Jahr der UNICEF Junior-Botschafter 2008 ermittelt und bei einer Preisverleihung geehrt. Veranstalter ist UNICEF. – Internet: www.juniorbotschafter.de

Jugend hilft!
Der „Jugend hilft!"-Wettbewerb zeichnet unter der Schirmherrschaft von Eva Luise Köhler die 10 besten sozialen Projekte von Kindern und Jugendlichen aus. Neben einer feierlichen Preisverleihung mit prominenten Laudatoren winkt die Teilnahme am „Jugend hilft!"-Camp. Dort erwarten die Gewinner Workshops zu Themen wie Fundraising und Projektmanagement und selbstverständlich jede Menge Spaß. Internet: www.jugendhilft.de
„Demokratisch handeln"
Die Schüler können allein oder in Gruppen und auch zusammen mit Eltern und Jugendarbeitern teilnehmen. Gefordert sind Themen und Projekte aus dem Alltag von Schule und Sozialarbeit. Aus den Bewerbungen werden etwa 50 zur Teilnahme an der „Lernstatt Demokratie" ausgewählt. Bei diesen ganztägigen Workshops arbeiten die Gewinner zusammen mit Experten aus den Bereichen Politik, Journalismus, Literatur und Medien an Themen der Politik. Internet: www.demokratisch-handeln.de
Kinder zum Olymp!
Die Initiative der Kulturstiftung der Länder will junge Menschen für Kultur begeistern und ihre Kreativität anregen. Ziel ist es also, Ideen zur Zusammenarbeit zwischen Kindern und Kultur zu fördern, neue Konzepte für die Kooperation zwischen Kultur und Schule anzuregen und Netzwerke zur kulturellen Bildung zu bauen. Kinder und Lehrer sollten innovative Projekte mit ihren Kulturpartnern gemeinsam entwickeln. Prämiert werden Projekte zwischen Schulen und Kulturinstitutionen und/oder schulexternen Künstlern. Internet: www.kinderzumolymp.de
Europäischer Wettbewerb
Der Europäische Wettbewerb gliedert sich in zwei Teile, in einen bildnerischen Wettbewerb (Kunst) und in einen schriftlichen Wettbewerb (Deutsch, Geschichte, Sozialkunde). Ziel ist es, der Unterrichtserfahrung von Lehrern und Schülern eine europäische Dimension zu verleihen und das Interesse an europäischen Fragen zu wecken. Auf europäischer Ebene steht der Wettbewerb unter der gemeinsamen Schirmherrschaft des Europarats, der Europäischen Kommission, der Europäischen Kulturstiftung und des Europäischen Parlaments, auf Bundesebene hat sie der Bundespräsident übernommen. Internet: www.europaeischer-wettbewerb.de

Der Goldene Floh

Mit dem Goldenen Floh als Förderpreis für Lernen werden hervorragende Beispiele schulischer Arbeit präsentiert und prämiert. Preise werden für bereits verwirklichte, laufende oder erst im Ausschreibungsraum begonnene Projekte verliehen, die besonders gute Möglichkeiten für ertragreiches Lernen bieten oder geboten haben. Die Aufgabe besteht deshalb darin, Erfahrungen mit Lernprozessen in der Schule anschaulich darzustellen. Das können z. B. Projekte, Erkundungen, Aufführungen, Ausstellungen, handlungsorientiertes Lernen im Unterricht sein. Der Preis wird von der Stiftung Lernen der Schul-Jugendzeitschriften Flohkiste und floh! ausgeschrieben und in Zusammenarbeit mit dem Verband Bildung und Erziehung (VBE) und der Arbeitsgemeinschaft Deutscher Junglehrer (ADJ) durchgeführt. Beteiligen können sich Grund- und Förderschulen sowie Grund- und Förderschulklassen.
Internet: www.floh-stiftung.de

Naturwissenschaften

Känguru der Mathematik

Der Wettbewerb findet an den Schulen unter Aufsicht der verantwortlichen Lehrer statt. In ganz Europa gehen am Kängurutag Schüler der 3.-13. Klasse gleichzeitig an den Start und versuchen, bei mindestens 21 mathematischen Aufgaben aus fünf vorgegebenen Lösungsmöglichkeiten in 75 Minuten die eine herauszufinden.
Internet: www.mathe-kaenguru.de

Schüler experimentieren

„Schüler experimentieren" ist eine Initiative von „Jugend forscht" und richtet sich an Schüler, die zum Wettbewerbszeitpunkt für „Jugend forscht" noch zu jung sind. Die Teilnehmer sollen eine schriftliche Arbeit zu den Themen Biologie, Chemie, Physik, Mathematik oder Technik anfertigen. Zugelassen sind Arbeitsgruppen bis zu maximal drei Teilnehmer. Es können auch Einzelarbeiten abgegeben werden. Am Wettbewerbstag werden die Teilnehmer zu ihrer Arbeit befragt. Besonders gute Arbeiten können zu „Jugend forscht" aufgestuft werden.
Internet: www.jugend-forscht.de

Sprache

Schüler schreiben – Treffen junger Autoren

Die mindestens zehnjährigen Teilnehmer können sich mit einem oder mehreren Texten bewerben. Zugelassen sind Gedichte, Geschichten, Drama-

tisches, Satire, Parodien, Märchen etc. Die Preisträger werden ihre Texte beim Treffen Junger Autoren öffentlich lesen. Darüber hinaus werden für die Gewinner literarische Workshops und Fachgespräche mit Autoren und Journalisten angeboten. Veranstalter ist das „Bundesministerium für Bildung und Forschung".
Internet: www.treffen-junger-autoren.de

Schülerzeitungswettbewerb des Bundespräsidenten

Der Schülerzeitungswettbewerb des Bundespräsidenten prämiert herausragende Leistungen von Schülerzeitungsredaktionen. Altersgerechte Interessenwahrnehmung, angemessene sprachliche Darstellung und verantwortungsvolle Partizipation am Schulleben werden vorrangig bewertet. Die Schülerzeitungen qualifizieren sich für die bundesweite Ausscheidung über den jeweiligen Landeswettbewerb. Veranstalter ist die Kultusministerkonferenz und die Jugendpresse Deutschland.
Internet: www.schuelerzeitung.de

Theater und Medien

Schüler machen Filme und Videos

Die Teilnehmer können eine oder mehrere Produktionen zu Themen ihrer Wahl einreichen. Die Gewinner werden zum Weiterbildungsprojekt „Filmschule" eingeladen. Es werden Geldpreise, Teilnehmerdiplome und Sonderpreise vergeben.
Internet: www.up-and-coming.de

Schüler machen Theater – Theatertreffen der Jugend

Die Gruppen müssen eine Videoaufzeichnung ihres Stückes einschicken. Zehn werden von einer Jury ausgewählt. Die Gewinner werden zum „Theatertreffen der Jugend" nach Berlin eingeladen. Im Mittelpunkt des Treffens stehen die Aufführungen der Gruppen. Veranstalter ist das Bundesministerium für Bildung und Forschung.
Internet: www.theatertreffen-der-jugend.de

Ernährung und Umwelt

Bio find' ich Kuh-l

Das Bundesministerium für Ernährung, Landwirtschaft und Verbraucherschutz will Anreize für eine aktive Auseinandersetzung mit dem Öko-Landbau und gesunder Ernährung geben. Die Beiträge können gemalt, gezeichnet und gedruckt, am Computer erstellt oder mit der Filmkamera aufgezeichnet werden. Gruppen- oder Einzelarbeiten dürfen eingereicht werden. Die Erstplatzierten

in vier Altersgruppen werden bei der Preisverleihung im Presse- und Informationsamt der Bundesregierung in Berlin mit der „Kuh-len Kuh" ausgezeichnet.
Internet: www.bio-find-ich-kuhl.de

GEO-Tag der Artenvielfalt

Zum GEO-Tag der Artenvielfalt schreibt GEO in Kooperation mit der Deutschen Wildtier Stiftung einen Schülerwettbewerb zum Thema „Artenvielfalt" aus. Schüler sind aufgerufen, ein „Stück Natur" vor der eigenen Haustür möglichst genau zu untersuchen und die Ergebnisse anschließend zu dokumentieren. Der Fantasie sind dabei keine Grenzen gesetzt: Ob Textmappen, Installationen von Fundstücken, Bilder, Fotos, Videos und Internet-Präsentationen – alles ist erlaubt. Die besten Arbeiten werden prämiert und vorgestellt.
Internet: www.geo.de/artenvielfalt

Internationaler Malwettbewerb für Kinder und Jugendliche

Der international ausgerichtete Malwettbewerb wird von der Fèdèration Aeronautique International und ihren jeweiligen Mitgliedsverbänden, veranstaltet. Die Kunstwerke können mit Ölfarbe, Filzstiften, Acryl etc. angefertigt werden. Die Bewertung der Arbeiten erfolgt gestaffelt nach Altersgruppen.
Internet: www.daec.de/schule/malwe.php

SIEGERURKUNDE
Urkunde für die Teilnahme am
Ravensburger Ring Sportfest

Datum:
Name:
Klasse:
Punkte:

Bundesfinale Berlin

Der absolute Höhepunkt für eine Schulmannschaft ist das Erreichen des Bundesfinales in Berlin. Hier treffen sich alle Sieger der Bundesländer und kämpfen praktisch um die deutsche Schulmeisterschaft in den einzelnen Disziplinen.
Unsere Guardinischule erreichte dies fünfmal in drei verschiedenen Sportdisziplinen.
Dies ist einmalig für eine Münchner Hauptschule.

Elternbeirat,
eine Berufung die es in sich hat

Ja, diese Arbeit beim Elternbeirat hat etwas Besonderes. Sicher, sie kostet Kraft, bringt mal Frust, man wird nie fertig, verwirklicht nur einen kleinen Teil seiner Ideen und Träume. Wenn wir aber dann die Dankesbriefe und Zeichnungen der Schulkinder sehen, oder aber das Lachen der Kinder beim Sommerfest erleben, werden wir reichlich belohnt, nicht zuletzt auch mit einer gehörigen Portion neuer Lebenserfahrung.
Bewerben Sie sich, es lohnt sich bestimmt!

Schwerpunkt der Vereinstätigkeit in diesem Jahr waren die Hausaufgabenbetreuung, die Erstellung des vorliegenden Jahresberichts und die Einladung der Band, die beim Sommerfest spielt. Darüber hinaus hat sich der Verein bei der Aufstellung des Pausenhäuschens engagiert. Zum Schulsommerfest verkauft der Förderverein Postkarten mit von den Kindern gemalten Bildern.

Folgende Aktivitäten hat der Elternbeirat organisiert oder durchgeführt:
Kennenlernabend zwischen Lehrern, Schulleitung, Förderverein, Mittagsbetreuung, Pfarrern, Musikschule, Offiziant und den 26 Klassenelternsprecherinnen und -sprechern. Einrichtung einer eigenen Homepage für den Elternbeirat, Schulhaus-renovierung und Erweiterung, Projekt Straßenkinder „ Manos Abiertas", Schulfotografie, Selbstbehauptungskurs 1.Teil, Nikolausbesuch in jeder Klasse, Organisation und Durchführung des Weihnachtsbazares und der Cafeteria, Faschingstreiben. Weiterhin Unterschriften- und Medienaktion für „Mehr Lehrer für Bayern", Schuleinschreibung, Planung des neuen Klassenraumes, Installation des Projektes „Bus mit Füßen", Kauf und Aufstellung eines Pausenhäuschens, Referentenabende.
Außerdem Brandschutz- und Erste Hilfe Kurs, Inlinerkurs für Anfänger und Fortgeschrittene, Flohmarkt, Selbstbehauptungskurs 2.Teil und unser Sommerfest.

Neben diesen Aktionen, denen oft ein wochenlanger Vorlauf mit viel Organisation vorausging, gab es unzählige Gespräche mit der Schulleitung und Eltern, zahlreiche Briefe und Anträge an den Bezirksausschuss und das städtische Schulreferat (zuständig für das Schulgebäude) und das staatliche Schulamt (zuständig für die Lehrerinnen und Lehrer).
Kurz und gut – es war viel Arbeit – und – es hat uns Spaß gemacht.

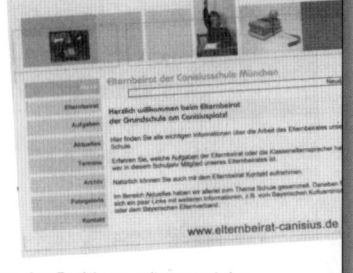

Allen Klassenelternsprechern/innen ein recht herzliches Dankeschön für die vielen Stunden, die sie im letzten Schuljahr für unsere Kinder, für die Schule und die Motivationsarbeit bei den Eltern investiert haben. Ich hoffe, dass sich auch im kommenden Schuljahr engagierte Eltern für das Amt des/r Klassenelternsprechers/in finden!

8. Zusammenarbeit

8.1 Zusammenarbeit mit den Eltern

Die erfolgreiche Zusammenarbeit zwischen Lehrern und Eltern bildet die Grundlage eines gelungenen Schullebens. Die Mitwirkung und Mitarbeit der Eltern an den Vorgängen in der Schule vermittelt ein verlässliches Gefühl der Zusammengehörigkeit. Es beeinflusst das Sozialklima und die Schulzufriedenheit einer Klasse positiv. Durch ihre persönlichen Qualifikationen in Berufen, Hobbies und anderen Arbeitsfeldern können die Eltern das Schulleben fördern. Deshalb sollen Väter und Mütter Gelegenheiten erhalten, ihr Wissen und ihre Fähigkeiten beim Schulleben einzubringen.

Die Rahmenbedingungen für Mitbestimmung, Mitwirkung und Kooperation der Eltern sind in den Schulgesetzen der Bundesländer festgelegt. Als Kennzeichen hoher Qualität erweist sich ein Schulleben, in dem Schülerinnen, Schüler und Lehrinnen bzw. Lehrer, Schulleitungen und Eltern einen offenen und konstruktiven Umgang miteinander pflegen.

Ein regelmäßiger Austausch zwischen den Lehrern und den Eltern nicht nur über Leistung des jeweiligen Kindes, sondern auch über die Aktivitäten des Schullebens unterstützen das Teamwork. Ohne solche Verbindungen kann schulische Arbeit nur schwer zu optimalen Ergebnissen führen.

> **Was sind die Arbeitsgebiete des Elternbeirates?**
>
> Die Schule ist Lebensraum! Der Elternbeirat sieht es z. B. auch als eine seiner wichtigen Aufgaben an, sich für ein humanes, kultiviertes und sinnvoll gestaltetes Miteinander, das wir SCHULKULTUR nennen, einzubringen.
>
> Das Interesse der Eltern für die Bildung und Erziehung der Schüler zu wahren.
>
> Wünsche, Anregungen und Vorschläge der Eltern zu beraten.

Wichtige Möglichkeiten und Inhalte für die Zusammenarbeit sind z. B.:
- regelmäßige Sprechtage bzw. -stunden oder situative Gespräche
- Bei Erziehungsproblemen treffen Lehrer, Eltern und Schüler gemeinsam pädagogische Vereinbarungen, welche Ziele das Kind in nächster Zeit erreichen soll und wie es dabei von Eltern und Lehrer unterstützt wird.
- Hospitationen und Hilfe von Eltern im Unterricht (z. B. sogenannte „Lesemütter")
- In manchen Schulen wird vor dem ersten Schultag zu einer Schulhausrallye geladen, bei der die Kinder in kleinen Gruppen, die sich nach der zukünfti-

gen Klassenzusammenstellung richten, ihren neuen Lebensraum erkunden und dabei kleine Aufgaben lösen. Zur gleichen Zeit kann ein Elternabend stattfinden oder ein gemeinsames Kaffeetrinken organisiert werden.
- Einladung zu Elternabenden. Diese können mit unterschiedlichen Zielvorstellungen geplant und durchgeführt werden:
    themenzentriert (z. B. Familien- und Sexualerziehung)
    als Informationsveranstaltung (Struktur der Schule, Übertritt)
    Erfahrungsaustausch im geselligen Rahmen (z. B. gemeinsames Feiern – auch außerhalb der Schule)
- freiwillige, gemeinsame Arbeitsgemeinschaften, in denen Schüler von der beruflichen Kompetenz, den Sprachkenntnissen oder den Hobbys der Eltern profitieren

Elternbrief für die Mitarbeit am Schulleben

Liebe Eltern,

zuerst danken wir herzlich für Ihre bisherige Unterstützung. Sie haben uns bei allen Projekten, Klassenfeiern und bei unserem gelungenen Schulfest durch ihren tatkräftigen Einsatz geholfen, den Kindern Freude zu bereiten.

Ihr so erfolgreiches Engagement regt uns an, weitere in Ihnen ruhende Talente zur praktischen Ergänzung und Bereicherung des Schullebens anzusprechen. Wir können uns vorstellen, dass der eine oder andere von Ihnen gerne sein Wissen auch in Klassenzimmern weitergeben möchte. Eine direkte Übermittlung der Erfahrungen, welche Sie durch Ihren Beruf oder Ihr Hobby machen konnten, käme den Kindern als Bereicherung des normalen Unterrichts sicher zugute.

Dabei bietet sich ein buntes Spektrum an: Vom handwerklichen, künstlerischen und sportlichen Bereich wie Basteln, Töpfern, Malen, Singen oder Tanzen bis hin zu aktuellen Fragen des täglichen Lebens. Durch eigenes Erleben gewinnen Phänomene der Natur, von Umwelt und Klima für Kinder ebenso an Bedeutung wie der Umgang mit PCs oder das Verständnis für die Vielfältigkeit von Sprachen. Diese Beispiele sind freilich nur ein Bruchteil der vielen Möglichkeiten, mit denen Sie, liebe Eltern, den Unterricht ergänzen könnten.

Falls Sie, liebe Eltern, der Kooperation von Schule und Elternhaus frischen und zusätzlichen Schwung geben wollen, liegt der erste Schritt in Ihrer Hand. Wir (und die Kinder) würden uns freuen, wenn Sie uns auf folgendem Fragebogen Ihre Gebiete und zeitlichen Vorstellungen für eine Bereicherung unserer Schule unter dem Motto „Eltern machen Schule" mitteilen würden. Denkbar sind dabei auch Präsentationen oder andere Aktivitäten von Eltern für Eltern.

Alle Ihre Angaben werden selbstverständlich vertraulich und ausschließlich für die hier angesprochene Zusammenarbeit verwendet. Außerdem kann Ihre Zusage jederzeit widerrufen werden.

Mit vielem Dank für Ihre Hilfe im Voraus
und freundlichen Grüßen

Name: _____

Name des Kindes, Klasse: _____

Telefonnummer: _____

Email-Adresse: _____

In folgenden Bereichen kann ich, bei Bedarf und wenn es mir zeitlich möglich ist, die Grundschule xxx unterstützen:

Beitrag zur Schulorganisation:
- Hilfe als Aufsichtsperson bei Unterrichtsgängen etc.
- Unterstützung bei Klassen-/Schulprojekten
- Beteiligung an handwerklichen Aktionen (z. B. Schulgartengestaltung)
- EDV: Hardware, Software (z. B. Betreuung einer Schul-Homepage)

- Andere Beiträge: _____

Beitrag zur Unterrichtgestaltung:
- Ich könnte mich als Lesebegleiter zur Verfügung stellen.
- Folgende Kompetenzen kann ich im Unterricht einbringen:

    Sport: _____

    Musik: _____

    Kunst: _____

    Physik/Chemie: _____

    Technik: _____

    Sonstiges: _____

Wir bedanken uns für Ihren Einsatz!

- Projektwochen mit von Eltern entwickelten und geleiteten Angeboten
- Unterstützung von außerunterrichtlichen Lern- und Lesenachmittagen durch Eltern
- Musik-, Kunst- oder Theaterdarbietungen unter Mithilfe von Eltern
- Schaffung von Elternzimmern als Treffpunkt für Eltern
- Elternstammtische mit Lehrern
- Mitarbeit von Eltern in Gremien auf Klassen-, Schul-, kommunaler und Landesebene
- Gründung von Fördervereinen durch Eltern

- Gründung von Vereinen zur Mittagsbetreuung
- Elterliche Hilfe bei der Aufsicht im Schwimmunterricht oder während außerunterrichtlicher Veranstaltungen, etwa Wandertagen
- Sprachunterricht für ausländische Schüler durch Eltern
- „Tag der offenen Tür": Viele Schulen laden die Eltern ein, Einblick in die konkrete Unterrichtsarbeit an der Schule zu nehmen. Beispielsweise bietet sich solch eine Aktion am Ende einer Projektwoche an.
- Förderung der materiellen Ausstattung
- Förderung von bzw. Beteiligung an Klassenfahrten, Exkursionen, Ausflügen, Festen, Feiern und gemeinsamen Aktionen mit Eltern und Kindern (z.B. Koch- und Bastelnachmittage, Ausflüge)
- gemeinsame Planung und Durchführung von Verschönerungsaktionen in Schulräumen und auf dem Schulgelände
- Elternseminare zu aktuellen Fragestellungen der Erziehenden
- Nutzung des Internets: Regelmäßig informiert der Lehrer per „Newsletter" über Ausflüge, Aktionen und Unterrichtsinhalte. Diejenigen, die keinen Internet-Zugang haben, bekommen die Infos über die Postmappe der Kinder.

Arbeitskreise – Arbeitsgruppen

Eine besonders intensive Form der Zusammenarbeit zwischen Eltern und Lehrern bilden an manchen Schulen Arbeitsgruppen oder Arbeitskreise.

Zwei Beispiele:

Arbeitskreise
An unserer Schule ist Elternmitarbeit nicht nur erwünscht, sie ist auch notwendig, um das bunte und vielfältigen Schulleben zu gestalten. Keiner der Arbeitskreise ist festgefahren oder sitzt auf irgendwelchen Pfründen, die verteidigt werden müssen. Im Gegenteil, alle sind froh über neue, tatkräftige Mitstreiter.

Festvorbereitungskreis
Und wer ist für die Schulfeste zuständig, um die uns doch fast alle beneiden? Der Festvorbereitungskreis!
Dieses Team, das sich derzeit neu formiert, ist für die Organisation und Verteilung der Arbeiten zuständig. Aber ohne zahllose Helferinnen/Helfer im Hintergrund in vielen weiteren Arbeits- und Bastelkreisen ließe sich weder ein Sommerfest geschweige denn ein Martinsfest mit Martinsmarkt gestalten.

AK Öffentlichkeitsarbeit
Nur mit positiver Resonanz in der Öffentlichkeit können wir unseren Stand behaupten. Dazu braucht es nicht nur interne Information wie diesen Jahresbericht, sondern auch Verbindungen zur Presse, die gepflegt werden wollen. Hierzu fehlte dem AK Ö bisher das Potenzial, deswegen sucht er noch Helfer.

München, den 28.4.2008

Liebe Eltern,

über Ihr zahlreiches Erscheinen bei unserem Informationsabend über die Fragebogenaktion haben wir uns sehr gefreut.
Als Ergebnis dieser Veranstaltung wurden Arbeitsgruppen gebildet, in denen Lehrer und Eltern gemeinsam versuchen, die gewonnenen Erkenntnisse in unsere Schulrealität umzusetzen.

Bei den sechs Arbeitsgruppen (AG) haben sich bereits folgende Eltern/ Lehrkräfte eingetragen:

1. AG Hausaufgaben: ...
2. AG Wertevermittlung: ...
3. AG Interkulturelles Miteinander: ...
4. AG Übergang 2./3. Jahrgangsstufe: ...
5. AG Vertrauensbildende Maßnahmen
   (Interaktion Schule – Eltern – Hort – Mittagsbetreuung): ...
6. Zusätzliche Aktivitäten
   (Zusatzangebote, äußeres Erscheinungsbild der Schule): ...

Sollten auch Sie Interesse daran haben, aktiv an der Gestaltung unseres Schulprofils mitzuwirken, so tragen Sie bitte die Nummer der gewünschten Arbeitsgruppe ein und geben Sie Ihrem Kind den Abschnitt bis **spätestens Montag, den 9.5.2008** wieder in die Schule mit. Die jeweiligen Lehrkräfte werden sich dann mit Ihnen in Verbindung setzen, um einen Termin noch im Juni zu vereinbaren.

Gutes Gelingen wünscht Ihnen und uns

_____

im Namen des gesamten Kollegiums

8.2 Zusammenarbeit mit der Kindertagesstätte

„Nach einer kurzen Orientierung im Schulgebäude fanden sich die „Kindergartenkinder" in einem Raum einer ersten Klasse wieder. Und schon hörten sie eine Geschichte rund um das „A", zählten „A-Wörter" auf, bearbeiteten ein „A-Bild" und begannen recht gekonnt mehrmals den Buchstaben „A" zu schreiben. Sogar eine Hausaufgabe bekamen sie auf. Mit einer darauf folgenden Pause auf dem Klettergerüst des Grundschulhofs beendeten sie fröhlich ihren ersten Schulbesuch." Das berichtet eine Erzieherin von einem Schnuppertag ihrer Gruppe in der Grundschule.

Übergänge in neue Lebensabschnitte bedeuten außergewöhnliche Situationen und fordern eine besondere Aufmerksamkeit aller Verantwortlichen. Gegenseitige Hilfe ist notwendig beim Wechsel von der Familie in den Kindergarten, von dort in die Grundschule, dann über die weiterführende Schule in die Ausbildung, später ins Berufsleben. Mit dem Übertritt auf die Grundschule werden von Kindern und Eltern zahlreiche Erwartungen und Hoffnungen, aber auch Befürchtungen verbunden. Ein vertrauensvoller Kontakt von Erziehern, Lehrern und Eltern sorgt in dieser wichtigen Situation dafür, dass aus dem Übergang kein Bruch, sondern eine Brücke entsteht.

Ein frühzeitiges Ineinandergreifen von Elementar- und Primarbereich fördert jedes einzelne Kind auf beste Art und Weise. Entwicklung und Ausbau der Schulfähigkeit gehören zu den gemeinsamen Aufgaben von Kindergarten und Grundschule. Beide Institutionen haben jeweils dafür zu sorgen, dass die Mädchen und Jungen einen reibungslosen Übergang erfahren. Die Schulfähigkeit umfasst kognitive Voraussetzungen, soziale und emotionale Kompetenzen sowie die Bereitschaft zu Anstrengungen und Motivation. Dieser auf beide Einrichtungen bezogene Prozess erfordert regelmäßige Dialoge und Abstimmungen zwischen Kindergärten und Grundschulen. Die enge Kooperation gewährleistet einen gesicherten Anschluss beider Systeme und fördert zugleich aus Sicht der Schule das Schulleben.

Vorarbeiten sind von Kindertagesstätten und Schule zu leisten. Den Kindertagesstätten obliegt es, die Kinder während ihres Aufenthalts durch zielgerechte Bildung und Erziehung auf den Wechsel einzustimmen. Schulen sollen Lehrplan und Unterrichtsangebote so differenziert der Situation anpassen, dass alle Kinder entsprechend ihrem jeweiligen Entwicklungsstand unterrichtet und bestmöglich gefördert werden können. Auf das Ziel, Kontinuität in der Betreuung der Kinder zu sichern, ist auch der Lehrplan für die Grundschule angelegt. Lehrer, denen durch die Zusammenarbeit mit dem Kindergarten der Lebens- und Erfahrungsraum des Kindes im vorschulischen Alter vertraut ist, können die Vorgaben des Lehrplans gezielter umsetzen, indem sie im Erstunterricht an spielorientierte Lern- und Arbeitsformen des Kindergartens anknüpfen. Die besonderen Bedürfnisse der Schulanfänger werden durch ein gelungenes Schulleben, also beispielsweise durch entsprechende Feste oder durch eine schülerorientierte Klassenzimmergestaltung berücksichtigt. Damit liegen Elementarerziehung und Grundschule auf einer Ebene mit der gemeinsamen Verpflichtung, jedem Kind über die Schnittstelle optimal und harmonisch hinwegzuhelfen.

Auf Grund des gemeinsamen Bildungsauftrages ist die Weitergabe von Daten, das heißt der Austausch über Beobachtungen und Erkenntnisse, die im Kindergarten zur Entwicklung und zum Lernverhalten von Kindern gewonnen werden, ein wichtiges Mittel, um Kontinuität im Bildungsverlauf herzustellen. Im Interesse einer vertrauensvollen Zusammenarbeit zwischen Elternhaus, Kindergarten und Schule muss dafür schon aus rein rechtlichen Gründen die Zustimmung der Erziehungsberechtigten eingeholt werden. Über Inhalte und Formen des Austausches von Informationen zu einzelnen Kindern sollen sich die Eltern, die Fachkräfte des Kindergartens und die Lehrer der Grundschule verständigen. Das schließt eine Übermittlung von Daten oder eine Weitergabe von Dokumentationen ohne Absprache aus.

Für die kontinuierliche Zusammenarbeit über das gesamte Schuljahr empfiehlt sich die Erstellung eines gemeinsamen Kooperationskalenders, wobei auch der Schularzt, der schulpsychologische Dienst, die Elternvertretungen von Kindergarten bzw. Grundschule und die Schulleitung einer Förderschule (zur frühzeitigen Hilfe für Kinder mit besonderem Förderbedarf) miteinbezogen werden sollen.

Monat	Zusammenarbeit von Erziehern und Lehrern	Zusammenarbeit mit den Eltern zukünftiger Schulkinder	Tätigkeiten für die zukünftigen Schulkinder
...	...	...	...

Wichtige Möglichkeiten und Inhalte für die Zusammenarbeit:

Erzieher und Lehrer arbeiten zusammen
- Beide Institutionen benennen feste Ansprechpersonen.
- Gegenseitige Einladung zu Konferenzen
- Treffen der Erzieher und der Lehrer des ersten Schuljahres zu Informationsgesprächen über elementare Kenntnisse, Interessen, Fähigkeiten und Fertigkeiten der Kinder
- Die beiden Institutionen informieren sich kontinuierlich gegenseitig über Bildungsinhalte, -methoden und -konzepte, über das Profil des Kindergartens

und das Schulprogramm der Grundschule. Dazu finden regelmäßige Gespräche statt. Um einen verbindlichen Rahmen für beide Partner zu schaffen, sind auch schriftliche Kooperationsvereinbarungen hilfreich.
- Koordination der regelmäßigen Besuche zukünftiger Erstklässler durch die Kooperationslehrer.
- Die pädagogischen Fachkräfte aus abgebenden Kindergärten und die Lehrkräfte der aufnehmenden Grundschulen hospitieren regelmäßig gegenseitig.
- Die pädagogischen Kräfte in Kindertagesstätten und die Lehrkräfte in Grundschulen nehmen an gemeinsamen Fort- und Weiterbildungsmaßnahmen teil, z.B. zum Thema Sprachtraining (Phonetisches Bewusstsein) im Elementarbereich
- Vorkurskonzepte zur Sprachförderung von Kindern mit Migrationshintergrund erstellen
- Gegenseitiger Austausch von Materialien
- Gespräche über die Arbeit in den letzten Monaten Kindertagesstätte bzw. den ersten Monaten Schule
- Die Auseinandersetzung der Erzieher und Lehrer mit verschiedenen Testverfahren im Zusammenhang mit der Schuleignung von Kindergartenkindern
- Gestaltung gemeinsamer Projekte:
  „Wir stellen ein Buch her" (Papier schöpfen, Kritzelbriefe, Bilder und Fotos aufkleben, Besuch einer Bibliothek)
  „Ich bin bald ein Schulkind" (Mein Schulweg, meine Schule, Besuch in der Schule, im Unterricht, im Pausenhof etc.)
  ...
- Gestaltung gemeinsamer Feste und Feiern, z.B. Jahreszeitenfeste, Kindergartenabschlussfest, gemeinsame Programme in Seniorenheimen

Eltern zukünftiger Schulkinder lernen die Schule kennen
- Übergangsgespräche zwischen Lehrer, Erzieher und betroffenen Eltern über Kinder, die vorzeitig eingeschult werden sollen („Kannkinder"), über die einzuschulenden Kinder mit besonderem Förderbedarf („Pflichtkinder") und über Kinder mit besonderen Begabungen.
- Veranstaltungen gemeinsam gestalten, z.B. „Tag der offenen Tür", „Schnuppertag" oder „Kontaktnachmittag" an der Schule sowie Schulfeste, wodurch den Erziehungsberechtigten der zukünftigen Schulanfänger ein anschauliches Bild vom Erziehungs- und Bildungskonzept der Grundschule vermittelt wird.

- Gemeinsame Planung, Durchführung und Auswertung von Elternabenden von Schule und Kindertagesstätte anbieten, um das Vertrauen der Erziehungsberechtigten in Kindergarten und Schule zu stärken. Dabei können den Eltern Fragen gestellt werden, um von vornherein in eine durch Offenheit und Vertrauen getragene Kommunikation zu treten:
  - Welche Gefühle verbinde ich mit der Erinnerung an die eigene Schulzeit?
  - Welche Gefühle bewegen mich beim Schuleintritt meines Kindes?
  - Welche Wünsche habe ich an die Schule?
  - Wie kann ich mich in Schul- und Freizeitaktivitäten der Klasse einbringen?
  - Welche Form der Zusammenarbeit mit anderen Eltern kann ich mir vorstellen?

  Außerdem sollen Antworten auf folgende Fragen von Erziehern und Lehrern gegeben werden:
  - Was erwartet Schule von den Kindern?
  - Was können die Eltern im letzten Jahr tun?
  - Was passiert im letzten Kindergartenjahr?
- Die Aussprache über den Ablauf der Schulanmeldung sowie Elterngespräche im Vorfeld der Schulanmeldung

Die künftigen Schulkinder lernen die Schule kennen und beteiligen sich am Schulleben
- Besichtigung des Schulgebäudes und der Besuch einer Schulklasse
- Teilnahme der Kinder aus der Kindertagesstätte in der Grundschule am Unterricht der ersten Klasse
- Teilnahme an verschiedenen Schulveranstaltungen
- Übernahme von Ritualen beider Institutionen
- Patenschaft von Schulklasse und Kindergartengruppe
- Zusammen Wanderungen unternehmen
- Kindergartenkinder malen (evtl. auch gemeinsam mit Grundschulkindern) Bilder, welche schon vor Beginn der 1. Klasse im Schulhaus aufgehängt werden.
- Grundschulkinder lesen in der Kindertagesstätte vor.
- Gemeinsamer Sportunterricht
- Kinder der Grundschule und der Kindertagesstätte singen gemeinsam bei der Einschulung.

Schule und Kindergarten

Die Kindertagesstätte

Die Polizei ist mit dabei (Verkehrserziehung)

Schule und Hort

Beim Schornsteinfeger

Kirche und Schule in guter Nachbarschaft

Wir retten. Wasserwacht DLRG

NACHBARN der SCHULE

Kontakte mit dem St. Elisabeth Krankenhaus

Kontakte mit Gemeinde- und Parteivertretern

Stadt- und Stadtteilbibliothek

Einblicke in eine unbekannte Arbeitswelt

8.3 Zusammenarbeit in der Gemeinde

Für ein gelungenes Schulleben bedarf es auch der Zusammenarbeit mit Personen und Einrichtungen außerhalb der Schule. Dadurch wird schulisches Lernen stärker mit der Lebenswirklichkeit der Kinder verknüpft. Diese erhalten Einblicke in die soziale, wirtschaftliche und kulturelle Entwicklung der Gesellschaft und zusätzliche Orientierungshilfen.

Es gibt im Umfeld jeder Schule Handwerksbetriebe, Firmen, kulturelle, sportliche, wissenschaftliche und kirchliche Einrichtungen und Vereine, die beim Schulleben punktuell mitwirken können. Um eine bestmögliche Zusammenarbeit mit außerschulischen Partnern zu erreichen, ist es erforderlich, dass alle an der Schule Beteiligten in den Prozess aktiv eingebunden sind, dass Ziele, konkrete Aktivitäten, Termine und Verantwortlichkeiten mit den Partnern festgehalten und Verfahren der Evaluation vereinbart werden. Die Zusammenarbeit mit Partnern in der Gemeinde oder dem Stadtteil verlangt Zeit, Kontinuität und Vertrauen. Die Initiativen der Öffnung von Schule und die Art der Zusammenarbeit sind im Schulprogramm der Einzelschule verankert.

Die folgende Übersicht zeigt, welche Bereiche eine Zusammenarbeit und somit Öffnung von Schule umfassen kann:
- Erschließung der Umwelt als Lernfeld
- Kinder suchen Lernorte außerhalb der Schule auf
- Finanzielle Unterstützung bei Festen durch Sponsoring
- Einblick der Schüler in die Berufswelt
- Expertenwissen von Personen außerhalb der Schule
- Kooperation mit Institutionen
- Mitwirken von Vereinen
- ...

Personen und Einrichtungen, mit denen eine Zusammenarbeit möglich ist:
- Schulträger, Schulamt und Bezirksausschuss
- Kindertagesstätte *(siehe auch Kapitel 8.2)* und Hort
- Feuerwehr (Information, Brandschutz etc.)
- Polizei (Verkehrserziehung, Jugendbeamter etc.)
- Vereine, z. B. Sportverein (Unterstützung bei Sportfesten und im Sportunterricht, Zurverfügungstellung von Sportplätzen und Materialien etc.)
- Kirchengemeinde (Feiern in der Kirche, Gestaltung von Gottesdiensten etc.)
- Presse (Darstellung der Arbeit der Schule in der Öffentlichkeit)
- Betriebe (Besichtigungen, Workshops, Unterstützung bei Schulfesten etc.)
  - Bäcker   – Buchhandlung
  - Bauernhof   – Molkerei, ...
- Altenheim („Fest für Jung und Alt", Kinder und Senioren spielen gemeinsam Theater etc.)
- Kinder- und Jugendfreizeiteinrichtungen
- Schulpsychologischer Dienst (Beratung, Betreuung etc.)
- Jugendamt
- Mobiler Sonderpädagogischer Dienst etc.
- Universität (wissenschaftliche Projekte, Entwicklung...)
- Musikschule (Beiträge bei Festen etc.)
- Museen
- Künstler
- Nachbarschulen (Austausch, gemeinsame Projekte etc.)
- Stadtbibliothek (Lesungen, Verleih etc.)
- Mütterzentrum
- Fotograf
- Bank
- Theater und Theatergruppe
- ...

Literatur

Altenburg, E., Arnold, G., Schürmann, A., Stationenlernen im fächerübergreifenden Sachunterricht, Donauwörth 2000
Bachmeyer, A., Holzinger, M., Walter, S., Klassische Musik in der Grundschule. Mozart und Co., Donauwörth 2004
Bartl, A., Sport- und Spaßspiele für alle. Fun Olympics, Mülheim an der Ruhr 2008
Bayerisches Staatsministerium für Unterricht und Kultus, Lehrplan für die bayerische Grundschule, München 2000
Beck, G., Scholz, G., Soziales Lernen. Kinder in der Grundschule, Reinbeck 1995
Bundesverband der Unfallkassen, Schulhöfe planen, gestalten, nutzen, München 2005
Besele, S., Pausenlust statt Schulhoffrust. Management kindgerechter Geländegestaltung, Dortmund 1999
Busch, I., Neumann, C., Neumeier, A., Ich gestalte mein Klassenzimmer, Oldenbourg PRAXIS Bibliothek 248, München 2004
Christgau-Jaschok, M., Klesper, T., Fasching in der Grundschule, Oldenbourg PRAXIS Bibliothek 233, München 2004
Cornell, J., Mit Kindern Natur erleben, Mühlheim an der Ruhr 1991
Diepold, S. (Hrsg.), Die Fundgrube für Feste und Feiern in der Sekundarstufe 1, Berlin 2001
Eckert, C., Bewegungsraum Schule. Neugestaltung eines Schulhofes durch gute Ideen und zupackende Hände, Dortmund 1999
Endrigkeit, A.-M. und R., Literatur-Werkstatt zum Jugendbuch von Joanne K. Rowling „Harry Potter und der Stein der Weisen", Mülheim an der Ruhr 2001
Freie und Hansestadt Hamburg – Behörde für Bildung und Sport, Rahmenplan darstellendes Spiel, Hamburg 2003
Freie und Hansestadt Hamburg – Behörde für Schule, Jugend und Berufsbildung, Schulinterne Evaluation. Ein Leitfaden zur Durchführung, Hamburg 2000
Heitland, M., Erarbeitung und Aufführung eines Kindermusicals in der Grundschule. Grundschule 11/2003, Braunschweig 2003
Hessisches Kultusministerium und Deutsches Jugendherbergswerk Landesverband Hessen e.V., Fit für Schulfahrten. Von der Planung bis zur Durchführung, Wiesbaden 2007
Homberger, D., Lexikon Schulpraxis. Theorie- und Handlungswissen für Ausbildung und Unterricht, Baltmannsweiler 2005
Hüsten, G., Gruber, I., Winkler-Menzel, R., Hilfreiche Rituale im Grundschulalltag. Erprobte Ideen und praktische Tipps, Klasse 1–4, Oldenbourg PRAXIS Bibliothek 254, München 2007
Jefferys-Duden, K., Das Streitschlichter-Programm, Weinheim 1999
Kaiser, A., 1000 Rituale für die Grundschule, Baltmannsweiler 2006
Kaiser, A. (Hrsg.), Lexikon Sachunterricht, Baltmannsweiler 2004
Katholisches Schulkommissariat in Bayern, Materialien für den Religionsunterricht an Grundschulen, München 2003
Keck, R., Sandfuchs, U., Schulleben konkret. Zur Praxis einer Erziehung durch Erfahrung, Bad Heilbrunn 1998
Knauf, T., Politzky, S., Die bewegte Schule. Idee und Praxis, Hohengehren 2000
Kirsch, D., Götzinger, M., Grundschulkinder werden Streitschlichter. Ein Ausbildungsprogramm mit vielen Kopiervorlagen, Mülheim an der Ruhr 2004
Kliebisch, U.W., Fleskes, H.D., Basten, K.H., Schule mit Profil. Bausteine zur Schulprogramm-Entwicklung, Hohengehren 1997

Klippert, H., Pädagogische Schulentwicklung. Planungs- und Arbeitshilfen zur Förderung einer neuen Lernkultur, Basel 2000

Köck, P., Handbuch der Schulpädagogik, Donauwörth 2000

Köck, P., Praxis der Unterrichtsgestaltung und des Schullebens, Donauwörth 2000

Köpp, S. u. W., Das Kursbuch für den Schulalltag. Tipps für Einsteiger und Dranbleiber, München 2007

Langer, A. u. H., Mang, B., Schöttle, S., Strehle, G., Jedes Kind kann Lernen lernen. Das Praxisbuch für die Grundschule, Oldenbourg PRAXIS Bibliothek 249, München 2005

Langer, A. u. H., Mang, B., Walter, P., Ich übernehme eine 1. Klasse. Praktische Hilfen für einen guten Schulanfang, Oldenbourg PRAXIS Bibliothek, München 2002

Lemanczyk, K., Theaterspiel. Kindertheater. Von der Spielidee zur Aufführung, Aachen 1995

Mayer, W.G., Freie Arbeit in der Primarstufe und in der Sekundarstufe bis zum Abitur, Heinsberg 1992

Merzinger, A., Advent und Weihnachten in der Grundschule, Oldenbourg PRAXIS Bibliothek 231, München 2004

Meyer, H., Was ist guter Unterricht?, Berlin 2004

Morgenthau, L., Was ist offener Unterricht? Wochenplan und Freie Arbeit organisieren, Weinheim 2003

Mosley, J., Sonnet, H., 101 Spiele zu Förderung von Sozialkompetenz und Lernverhalten in der Grundschule, Buxtehude 2006

Muth, J., Schule als Leben. Prinzipien, Empfehlungen, Reflexionen, Baltmannsweiler 1996

Nothdorf, K., Kopiervorlagen und Materialien zu „Harry Potter und der Stein der Weisen". Deutsch 5.–7. Schul-jahr, Berlin 2001

Ohly, M., Duden. Richtig lernen in der Grundschule, Mannheim 2004

Philipp, E., Rolff, H.-G., Schulprogramme und Leitbilder entwickeln. Ein Arbeitsbuch, Basel 2004

Ressel, H., Rituale für den Alltag, Freiburg im Breisgau 1998

Schimmel, B., Bühnenbild, Kostüm, Maske im Musical mit Kindern. Grundschule 11/2003, Braunschweig 2003

Schoenebeck, M.v., Musicals für Kinder schreiben. Grundschule 11/2003, Braunschweig 2003

Schratz, M., Gemeinsam Schule lebendig gestalten. Anregungen zu Schulentwicklung und didaktischer Erneuerung, Weinheim 1996

Schröder, H., Theorie und Praxis der Erziehung – Herausforderungen an die Schule, München 1999

Spindler-Steudtner, I., Das Festebuch, München 2004

Staatsinstitut für Schulqualität und Bildungsforschung, Musikunterricht in der Grundschule. Unterrichtsinhalte zu den neuen Inhalten im Lehrplan 2000, München 2003

Standop, J., Jürgens, E., Taschenbuch Grundschule 2. Band 2: Das Grundschulkind, Hohengehren 2008

Stiftung Verbraucherinstitut, Schulsponsoring heute: Möglichkeiten und Grenzen für die Öffnung von Schule, Berlin 2001

Wallrabenstein, W., Offene Schule, Offener Unterricht, Reinbek 1998

Bildquellenverzeichnis

S. 65: MEV-Verlag
S. 68: CapturedNuance/iStockphoto
S. 74: Jochen Zick/keystone
S. 108: Avenue Images
S. 113: Avenue Images/Indes Stock/Sitman
S. 126: Roland Hottas Fotografie
S. 153: Siegfried Kuttig
S. 162: picture-alliance/Okapia
S. 201: Ludwig Glimmann, Gütersloh †
S. 222: i2Stock/Westend61.

Folgende Materialien wurden unseren Autoren freundlicherweise zur Verfügung gestellt von:

Grundschule an der Gilmstraße, München (S. 77 sowie zahlreiche Kinderfotos und andere Materialien)
Grundschule am Canisiusplatz, München (S. 64, 79, 95, 155, 162/Dino-Krebse: Abbildung und Text verändert, 164, 200, 234)
Grundschule an der Dachauer Straße, München (S. 90)
Grundschule an der Stuntzstraße, München (S. 82)
Grundschule Blutenburgstraße (S. 82)
Grundschule Dom-Pedro-Platz, München (S. 82)
Volksschule Eversbuschstraße, München (S.162/Waldklassenzimmer)
Grundschule Gotzmannstraße, München (S. 63, 82, 151, 159)
Grundschule Guardinistraße, München (S. 233)
Grundschule Kafkastraße, München (S. 77)
Grundschule Limesstraße, München (S. 95)
Hauptschule Oberhaching, Deisenhofen (S. 110)
Grundschule Oberhaching, München (S. 79)
Grundschule Ravensburger Ring, München (S. 131, 233)
Grundschule Stieler Straße, München (S. 234)
Grundschule an der Stadtmauer, Zerbst/Anhalt (S. 76)
Grundschule Bergstedt, Hamburg (S. 75)
Volksschule Wiesenfelden/Bayern (S. 76)
Sophie Winkler (Kinderzeichnung S. 134)

Trotz entsprechender Bemühungen ist es nicht in allen Fällen gelungen den Rechtsinhaber ausfindig zu machen. Gegen Nachweis der Rechte zahlt der Verlag für die Abdruckerlaubnis die gesetzlich geschuldete Vergütung.

[1]) Hinweis zu S. 46–52:
HARRY POTTER ist eine eingetragene Marke der Time Warner Entertainment Company. Die Nennung von den als Marken geschützten Wörtern erfolgt in diesem Band ohne Erwähnung etwa bestehender eingetragener Rechte (z. B. Marken). Das Fehlen eines solchen Hinweises begründet nicht die Annahme, eine nicht gekennzeichnete Ware, Marke oder Dienstleistung sei frei.

Autoreninformation

Andreas Langer, früher Grundschullehrer und Schulleiter, jetzt Schulamtsdirektor in München, Veröffentlichungen zu verschiedenen Themen im Oldenbourg Schulbuchverlag

Sebastian Körber, Lehrer an einer Grundschule in München, Betreuungslehrer und Referent bei Fortbildungen und Seminarveranstaltungen